太湖西北部新石器时代考古报告之二

高城墩

南京博物院
江阴博物馆　编著

文物出版社

北京·2009

书名题签：管　峻

英文翻译：刘　婕

日文翻译：赵力华

责任印制：梁秋卉

责任编辑：郑　彤

图书在版编目（CIP）数据

高城墩/南京博物院，江阴博物馆编．－北京：
文物出版社，2009.4
（太湖西北部新石器时代考古报告；2）
ISBN 978－7－5010－2704－0

Ⅰ．高…　Ⅱ．①南…②江…　Ⅲ．新石器时代墓葬-
发掘报告-江阴市　Ⅳ．K878.85

中国版本图书馆 CIP 数据核字（2009）第 022747 号

高　城　墩

南京博物院

江阴博物馆　编著

*

文 物 出 版 社 出 版 发 行

北京东直门内北小街 2 号楼

http：／／www．wenwu．com

E－mail：web＠wenwu．com

北京圣彩虹制版印刷技术有限公司制版印刷

新 华 书 店 经 销

889×1194 毫米　1/16　印张：21.5

2009 年 4 月第 1 版　2009 年 4 月第 1 次印制

ISBN 978－7－5010－2704－0　定价：280.00 元

Two of the Report Series on Neolithic Sites lying in the Northwest of Taihu

GAOCHENGDUN

(*WITH ENGLISH AND JAPANESE ABSTRACTS*)

Nanjing Museum

The Museum of Jiangyin

Cultural Relics Publishing House

Beijing · 2009

考古发掘和报告编撰人员

发掘人员

陆建芳（领队）　杭　涛
韩建立　周恒明　蔡卫东
李文华　唐汉章　李新华
高振威　韩　锋　刁文伟
孙　军　翁雪花　邬红梅

文物修复

韩建立　周恒明

资料整理

陆建芳　高振威　孙　军
翁雪花　顾　篔　左　骏

摄　影

杭　涛　唐汉章

拓　片

左　骏

制　图

左　骏

执　笔

陆建芳　左　骏

目　录

插 图 目 录

彩 版 目 录

序

以田野作业为标帜的近代考古学是在 20 世纪 20 年代才引进中国的。清代晚期，中华民族遭受列强欺凌，一批发奋图强的知识精英在从西方接受的诸多近代科学中筛选出考古这门学科，以期重新梳理中华民族的历史。她与以证经、补史为目标的传统金石学有所差异，更为重要的是，她强调用科学的手段获取可靠的新资料。

1936 年冬，浙江省西湖博物馆主持了良渚发掘，这是长江下游南岸环太湖地区第一次获得积极成果的考古发现。证明在这块远离黄河中游的东南地区，历来认为在"太伯奔吴"或"吴王寿梦元年"之后才得到开发的"荒蛮"之地，确实存在着史前时期的遗址，由此揭开了我国东南地区以近代考古学方法探索史前时期的序幕。

南京博物院的前身是中央博物院，1949 年以后，在行政上归属江苏省，其学术上的成就和声望均居华东六省市同行业之首。当年，华东文物工作队的队部就设在南京博物院之内。不但我等六省市参加考古训练班的同志都是华东队的成员，还由曾昭燏院长亲兼队长。当年青莲岗文化的提出，实际上是以野外获取的考古新资料为基础，对仰韶、龙山一统黄河、长江中下游新石器时代考古学文化的垄断局面从学术层面提出质疑。

文化大革命以后，1977 年秋，在南京召开了长江下游新石器时代学术讨论会。在会上，以苏秉琦先生的学术报告为标志，近代考古学向冲击"中华大一统"这个怪圈迈出了有力的一步。会后，学术界在一些关键问题上，例如长江下游存在着太湖、宁镇、江淮之间的三个区块，环太湖地区可分为马家浜、崧泽、良渚文化前后相承的发展阶段，环太湖地区成为东亚大地上"凝聚、交流中心"的六大区块之一等等，取得了广泛的共识。依照苏先生的说法，这次南京会议"是有关考古学区系类型的第一次专题性会议"①。

会议之后，环太湖三省市同行之间的伙伴关系更加密切。草鞋山、张陵山和寺墩良渚大墓的连续发现，更是江苏对良渚文化及其玉器研究的重大贡献。然后才是上海的福泉山和浙江的反山、瑶山发掘。大约在良渚遗址发现半个世纪前后，学术界迎来了良渚文化研究的新高潮。高品质玉制品的大量发现和研究，引起了国内外学者的高度关注，良渚文化也成为中华大地文明化进程中的一缕曙光。由三省市同编共著的《良渚文化玉器》一书，在美国纽约等大城市书店的标价也和国内的一样，是二百元，只是币种已经改成当地通用的美元了。

以物质形态保存下来的遗物，是近代考古学从田野作业中获取资料的一部分，这些遗物人们也可以通过其他渠道和方法使其显现出来。怎样从遗物中提取、解读更多的古代信息，则是野外作业完成以后的事情。未能以物质形态保留下来的遗物，我们称之为"遗迹"。它们的品类、数量及功能等信息也比保存下来的那些遗物要丰富得多，更为我们探索解读这些遗物的时空关系及功能作用提供重要的资讯，尽管时至今日，整个考古学科获取此类遗迹信息的水平还不理想。如何揭露、辨识相关的遗迹现象，就成为野外作业中的头等大事。应该也是评价考古领队学术视野的价值取向，以及作业技能和学科造诣的一个重要依据。

---

① 苏秉琦：《中国文明起源新探》，第 55 页，商务印书馆（香港），1997 年。

如何将前辈学者抗战前在黄河中游的野外作业的学识、经验移植到长江下游南岸确非易事。潮湿多雨、地下水位高和原生土壤的水相沉积成因等等，都给最初步的生、熟土区分带来很大的困难，进一步在熟土堆积中辨认和剥剔出墓口、墓圹以及墓坑内的棺、椁葬具，则更是难上加难。1955 年秋在宁波火车南站发掘时，我们专门邀请南京博物院的王文林技师住到工地。在他的帮助下，我们才逐渐辨认出沉积相生土中的墓边，但仍无法剥剔出确切的墓圹边壁。1957 年冬，在湖州邱城遗址，也是在随葬品露头以后，才辨认、剥剔出埋在文化层中的 7 座早期墓葬。直到 1978 年春天，海宁千金角、徐步桥良渚文化墓地发掘时，连同技工在内的我辈后学才初步掌握这方面的野外技能。此后，在我们的不少考古工地的野外记录中，往往可以看到，文化层中的墓葬高度会随着墓号的增大而逐渐增高。可见，这项必须亲身以视觉与手感共同获取的实践知识，也要经历因地制宜和不断积累经验的双重考验。"平地掩埋"等文字表述，或可认作某时、某地野外作业某些苍白或盲区的真实记录。

长江后浪推前浪，新一代学人的成就超越他们的前辈是任何一门科学发展壮大的必由之路。世纪之交行将来临之际，也是环太湖地区新一代考古学精英日趋成熟之时。对离开长江岸边不远的高城墩遗址的发掘，恰似后浪前进中的一幅靓丽的浪花。常州博物馆的那件玉琮，勾起了陆建芳领队对高城墩多年的思念，他不但趁空开始了古玉的研究，还主持了丁沙地良渚文化玉器"作坊"的发掘，足见这只猎鼠之猫是有备而来。在发掘前一年进行的钻探作业，似乎没有像在黄土地带探明墓地那样容易获得预期的效果，这就是开工后的 20 多天里，部分发掘成员焦虑不安的原因之所在。高城墩的 M1 也是随葬品露头以后才找出墓边。这说明，1991 年赵陵山发掘就已掌握的野外技能被用到高城墩时，仍然有一个适应的过程。从 M3 成为"江苏第一座墓口距墓底 1 米多的良渚大墓"开始，到 M5 开始注意棺、椁板灰的辨认和剥剔，都客观地反映出领队及其成员的学术素养。比照早些年对良渚文化草鞋山、张陵山及寺墩三号墓的野外发掘，明显可以看出这支新生代力量的成长速度。

当年的反山发掘，我们只是在少数墓葬中能够剥剔出棺与椁之间的平面关系，同时也在剥剔两侧墓壁时，隐约触感到似乎有顺向竖列的板灰。当时没有（也不敢）在棺椁范围之内作深入的剖面切割，所以不知棺或椁两侧的形态。直到随葬器物起取完毕后，才清理出凹弧形的棺底痕迹，无法得知当时的椁室有没有底板。这次高城墩 M10 的清理不但在棺椁之内留下剖面进行解剖式的清理，而且在葬具底部发现"枕木"，这都是当年我们没能做到的。M13 从椁料个体形态到椁室组合构架状况进行如此精确的剥剔揭露，至少在环太湖地区史前考古领域，是一次前所未有的突破。

任何考古发掘都离不开当地政府的支持和重视。如何取得领导的关注也就成为发掘领队工作能量的重要组成部分。当我第一次去现场时，在离目的地很远的公路上就看到高城墩的指路标和醒目的宣传标帜。在高城墩发掘之后，不但在江阴境内进行了多次有意义的考古发掘，而且还举办过多次全国意义的考古学术会议，都能说明江阴市领导对考古工作的关心和重视，同时也反映出高城墩发掘在当地的影响之大。

2000 年 1 月中旬，已退休多年的我应邀来到高城墩，M13 的现场让我兴奋不已。而在此后召开的学术讨论会上，与会学人在学术层面上的热情也非常高。所以当我看到这本内容丰富的报告时，自然十分高兴，承执笔之嘱，草就短文，聊充引玉。

牟永抗

2009 年 2 月 25 日于杭州运河之畔

第一章 概 述

第一节 地理环境

高城墩遗址位于江苏省江阴市石庄乡大坎村高城墩自然村北，与常州市武进区相邻。遗址距离江阴市约30公里，东南距璜土镇及常澄公路3.5公里，沪宁高速公路干道在其南5公里处。该遗址南部周边还分布着圩墩、乌墩、潘家墩、笠帽墩、寺墩、城海墩、青墩等诸多马家浜、崧泽、良渚文化时期遗址（图一）。

石庄乡位于江阴西北边陲，水陆交通便利，新桃花港纵贯南北，直通长江，南接西横河。它北临长

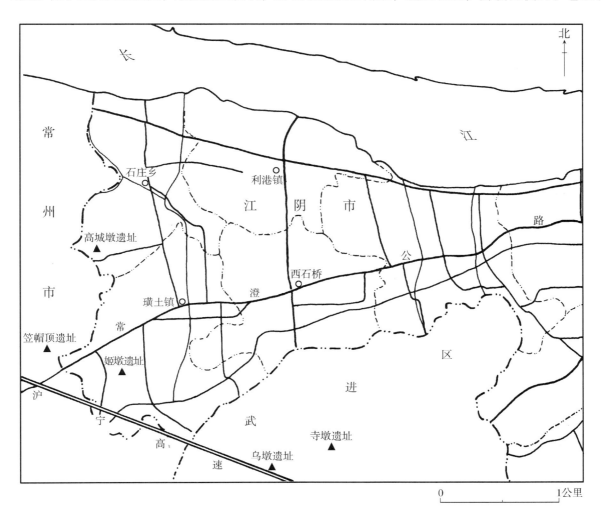

图一 高城墩遗址位置示意图

江，东接利港，南临璜土镇，东南与西石桥乡相连，西以老桃花港与武进为界，面积24平方公里。石庄乡宋时属永陵乡，因位于"海运古道"老桃花港畔，渐成石庄市集。明、清时设桃花、丁墅两镇（图二），民国时分属桃花、石庄乡。解放初设石庄、桃花、丁墅（西境）等乡，1957年合建石庄乡。石庄现已划归璜土镇，共辖10个自然村。

高城墩遗址属于太湖西北平原的北缘，其北临长江8公里，东南40公里为太湖，滆湖在其西南约30公里。遗址的东部有断续绵延的沿江丘陵，自东北向西南有长山、香山、定山、绮山、花山、凤凰山、芳茂山。江阴地区位于太湖西北部沿茅山山脉至长江口附近一线，地势较低洼。太湖西北部沿茅山东麓、宜溧山北麓与平原交界处，一般低于海平面10米左右，常州、无锡、江阴一带为其延续。全新世初期，此区域低洼处在海侵中形成海湾，江阴市虞门桥附近与古长江谷地沟通。全新世时期，世界气候的转暖导致海平面上升。与此同时，长江口地势低洼处随着众多河流所携带泥沙的淤积，逐渐被抬高填平。特别是自东北向西南延伸的花山、绮山、定山山体，长江干流到此受到阻挡，转而向北改道，从而加速了该区域内的成陆过程①。正因上述的成陆过程，使得这里的地势高低起伏，地势较高区域凸起形成台地，

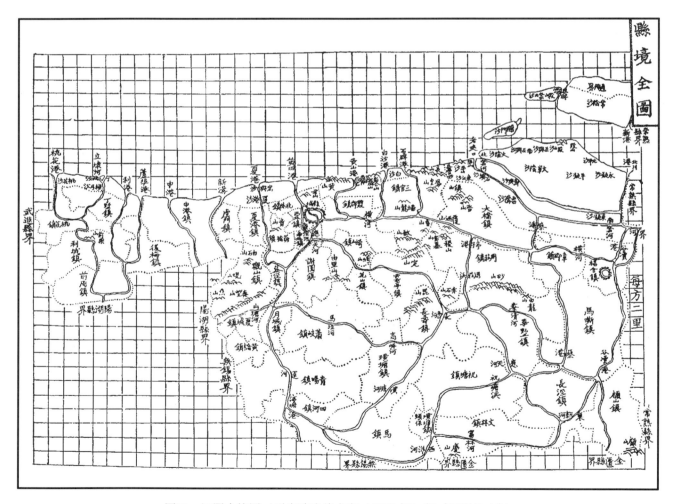

图二　江阴全境图（引自清光绪戊寅（1878年）版《江阴县志》）

---

① 高蒙河：《长江下游考古地理》，第四章《水路环境》，第196～197页，复旦大学出版社，2005年。

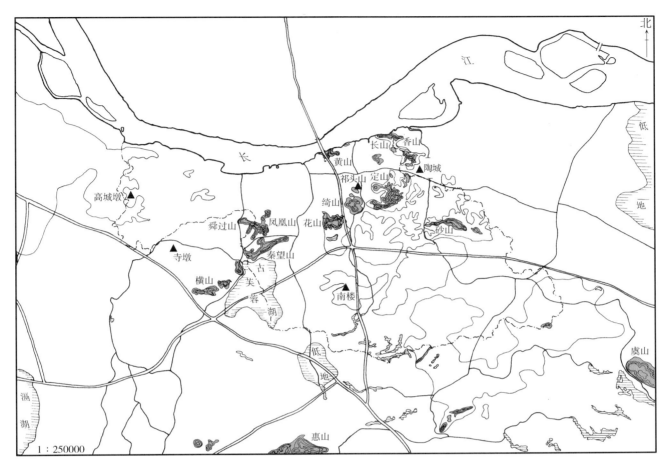

图三　高城墩遗址周边地形图

低洼处既是大面积的古湖与古沼泽（图三）。

张家港东部在古代是面积较大的低地，这可能与古长江三角洲的形成有一定的关联。从张家港往西，地势逐渐抬高，形成二级台地。台地的范围由张家港市与江阴市交界处的沿江丘陵区开始，由西北向东南延伸，台地南部已临近无锡市的太湖北缘，东南直至常熟市虞山西麓，台地的宽度与长山至花山一线大致相当。祁头山、东山村、南楼等遗址都分布于此级台地上，而该大面积二级台地的形成，与长山至花山一线山脉对于长江干流的阻隔关系紧密。而与花山相近的凤凰山、秦望山山阳，则同上述情况截然相反，花山以东地势陡然下降，走向与其东部二级台地的走向一致。秦望山与横山山阳地势最为低洼，范围较大，古时称之为"芙蓉湖"，现已淤塞成陆。芙蓉湖东部另名为"东暨湖"，汉高祖五年（公元前202年），改延陵乡为毗陵县，在县东暨湖之北设暨阳乡，江阴市的"暨阳"之别称就来源于此。

在凤凰山、芳茂山以东，除位于现今璜塘、利港镇附近有零星高地以外，地势仍较低洼。高城墩遗址就位于此低地以西二层台地的东缘之上，该台地为东西向延伸，其西部位于常州市境内，江阴占其东缘。在江阴区域内，台地呈环形内凹，凹处缺口向东，高城墩正位于环形内凹台地的中部。

第二节　遗址概况

高城墩遗址为江南地区常见的墩形遗址，墩名由来已久①。据当地村民描述，遗址原来面积近万平方米，高度约 10 余米（彩版二:1）。1958 年人民公社化运动期间，在其顶部挖有大面积的水塘。1975 年冬至 1976 年春，当地村民在土墩的中心部位建窑，挖取土墩，以土制砖，由南向北开始蚕食土墩，遗址遂遭严重破坏。

1984 年砖窑停工时，遗址仅存留北部及南部紧靠窑室后部两块面积近 2000 平方米的区域，高度也由原先的 10 余米降至 5 米左右。在此期间，数量较多的出土文物毁坏、流失，仅有 2 件玉琮和 1 件玉璧等少量文物辗转被常州市博物馆收藏②。此后，由于附近人口增多，高城墩又不断被村民建房取土所蚕食。

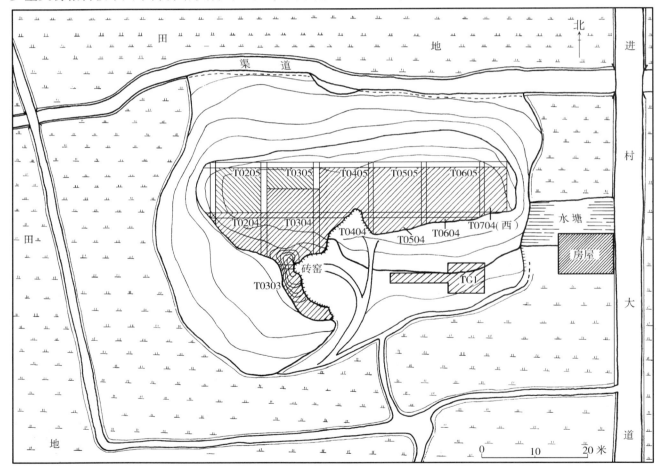

图四　高城墩遗址探方分布示意图

---

① 依据高城墩村村民所保留的刘氏宗谱所载，明代早期，该土墩已有"高城墩"这一称谓。
② 陈丽华：《江苏江阴高城墩出土良渚文化玉器》，《文物》1995 年第 6 期。

在此期间，江阴文化馆文物室①的工作人员从村民手中征集到玉璧、玉环、石钺等文物。

　　经测量，高城墩遗址中心区大地坐标为：东经 120°00′29.6″，北纬 31°53′18.1″，现存海拔高度 7 米。遗址大部为水田所环绕，仅在墩上有零星旱田分部。遗址东部有处水塘，墩的北部有一条东西走向的灌溉渠道。高城墩遗址大体呈不规则长方形，地表处仅在北部留有长约 60 米、宽约 10 米的台地。台地南部建窑后，留有不规则南北向的环形高地。高城墩以下的北部、西南处，仍高于周围田地平均约 1 米，形成二级台地。而与窑厂相邻近的东南部，因常年取土而破坏较严重。经考古钻探得知，该遗址现有文化层大致在长、宽各 60 米的范围以内，即与高城墩遗址现存的最长、最宽处相当（图四）。

___

① 江阴文化馆文物室是江阴博物馆的前身，1988 年正式成立江阴博物馆。

第三节　发掘经过

一、江苏省良渚文化发现、研究的简要回顾

1936～1938 年，施昕更先生在浙江余杭良渚镇发现良渚文化遗存①。1959 年，夏鼐先生提出"良渚文化"的命名②。而苏南地区占有环太湖东、西、北的大部，文化遗址分布较为集中，其中绝大部分包含有丰富的良渚文化堆积。

1972 年，南京博物院组织开展了江苏古文化遗址的发掘和研究工作，其中苏南的环太湖地区是工作的重点。有关良渚文化的研究以 1972 年发掘吴县草鞋山为契机，不仅从地层学方面解决了环太湖区域内马家浜文化—崧泽文化—良渚文化三大文化的发展序列，还发掘了多座良渚晚期墓葬，出土了刻画兽面纹的玉器，纠正了长期以来对玉琮及其兽面纹认识时代的偏差③，由此拉开了系统研究良渚文化的序幕。

20 世纪 80 年代至 90 年代，南京博物院考古研究所（现江苏省考古研究所）同苏州、常州等地方文物保护机构先后发掘了张陵山④、寺墩⑤、赵陵山⑥、罗墩⑦等多座良渚文化高台墓地。这些墓地同浙江良渚文化中期中心区瑶山⑧、反山⑨、汇观山⑩，上海地区的福泉山⑪等良渚高台墓地、遗址、玉器作坊⑫等一起，构建成环太湖区域良渚文化发展的框架。而苏北地区花厅⑬、浙西南好川⑭墓葬群的发现，则将良渚文化强势区域的南、北框架大致勾勒（图五）。

其中世纪之交的高城墩遗址，是迄今发现的纬度最北、最接近长江的良渚文化较高等级高台墓地，也是迄今已发现的有最大规模墓坑的良渚文化墓葬群⑮，这为良渚中期区域等级中心的划分、太湖西北区等级的归属，以及研究该区同良渚中心区的关系提供了重要的资料。

2005 年继高城墩之后，南京博物院考古研究所又在临近太湖北岸无锡市东部，发现并发掘了邱承墩

① 施昕更：《良渚——杭县第二区黑陶文化遗址初步报告》，浙江省教育厅，1938 年。
② 夏鼐：《长江流域考古问题》，《考古》1960 年第 2 期。
③ 南京博物院：《苏州草鞋山良渚文化墓葬》，见徐湖平主编：《东方文明之光》，海南国际新闻出版社，1996 年。
④ 南京博物院：《江苏吴县张陵山遗址发掘简报》，《文物资料丛刊》第 6 辑，文物出版社，1982 年。
⑤ 南京博物院：《江苏武进寺墩遗址的试掘》，《考古》1981 年第 3 期；南京博物院：《1982 年江苏常州武进寺墩遗址的发掘》，《考古》1984 年第 2 期；江苏省寺墩考古队：《江苏武进寺墩遗址第四、五次发掘》，《东方文明之光》，第 42 页，海南国际新闻出版社，1996 年。
⑥ 江苏省赵陵山考古队：《江苏昆山赵陵山遗址第一、二次发掘简报》，《东方文明之光》，第 18 页，海南国际新闻出版社，1996 年。
⑦ 苏州博物馆、常熟博物馆：《江苏常熟罗墩遗址发掘简报》，《文物》1997 年第 7 期。
⑧ 浙江省文物考古研究所：《瑶山》，文物出版社，2003 年。
⑨ 浙江省文物考古研究所：《反山》，文物出版社，2005 年。
⑩ 浙江省文物考古研究所、余杭市文管会：《浙江余杭汇观山良渚文化祭坛与墓地发掘报告》，《文物》1997 年第 7 期。
⑪ 上海市文物管理委员会：《福泉山——新石器时代遗址发掘报告》，文物出版社，2000 年。
⑫ 有关良渚玉器作坊遗址，主要有丹徒磨盘墩（南京博物院、丹徒县文教局：《江苏丹徒磨盘墩遗址发掘报告》，《史前研究》1982 年第 2 期）、句容丁沙地（南京博物院：《句容丁沙地遗址发掘简报》，《文物》2001 年第 5 期）、余杭塘山（王明达：《塘山遗址发现良渚文化制玉作坊》，《中国文物报》2002 年 9 月 20 日第一版）。
⑬ 南京博物院：《花厅——新石器时代遗址发掘报告》，文物出版社，2000 年。
⑭ 浙江省文物考古研究所：《好川墓地》，文物出版社，2001 年。
⑮ 江苏省高城墩联合考古队：《江阴高城墩遗址发掘简报》，《文物》2001 年第 5 期。

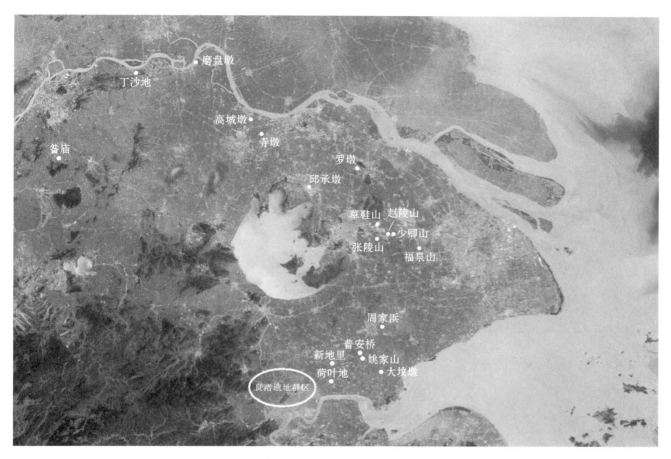

图五　太湖流域良渚文化主要遗址分布示意图

良渚文化高台墓地[1]，进一步丰富了苏南环太湖北部地区良渚文化墓地的时空分布与文化内涵。

二、考古工作概况

高城墩遗址正式考古发掘前，已长时间作为省、市及地方文物机构所重点关注的重点，江阴博物馆的前身——江阴文管会，曾多次派人前往高城墩遗址调查。1985 年 10 月，由江阴县人民政府公布为县级文物保护单位[2]。南京博物院考古研究所的纪仲庆、邹厚本先生曾在 1982 年武进寺墩遗址第二次发掘前期，对高城墩遗址做过调查，并拟发掘。后以为遗址主体破坏较甚，已失去发掘价值，同时并不是当时工作的重点，故未做系统调查和钻探。1994 年对沪宁高速公路进行乌墩考古报告整理编写后，南京博物院考古研究所陆建芳会同江阴博物馆李新华、高振威对高城墩遗址的残存部分做过测量。

1998 年 11 月，鉴于高城墩遗址被严重破坏的现状，南京博物院考古研究所开始对该遗址进行了大规模的调查和钻探，探明在该墩残留部分仍有重要的遗迹现象。在报请国家文物局批准后，在江阴市政府的大力支持和出资下，1999 年 11 月至 2000 年 6 月，由南京博物院考古研究所主持，与无锡博物馆、江阴

---

① 张敏、李则斌、朱国平、田名利、邹忆军：《江苏无锡邱承墩遗址发现良渚文化高台墓地双祭台》，《中国文物报》2006 年 4 月 19 日。
② 1987 年 4 月经国务院批准，撤县建市。

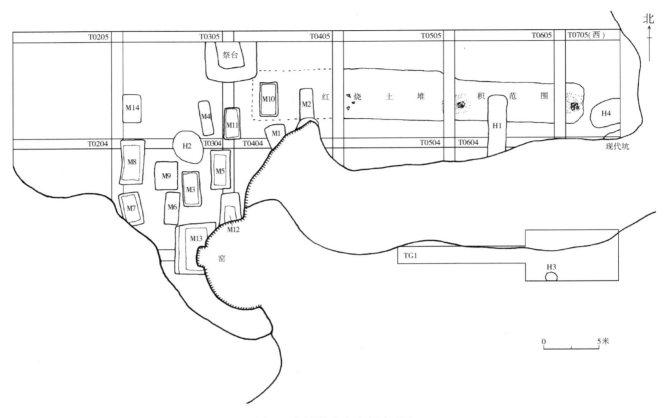

图六　高城墩遗址遗迹平面图

博物馆组成联合考古队，对高城墩遗址进行了抢救性考古发掘①。

整个高城墩考古发掘工作分为两个阶段（图六）：

第一阶段为 1999 年 11 月至 2000 年初。我们首先在遗址北部布 T0305、T0405、T0505、T0605② 四座 10×10 米探方，在高墩下东南处开 2×20 米探沟 TG1 一条。正式开工后，我们选取 T0405（东）、T0505（东）、T0605（西）及 TG1 进行发掘，后又将 T0605、T0505 两方东、西部未发掘处扩开。在发现良渚高台北部坡面与祭祀红烧土面后，又选取了 T0304 的东部进行发掘，后因发现南部高台上的墓葬区，又布方 T0303、T0404、T0204 三座。TG1 东部 7 米处向南、北各增扩 2 米。至第一阶段工作结束时，共开挖 10×10 米探方 8 座，分别为 T0204、T0304、T0405、T0505、T0605、T0303、T0404、T0204，以及 5×10 米探方 2 座，为 T0305（南）、T0705（西），还有 2×20 米探沟 1 条（TG1）。

第二阶段为 2000 年初至 2000 年 6 月，为了解良渚高台墓地北部的堆积情况，又陆续开 10×10 米探方 1 座（T0205），以及 5×10 米探方 1 座，为 T0305（北）。

至整个工地结束，考古发掘总面积共计约 1100 平方米③。发现崧泽灰坑 1 座、1 座良渚文化高台墓地（上部包括祭台 1 座、良渚文化墓葬 14 座）、春秋灰坑 3 座，共出土文物近 400 件④。2000 年 5 月，高城

---

① 有关高城墩开展文物工作的始末，参见本书《后记》部分。

② 由于发掘是采取 5×10 米再挖完全的步骤，导致简报中的探方编号同现报告中的编号有差异，现以本报告编号为正式编号，下同。

③ 其中 T0204、T0304、T0404、T0504、T0604 均为残方，故发掘面积不完整。

④ 此处出土器物数量统计包括同一编号下的若干小件. 另外，该总数中不包括江阴、常州两地历年所收藏、采集的玉、石器（后文详述）。

图七 考古工地现场（自东南向西北摄）

图八 牟永抗先生（左一）参观发掘现场

图九 在发掘现场修复陶器（工作者为韩建立）

图一〇 清理 M10（工作者为孙军）

墩遗址的发掘被国家文物局评为 1999 年中国十大考古新发现之一。

参加高城墩遗址发掘前期调查、钻探的人员有陆建芳、杭涛、韩建立、周恒明、高振威，参加高城墩遗址考古发掘的人员有陆建芳（领队）、杭涛、韩建立、周恒明、蔡卫东、李文华、唐汉章、李新华、高振威、韩锋、刁文伟、孙军、翁雪花、邬红梅等（图七～一〇；彩版一～三）。2001 年，在该遗址之上成立了高城墩良渚文化遗址陈列馆（彩版一〇:1）。

第二章　地层与遗迹

第一节　地层堆积与遗物

高城墩遗址经发掘前期的详细钻探，确定其文化层较厚处在南北和长宽各 60 米范围以内，与现今高城墩残留高墩的最长、宽处相当。此次所发掘的墩上部文化堆积较厚，下部基础绝大部分是良渚文化时期人工堆筑的高台。高台之下的堆积情况，通过在残留北部高墩下东南处开 TG1 了解到，良渚文化高台是直接营建于崧泽晚期遗址地层之上，故原先早于良渚高台墓地的遗址面积应该远大于 1200 平方米。良渚高台之上平均有近 0.4 米左右的晚期堆积（彩版四～八）。

高城墩遗址附近凸露于地面的高地较少，因而高城墩成为居住附近村民的坟场，所以开口于耕土层和明清层之下的晚期墓葬也较多。值得庆幸的是，晚期墓葬的深度普遍较浅，未对其下部遗迹造成破坏。耕土层下还叠压着春秋时期印纹硬陶文化层[1]，该层下即是良渚文化高土台。需要说明的是，残存高台北坡面处，沿高台北坡坡面向下延伸，堆积深厚。其中在北部 T0205、T0305、T0405、T0505、T0605、T0705（西）揭露出高土台基础后，为了弄清高土台基础的坡度及走向，又在各方北部向下发掘近 3 米。考虑工地安全等诸多问题，各方北部皆未涉及高台基础底面[2]。

一、地层堆积

1999 年至 2000 年度两次发掘，所揭露部分的探方地层平均为 6 层。由于江阴市政府对高城墩遗址制定了保护方案，所以在考古发掘中，将第 6 层（含第 6 层）以上作为发掘的重点，第 6 层以下和覆盖残留高墩上的诸方皆未涉及。由于该遗址地层堆积与良渚墓地高台的营建紧密相关，故选取高墩下东南处 TG1 西部北壁与扩方后东部北壁早期地层剖面。又选取东西向 T0604、T0504、T0404、T0304、T0204 各方的北壁，组成现存高墩的横向剖面。选取 T0705（西）东壁、T0605、T0505 西壁，作为南北纵向剖面。同时，利用 T0504 南部断崖的剖面来分析高台基础部分的堆积情况。

1、TG1 西部北壁地层剖面（图一一）：

为了解高城墩土台墓地营建之前遗址的地层堆积情况，在原高台东南部发掘了 TG1（图四）。此剖面是 TG1 未经扩方的西部北壁剖面，已发掘至生土。所揭露剖面由上至下可分为 4 层[3]。

第 1 层：厚 0.25～0.6 米，耕土层。土色深灰色，土质松软，内含砖瓦块等现代垃圾。

第 2 层：深 0.25～0.6、厚 0～0.25 米。土色黄褐，其间夹杂着铁锈斑，土质较硬，内含有夹砂红陶片、泥质黑衣陶片等。

---

[1] 印纹硬陶文化层的主要堆积集中在高台北部，不仅将原高台西部所覆盖的第 4 层土破坏殆尽，还使得高台遗址在该时期内向北部扩大了范围。

[2] 有关高台问题的具体探讨，详见第四章《研究》中第一节。

[3] TG1 剖面地层与高台上部发掘所划分的地层未作统一，特此说明。

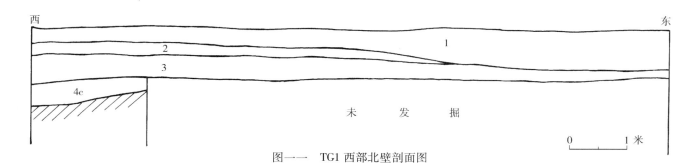

图一一　TG1 西部北壁剖面图

第3层：深0.5~0.7、厚0.5~0.15米。黄灰土，其间夹杂灰色淤泥土层，土质较硬，颗粒较细，包含物较少。

第4c层：深0.85~1、厚0.4~0.2米。土色灰黑，土质较松软，颗粒较细。

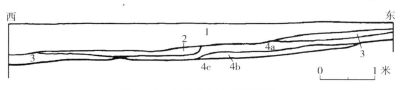

图一二　TG1 扩方北壁剖面图

第4c层以下是生土层，深1.1~1.4米，土色黄灰，坚硬。

2、TG1 扩方北壁地层剖面（图一二）：

此剖面是 TG1 东部7米处向北增扩2米后所得的北壁剖面，未发掘至底。所揭露剖面由上至下可分为4层。

第1层：厚0.1~0.55米，耕土层。土色深灰色，土质松软，内含砖瓦块等现代垃圾。

第2层：仅发现于剖面偏西部，深0.55~0.6、厚0~0.15米。土色黄褐，其间夹杂着铁锈斑，土质较硬，内含有夹砂红陶片、泥质黑衣陶片等。

第3层：深0.15~0.75、厚0~0.3米。黄灰土，其间夹杂灰色淤泥土层，土质较硬，颗粒较细，包含物较少。

第4层：灰黑土层，又可细分为3小层。第4a层深0.3~0.7、厚0~0.25米，土色灰黑，土质较松软，较黏，颗粒较细。第4b层深0.4~0.7、厚0~0.1米，土色青灰，土质坚硬，无黏性，呈块状。第4c层深0.3~0.65米，土色灰黑，土质较松软，颗粒较细。以上3层中的出土器物主要有夹砂红陶鼎足、泥质黑衣陶片等。

3、T0204~T0604 北壁剖面（图一三）：

此剖面东西向横贯整个高城墩残存墩面，由上至下可分5层。

第1层：遍布各方，深0.05~0.5米，耕土层。土色深灰色，土质松软，内含少量铁钉、砖瓦块等现代垃圾。高台中部开口此层下，有一近代水塘。

第2层：遍布各方，深0.1~0.5、厚0.85~0.15米，近代扰土。土色灰黄，土质疏松，含明清瓷片等。

第3层：仅于T0304、T0204剖面上有所发现，深0.75~0.1、厚0.15~0.3米。土色灰褐，土质较黏，颗粒较小，含印纹硬陶等，为春秋时期堆积。本层下叠压了两座春秋时期的灰坑 H1 与 H2。

第4b层：仅于T0304偏东部残留一段，深0.75~0.1、厚0~0.25米。呈黄褐色，颗粒较大且纯净，土质坚硬。良渚文化 M2、M8 开口于第4a层下，打破第4b层，其中 M2 还打破第6c层。

第6c层：遍布各方，未发掘至底。东西两端各为缓坡状堆积，发掘深度0.3~1米。为高台的基础部

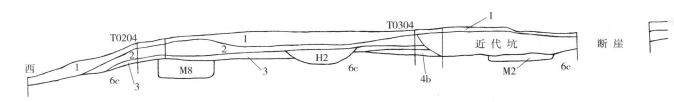

图一三　T0204~T0604 北壁剖面图

分，由褐黄色土交替叠压而成，土质坚硬。

4、T0705（西）东壁剖面（图一四）：

该剖面紧靠残留高墩的东缘，堆积层次明显，能直观地反映出高墩的形成过程。剖面由上至下可划分为 6 层。

第 1 层：深 0.1~0.25 米，耕土层。土色深灰，土质松软，内含少量铁钉、砖瓦块等现代垃圾。

第 2 层：深 0.35~0.55、厚 0.2~0.3 米，近代扰土。土色灰黄，土质疏松，含明清瓷片等。

第 3 层：深 0.5~0.6、厚 0.1~0.35 米。土色灰褐，土质较黏，颗粒较小，含印纹硬陶等，为春秋时期堆积。

本层下叠压一座春秋时期的灰坑 H4。

第 4 层：按土质土色，又可细分为两层。第 4a 层深 0.75~0.9、厚 0.2~0.25 米，土色灰白，土质细腻，十分坚硬，似经过夯打。第 4b 层深 0.75~1.65、厚 0.4~0.95 米，黄褐色土，颗粒较大且纯净，土质坚硬。

第 5 层：按土质土色，又可细分为 5 层。第 5a 层在北部呈坡状堆积，深 1.75~2.1、厚 0.3~0.75 米。土色灰褐，土质细腻，较硬。第 5b 层仅于剖面中部存留一段，深 2~2.25、厚 0~0.5 米。土色灰黄，土质较硬。第 5c 层在第 5b 层北部分布，距探方北部地面深 1.65、厚 0~0.8 米。土色黄褐稍偏黄色，土质较硬。第 5d 层分布于剖面北部，由南至北呈坡状堆积，未发掘至底，深 2.1 米。土色灰褐偏青，土质较硬。第 5e 层位于剖面中部偏南，由南至北呈坡状堆积，深 2.15~2.9、厚 0~0.75 米。土色灰褐偏灰，土质较硬。

第 6c 层：未发掘至底，呈南北向坡状堆积，发掘深度 2~3 米，为高台的基础部分。由褐黄色土交替叠压而成，土质坚硬。

5、T0605 西壁剖面（图一五）：

该剖面位于高墩的中部偏东，其南部已被取土破坏形成断崖。剖面由上至下可分为 4 层。

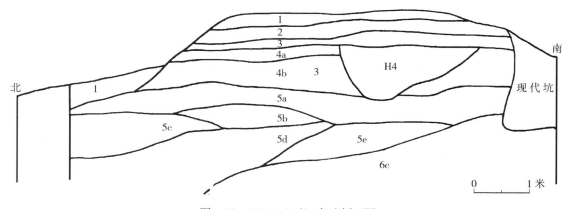

图一四　T0705（西）东壁剖面图

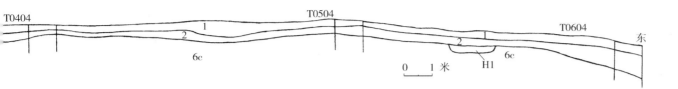

第1层：深0.15～0.4米，耕土层。土色深灰色，土质松软，内含少量铁钉、砖瓦块等现代垃圾。开口于此层下有1座近代墓葬。

第3层：仅在剖面北部有所显露，深0.5～1、厚0～0.85米。土色灰褐，土质较黏，颗粒较小。含印纹硬陶等，为春秋时期堆积。

第4层：按土质土色，又可细分为两层。第4a层深0.15～1、厚0～0.45米，土色灰白，土质细腻，但十分坚硬，似经过夯打。第4b层深0.5～2.5、厚0.15～2.25米，土色呈黄褐色，颗粒较大而且纯净，土质坚硬。

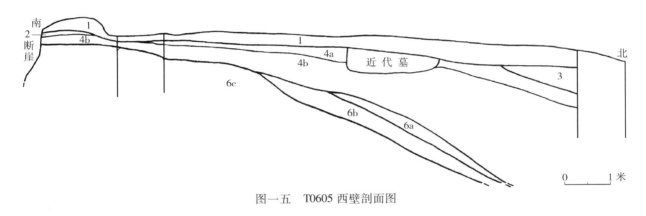

图一五 T0605西壁剖面图

第6层：按土质土色，又可细分为3层。第6a层为青灰色红烧土层，呈坡状堆积，下部未揭露完全。现存距地表最近处深1.25、厚0.2米，土色棕黄，内含有大量红烧土块。第6b层为黄褐色红烧土层，呈坡状堆积，下部未揭露完全。现存距地表最近处深0.85、厚0.3米，土色青灰，内含有大量红烧土块。第6c层的发掘深度0.25～3米，为高台的基础部分，未揭露完全。南部台面近平缓，北部呈坡状堆积。由褐黄色土交替叠压而成，土质坚硬。

6、T0505西壁剖面（图一六）：

该剖面靠近高台中部，其南端其南部已被取土破坏成断崖。剖面由上至下可分为4层。

第1层：深0.15～0.4米，耕土层。土色深灰，土质松软，内含少量铁钉、砖瓦块等现代垃圾。有2座近代墓葬开口于此层下。

第3层：分布于剖面北端，深0.4～1.2、厚0.2～1.1米。土色灰褐，土质较黏，颗粒较小。含印纹硬陶等，为春秋时期堆积。

第4层：按土质土色，又可细分为两层。第4a层由南至北呈坡状堆积，深0.25～1、厚0.2～0.4米。土色灰白，土质细腻，十分坚硬，似乎经过夯打。第4b层由南至北呈坡状堆积，未发掘至底。深0.6～2.5米，土色呈黄褐色，颗粒较大且纯净，土质坚硬。

第6层：按土质土色土可分为3层，其中第6a层和第6b层的土质、土色与T0605相同。第6c层

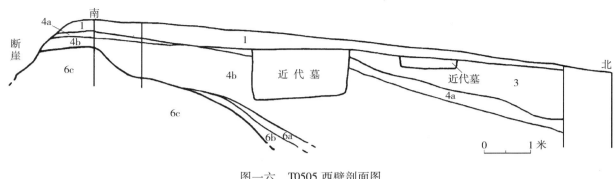

图一六　T0505 西壁剖面图

未发掘至底，呈南北向斜坡状堆积，坡度较大，发掘深度 2～3 米，为高台的基础部分。由褐黄色土交替叠压而成，土质坚硬。

7、T0504 南部高台基础部分的地层剖面（图一七）：

第 6c 层是高土台基础，为逐层叠压结构，各层多在 0.05～0.1 米间，呈水平带状分布，两类土质相间明显，该剖面第 6c 层可以细划分出 50 多层。堆土主要由含细砂、土质细腻的灰色潮土和颗粒大、黏性强的褐黄色土交替叠压而成。推测在营建时采取了干湿相间的构筑方法，使得两种土质结合紧密，至今土质仍极为坚硬。从剖面来看，高台中部偏东的第 6c 层厚近 5 米。通过解剖可以了解到，在高台建筑前，对早期遗址地面进行了初步平整，而后在平整面的基础上堆土，营建高台①。第 6c 层之下是 3 层平整过的基础面。

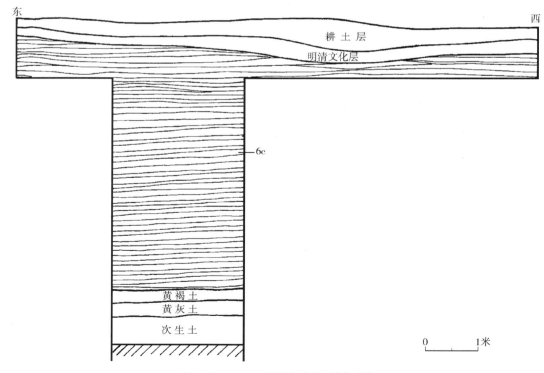

图一七　T0504 南部高台基础剖面图

----

① 详见第四章第一节中对高台墓地营建、使用过程的论述。

二、地层遗物

在发掘高台以及高台上部堆积的文化层中，发现少量遗物。其中以高台为代表的早期地层中遗物极少见，遗物主要出土于高台上部的晚期堆积当中。出土器物以陶器为主，大多残破较甚（参见附表五），另有少量石器残片。现按地层堆积的早晚顺序介绍如下①：

1、第6层出土遗物

以陶器为主，主要出土于 T0505 与 T0605 红烧土上的陶片集中区（即第 6a 层），红烧土内纯净，未见陶片。而 T0705 内无红烧土层分布处，所出器物为第 6c 层内包含物。第 6 层陶器的陶质多为夹砂黄灰、红褐陶，夹草木灰（炭）粗泥红、褐陶与少量的泥质灰陶，器形可辨的有瓮、罐、鼎（包括各类鼎足）、器盖等。陶器纹饰大多为素面，少量装饰有弦纹、交叉篮纹、绳索纹等。

陶大口尊　数量较多，大部分已残碎，胎体厚重。

标本 T0605⑥a:8，夹砂黄灰陶，手制。已残碎，仅存接近口部一段。上部饰交叉篮纹，内部平滑，未见纹饰。最长 16、最宽 11 厘米（图一八:1）。

标本 T0605⑥a:9，夹砂黄灰陶，手制。已残碎，仅存接近口部一段。上部饰交叉篮纹，内部平滑，未见纹饰。最长 12.5、最宽 8.5 厘米（图一八:2）。

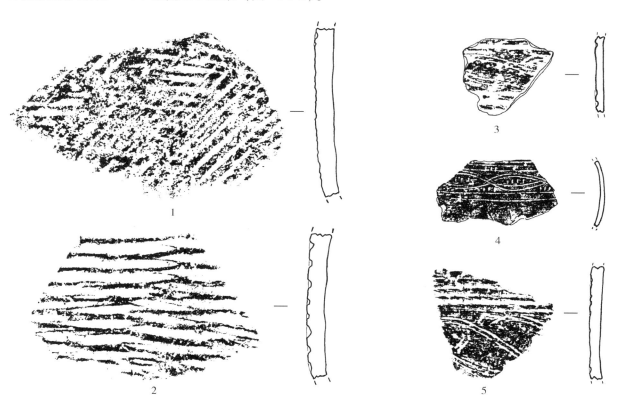

图一八　第6层出土陶器的纹饰拓片

1、2. 大口尊（T0605⑥a:8、T0605⑥a:9）　3～5. 刻纹陶片（T0505⑥a:4、T0505⑥a:5、T0505⑥a:6）（均为1/2）

---

① 其中第一层（现代层）至第二层（明、清文化层）堆积时代较晚，在此不做介绍。

陶瓮　1件（T0605⑥a：5）。出土于红烧土台面上，遭人为破碎后，由东向西被均匀地分成3处，放置在红烧土台面上。泥质红褐陶，轮制，手制弦纹贴附，器表施黑衣，磨光。圆方唇，侈口，短束颈，鼓肩，肩部以下略显内收。直腹，腹饰7组弦纹，其中上部3组为2周，下部4组为4周。下腹内收至平底。口径35.8、底径18.8、高78厘米（图一九：3；彩版一一：3）。

陶罐　2件。

标本T0505⑥a：8，夹草木灰粗泥红陶，轮制。直口，圆唇，广肩，下部已残甚。复原口径32厘米（图一九：7）。

标本T0605⑥a：11，夹草木灰粗泥黄褐陶，轮制。尖圆唇，外侈，唇部内凹，束颈，广肩，肩部有一周凸起，下部已残。复原口径20厘米（图一九：6）。

陶鼎　3件。

标本T0505⑥a：9，夹草木灰浅红褐陶，轮制。方唇，折沿，侈口，束颈，肩部斜直，下部饰弦纹。复原口径约40厘米（图一九：2）。

标本T0505⑥a：10，夹砂红褐陶，轮制。方唇，折沿，唇面内凹，束颈，斜直腹，下部残甚。复原口径22厘米（图一九：4）。

标本T0505⑥a：11，夹砂红褐陶，轮制。圆唇，折沿，束颈，斜鼓腹，下部已残。复原口径24厘米（图一九：5）。

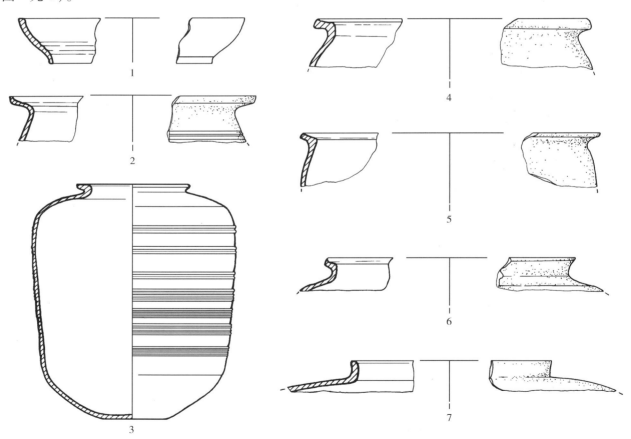

图一九　第6层出土陶器

1. 陶器（T0705⑥c：10）　2、4、5. 鼎（T0505⑥a：9、T0505⑥a：10、T0505⑥a：11）　3. 瓮（T0605⑥a：5）

6、7. 罐（T0605⑥a：11、T0505⑥a：8）　（1、4～6为1/3，2、7为1/6，3为1/12）

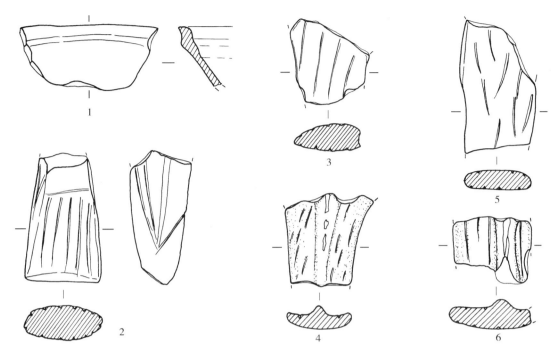

图二〇　第 6 层出土陶器

1. 陶器口沿（T0705⑥c：8）　　2～6. 鼎足（T0605⑥a：6、T0605⑥a：10、T0505⑥a：7、T0705⑥c：9、T0605⑥a：7）　（均为 1/2）

陶鼎足　5 件。

标本 T0505⑥a：7，夹草木灰粗泥黄褐陶，手制。扁足，剖面呈"凸"字形，略弧，足面有条形刻划。上部残甚。残长 5.4 厘米（图二〇：4）。

标本 T0605⑥a：7，夹草木灰粗泥灰褐陶，手制。扁足，剖面呈"凸"字形，略弧，足面有条形刻划。残长 7.3、宽 3.8 厘米（图二〇：6）。

标本 T0605⑥a：6，夹草木灰粗泥黄褐陶，手制。凿型足，剖面呈扁圆形，足面两侧有斜条状刻划。残长 4.8、宽 3.8 厘米（图二〇：2）。

标本 T0605⑥a：10，夹草木灰粗泥黄褐陶，手制。侧扁鱼鳍形，剖面呈扁圆形，足面两侧有等距斜条状刻划。残长 4.8、宽 3.8 厘米（图二〇：3）.。

标本 T0705⑥c：9，夹草木灰粗泥黄褐陶，手制。侧扁鱼鳍形，外边略显内弧，下边外撇，剖面呈扁圆形，足面两侧有交叉斜条状刻划。残长 7.5、宽 4 厘米（图二〇：5）。

陶器口沿　1 件（T0705⑥c：8）。夹草木灰粗泥灰褐陶，轮制。圆唇，敞口，唇部下方有较厚的凸起，腹壁斜直内收，下部已残。残长 7.7 厘米（图二〇：1）。

陶器　1 件（T0705⑥c：10）。泥质灰陶，轮制。方唇，敞口微折敛，斜弧壁内收，下部变直，无底。口径 18、底径 13 厘米（图一九：1）。

刻纹陶片　3 件。

标本 T0505⑥a：4，泥质灰陶，轮制。已残，推测为陶罐肩部，上部饰绳索纹，剥落较甚。陶片长 5、宽 4 厘米（图一八：3）。

标本 T0505⑥a：5，泥质灰陶，轮制，表面施黑色陶衣，磨光。残甚，推测为陶罐肩部，上部饰绳索纹。其中两个绳索状交合，保存完整，交合内部戳印有篦点纹。陶片长 7.5、宽 4 厘米（图一八：4）。

标本 T0505⑥a：6，泥质灰陶，轮制。残甚，推测为陶罐肩部，绳索纹上部还饰有弦纹。陶片长 6、宽

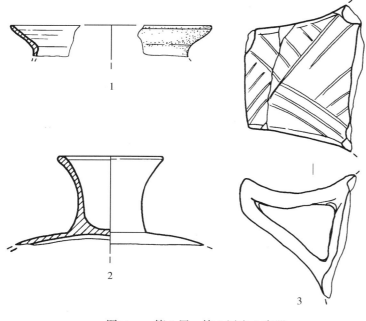

图二一　第 5 层、第 4 层出土陶器
1. 鼎（T0705⑤c:5）　2. 器盖（T0505④a:1）
3. 錾手（T0705⑤e:6）　（1 为 1/6，余为 2/3）

5.8 厘米（图一八:5）。

2、第 5a ~ 5e 层出土遗物

土质纯净，包含物较少，出土物以陶器为主。陶质多为夹砂红褐陶、夹草木灰粗泥灰黑陶、泥质红褐陶，器形可辨仅有鼎一类。纹饰大多为素面，少量装饰弦纹、绳索纹等。

陶鼎　1 件（T0705⑤c:5）。夹草木灰粗泥灰黑陶，轮制。方圆唇，大敞口，束颈，下部已残。复原口径 32 厘米（图二一:1）。

陶錾手　1 件（T0705⑤e:6）。泥质红褐陶，手制，由两片泥片贴附而成。宽短，侧面中空，向外足面上饰交叉条状刻划。从残损情况分析，有可能是单把壶的錾手。残长 5、宽 4 ~ 6 厘米（图二一:3）。

刻纹陶片　1 件（T0705⑤e:7）。夹草木灰粗泥褐灰陶，轮制。已残甚，推测为陶罐肩部，上部刻划绳索纹，剥落较甚。陶片长 6.5、宽 5 厘米（图二四:2）。

3、第 4a、4b 层出土遗物

第 4a、4b 层土质纯净包含物极少，仅在第 4a 层中发现残器盖一件。

陶器盖　1 件（T0505④a:1）。泥质灰陶，轮制，器表施黑色陶衣，磨光。仅存盖纽及少部分盖面，纽呈束腰喇叭形，盖面隆起，下部已残。胎体较薄。残高 3.7、纽径 4.2 厘米（图二一:2）。

4、第 3 层出土遗物

以陶器为主，还发现有少量的石器。陶器主要是印纹硬陶，陶质多为夹砂灰黑、橙红、灰褐陶，以及泥质红、灰陶，少量器物上施有原始青釉，器形可辨有瓮、罐、鬲、鼎足、豆、钵等。陶器纹饰大多为拍印，装饰有菱形填线纹、"回"字形方格纹、弦纹等，少量为绳纹、篦纹。石器仅见锛、镞两类。

（1）陶器

瓮　1 件（T0605③:2）。泥质灰陶，轮制。方唇，直口，广肩，肩部与颈相接处有 3 周弦纹。复原口径 15.6 厘米（图二二:2）。

罐　1 件（T0605③:1）。泥质红褐硬陶，轮制。方圆唇，敞口，束颈，下部已残。颈下部有 2 周弦纹，自肩部开始拍印折线纹。口径 20、残高 4.8 厘米（图二二:1）。

鼎足　1 件（T0505③:2）。夹砂灰褐陶，手制。足部侧面呈扁平锥状，断面为扁椭圆形，足根部已残。残高 8 厘米（图二二:8）。

豆　1 件（T0505③:1）。泥质灰色硬陶，轮制，素面。尖唇，侈口，折肩，肩下部内斜收，底部及豆柄已残。盘径 15、残高 2.8 厘米（图二二:3）。

钵　2 件。

标本 T0705③:1，泥质红陶，轮制，素面。方圆唇，敛口，鼓腹内收，底部已残。口径 10 厘米（图二二:6）。

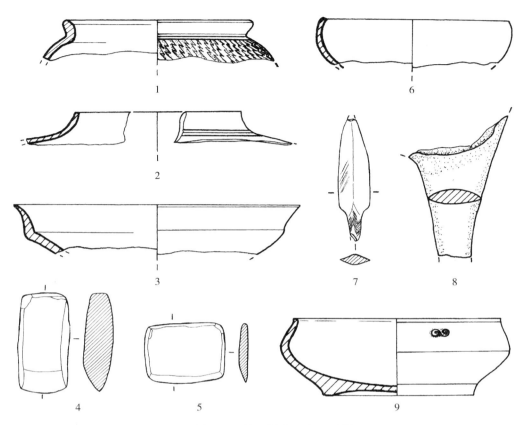

图二二　第 3 层出土陶、石器

1. 陶罐（T0605③:1）　　2. 陶瓮（T0605③:2）　　3. 豆（T0505③:1）　　4、5. 石锛（T0705③:3、
T0605③:3）　　6、9. 陶钵（T0705③:1、T0705③:2）　　7. 石镞（T0505③:3）　　8. 陶鼎足
（T0505③:2）　　（1、2 为 1/4，余为 1/2）

　　标本 T0705③:2，泥质灰色硬陶，轮制。方圆唇，略显外侈，短束颈，鼓腹略显折棱，下腹部内收，平底内凹。肩部对饰有横"S"形耳。器表施原始青釉，剥落严重。口径 11、高 4.2 厘米（图二二:9）。

　　纹饰陶片　2 件。

　　标本 T0605③:4，泥质灰色硬陶，轮制，残甚，器形不可辨。表面拍印密集的方格纹。残长 6.6 厘米（图二四:1）。

　　标本 T0705③:4，泥质灰色硬陶，轮制，残甚，推测为罐的肩、腹部。上部拍印紧密地折线纹，下部饰密集的"回"字形方格纹。残长 7 厘米（图二四:3）。

　　（2）石器

　　锛　2 件。

　　标本 T0705③:3，青灰色岩，磨制。平面呈长方形，锛体一面磨有刃口，另一面平整。长 5.5、宽 1.9 厘米（图二二:4）。

　　标本 T0605③:3，黄褐砂岩，磨制。横长方形，体较薄，下部一侧有刃，制作粗糙。长 4.2、宽 3.4 厘米（图二二:5）。

　　镞　1 件（T0505③:3）。青灰岩，磨制，平面呈柳叶状，镞中部起脊至铤部，剖面呈菱形。锋、铤部略残，表面留有较清晰的磨痕。残长 6.7 厘米（图二二:7）。

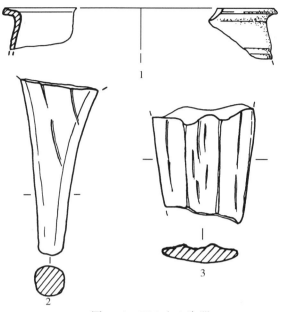

图二三　TG1 出土陶器

1. 鼎（TG1②:1）　2、3. 鼎足（TG1③:3、TG1③:2）

（1、2 为 1/3，3 为 2/3）

5、TG1 出土遗物

TG1 位于遗址东南部，由于上部良渚高台已被砖窑取土而破坏殆尽，揭去表土之下便暴露出文化层堆积。由于在地层内所发现遗物较少，探沟内发掘有大面积的硬土面遗存，故我们推测，在该探沟的发掘区域为早期人类居住的房屋建筑类活动面。出土遗物以陶器为主，大多残碎严重而且形制单一，可辨器形者仅有鼎一类，陶质有泥质、夹砂陶，或者夹草木灰灰褐、灰黑、红陶。纹饰除鼎足上有刻划以外，其他仅见弦纹一类。

鼎　1 件（TG1②:1）。夹砂灰褐陶，轮制。折沿，方唇内凹，束颈，斜直腹，腹部饰弦纹，下部已残甚。复原口径 22 厘米（图二三:1）。

鼎足　2 件

标本 TG1③:2，夹草木灰粗泥灰黑陶，手制。扁足，剖面呈"凸"字形，足面有条形刻划。残长 5.1、宽 4.1 厘米（图二三:3）。

标本 TG1③:3，夹砂红陶，手制。扁凿形足，剖面近圆形，足两侧有些条形刻划。长 15、宽 3.6 厘米（图二三:2）。

陶片　1 件（TG1③:4）。夹砂灰褐陶，轮制。残甚，器形不可辨，表面饰有等宽弦纹。残长 7.5、宽 4.6 厘米（图二四:4）。

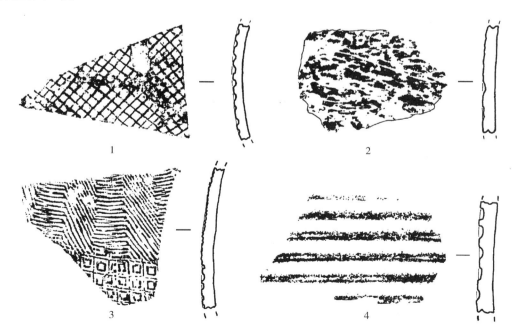

图二四　第 5 层、第 3 层、TG1 出土陶器的纹饰拓片

1. T0605③:4　2. T0705⑤e:7　3. T0705③:4　4. TG1③:4　（均为 2/3）

第二节　遗　迹

一、祭　台①

祭台位于 T0305 东侧与 T0405 西侧内，揭露平面呈近正方形。由于 T0305 与 T0405 北部未进行发掘，故其北部情况尚不清楚②。从已揭露的情况来看，东西宽 6.5 米，南北揭露长度为 4.75 米。在同一层面下，祭台南部是墓葬区，东南部的 M10 为距离祭台最近的墓葬。祭台南部正对的墓葬有 M11、M12，西南为 M4、M14，M13 位于距离祭台最远处的南端（图二五；彩版九）。

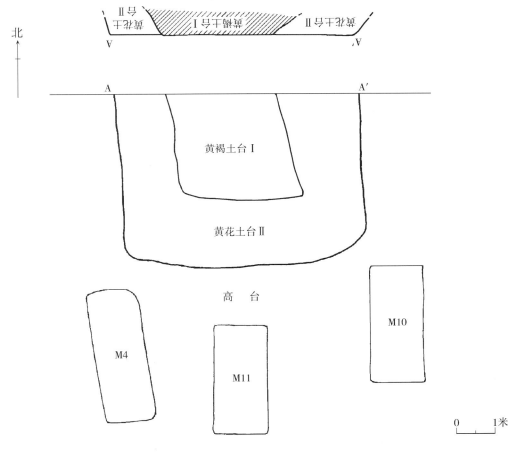

图二五　祭台平、剖面图

---

① 因诸多高等级墓葬附近都发现有类似的祭祀遗迹，从层位学的相对年代来看，大多早于大规模埋入墓葬的年代，而以其方位的一致性和整个高台墓地所营建的步骤分析，该类祭祀遗迹一直与高台的形成以及高台墓地早期祭祀关系密切，详见第四章《研究》。
② 我们在祭台中部发掘小型探沟了解祭台的纵剖面，又在北壁选取了祭台的横向剖面，但限于工地安全均未至底，实属遗憾。

祭台东部分布有呈东西向的红烧土堆积层，祭台本身可分为内外两个台面（台Ⅰ、台Ⅱ），反映出祭台的营建至少可以分为两个阶段。台体以两种土质筑成。土台形成的第一阶段为内部台Ⅰ的营建。台Ⅰ土色呈黄褐色，颗粒较大而且纯净，土质坚硬，没有明显的夯筑现象。台Ⅰ土色同高台上所堆积的第4b层土相同。现存内台面（台Ⅰ）宽3.25、揭露长度3米，平面呈南北向斜长条形，台面坡度角为60°。

第二阶段是外部台Ⅱ的营建，台Ⅱ为黄花土，颗粒较大，土质坚硬，没有明显的夯筑现象。营建台Ⅱ的土质在高台堆积层中未见，台Ⅱ将原先台Ⅰ的护坡四面包裹，进而形成更大的台面，故台Ⅱ应是对原先台Ⅰ的扩建。现存外台面（台Ⅱ）宽6.5、揭露长度4.75米，平面呈南北向正方形，台面坡度角近75°。祭台现存顶面同第4层相当。

二、红烧土堆积（第6a～6b层）

红烧土堆积位于整个台地的东部，呈东西向长方形。它横跨T0705（西）、T0605、T0505直到T0405西部祭台东缘下前端结束，长35米，宽度超过4.6米。因北部尚未至底，最宽处未曾完全揭露。根据平面揭露情况看，该层由北坡开始，呈45°～60°斜坡状由低（北）向高（南）堆积。在T0405内，红烧土堆积东、西部分别被M2与M10打破（图六）。

根据土质土色的不同，该红烧土堆积可划分成上、下两层，上层土色偏棕黄，下层土色偏青灰。我们分析，可能经过至少两次大规模的火烧。其中大块烧结的红烧土，质地坚硬，吸水性较弱，已具备砖的雏形。

在T0705（西）、T0505与T0405内南部，红烧土层上部层面上还发现有3处比较集中的陶器堆，在陶器周围还发现明显的草木灰痕，3处陶器堆之间相隔均约15米。其中西南T0505西壁下的一处因受晚期扰乱严重，已不完整，但仍发现有大型泥质弦纹瓮残片①。

三、灰　坑

1、H1

位于T0605南部，部分已在T0604的北部内，开口于第3层下。平面呈长方形，长4.5、宽1.8、深0.4米，底部略小于口部（图二六）。坑内填土无层次，填土灰黑，夹杂少量红烧土和炭粒，土质较硬，陶片较少。陶片有泥质红、橙红、灰印纹硬陶，以夹砂红、灰、褐灰陶，器形可辨仅有瓮、鬲两类。陶片大多素面，纹饰仅有菱形填线纹、"回"字形方格纹与绳纹。

瓮　1件（H1∶1）。泥质橙红硬陶，轮制，口沿部为贴制。薄圆唇外翻，敛口，短直颈。颈肩部饰弦纹，肩到腹中部饰有竖菱形纹，腹中部以下饰"回"字形方格纹。复原口径20厘米（图二七∶1、三〇∶1）。

鬲　1件（H1∶2）。夹砂灰褐陶，轮制。口部残，略显外侈，束颈，肩部斜直，下部已残。表面饰绳纹。残片长7.3、宽3.9厘米（图二七∶2）。

2、H2

位于T0304北部，大部分被压隔梁下，开口于第3层下。平面近圆形，长3、宽2.9、深0.46米，圜底，底部小于口部（图二八）。坑内填土无层次，填土灰黑，夹杂少量红烧土和炭粒，土质较硬，陶片较少。陶片有泥质红、灰印纹硬陶，以及夹砂红、灰、灰黑陶，器形可辨的仅有瓮、器足两类。纹饰大多素面，纹饰仅见有条形篦纹。

---

① 此处需说明的是，1件泥质弦纹陶瓮（T0605　⑥a∶5）被人为破碎后，分置于3处陶器堆当中，现由3处陶器堆中复原出来。

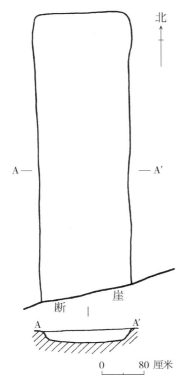

图二六　H1 平、剖面图

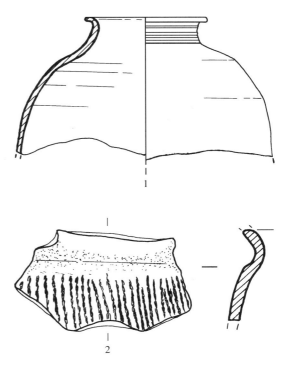

图二七　H1 出土陶器

1. 瓮（H1∶1）　2. 鬲（H1∶2）　（1 为 1/6，2 为 2/3）

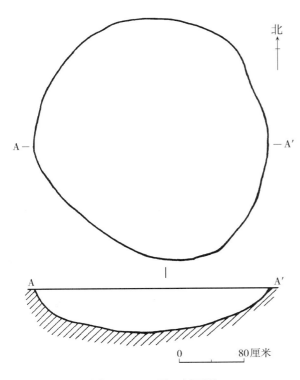

图二八　H2 平、剖面图

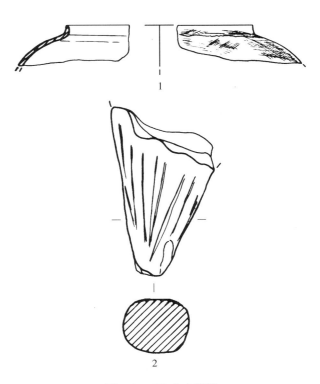

图二九　H2 出土陶器

1. 瓮（H2∶1）　2. 器足（H2∶2）　（1 为 1/6，2 为 2/3）

图三〇　H1、H2 出土陶瓮纹饰拓片
1. H1:1　2. H2:1（均为 2/3）

　　瓮　1 件（H2:1）。泥质灰硬陶，轮制，口沿为贴附，痕迹明显。尖圆唇，短直颈，溜肩，肩部以下饰条形篦纹，下部已残。复原口径 31 厘米（图二九:1、三〇:2）。

　　器足　1 件（H2:2）。夹砂灰黑陶，手制。圆锥形，上部已残，体厚重，足上饰竖条形刻划纹。残长 7.3 厘米（图二九:2）。

　　3、H3

　　位于 TG1 中部偏南，开口于 TG1 第 1 层下。坑口平面呈圆形，口径 0.9、底径 0.6、深 0.7 米，直壁，底部近平（图三一）。坑内填土无层次，填土灰色，土质较疏松，夹杂少量红烧土和炭粒。陶片以泥质灰陶和夹砂红陶为主，其中泥质陶多施有磨光黑衣，器形可辨有杯、器足等。

　　杯　1 件（H3:1）。泥质灰陶，轮制，器表施磨光黑衣。侈口，尖圆唇，短束颈，斜直壁，下部已残甚。复原口径 9 厘米（图三二:1）。

　　器足　1 件（H3:2）。夹砂红陶，手制。扁足，剖面略呈"凸"字形，足面有竖条形刻划，残甚。残长 3.7 厘米（图三二:2）。

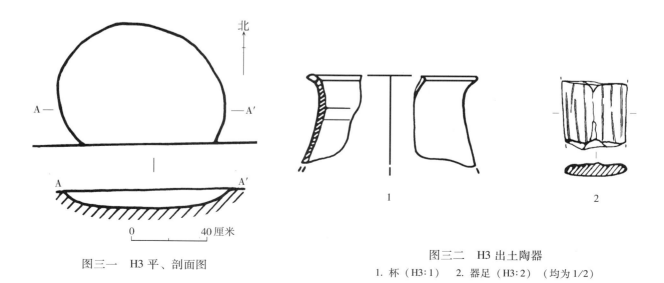

图三一　H3 平、剖面图

图三二　H3 出土陶器
1. 杯（H3:1）　2. 器足（H3:2）（均为 1/2）

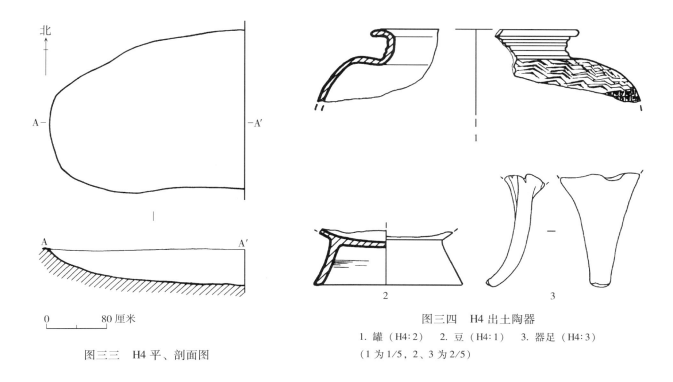

图三三　H4 平、剖面图

0　　　80 厘米

图三四　H4 出土陶器
1. 罐（H4:2）　2. 豆（H4:1）　3. 器足（H4:3）
（1 为 1/5，2、3 为 2/5）

4、H4

位于 T0705（西）南部，东部被 T0705（东）所压，未发掘，开口于第 3 层下。揭露部分近半圆形，长 2.6、宽 2.16、深 0.5 米，近圜底，底部偏北部较深，南部较浅（图三三）。坑内填土无层次，填土灰黑，夹杂少量红烧土和炭粒，土质较疏松，陶片较少。陶片有泥质红、灰印纹硬陶，夹砂橙红、灰黑陶，器形可辨仅有豆、罐、器足三类。大多素面，纹饰仅有折线纹。

豆　1 件（H4:1）。泥质灰陶，轮制。豆盘部已残失，豆座呈矮短喇叭形。底径 9 厘米（图三四:2）。

罐　1 件（H4:2）。泥质灰硬陶，轮制。卷沿，尖圆唇外翻，竖直颈，颈上饰弦纹，溜肩。肩上部饰折线纹，肩下部饰"回"形方格纹。复原口径 24 厘米（图三四:1）。

器足　1 件（H4:3）。夹细砂橙红陶，手制。呈扁条状，略显弯曲。残长 7 厘米（图三四:3）。

第三节　采集器物

早年由于周围居民对高城墩遗址的破坏，这里出土了为数不少的玉、石器，其中部分文物已流失。尽管如此，当地居民陆续上交加上江阴博物馆的采集，仍保存下不少的珍贵文物，现分别藏于江阴、常州两地博物馆[①]。采集于高城墩的器物可分玉器和石器两类，参见附表三。现将江阴、常州博物馆所藏高城墩文物介绍如下：

一、玉　器

共 5 件，器形有璧、镯、钺、锥形器。

璧　1 件（11–298）[②]。青绿色，透光处呈深湖绿色，玉质内有云雾状白化斑。器表一侧有蚀孔，器表附着有较多的黑褐色物质。圆环形，中部孔较大，孔为对钻。一侧钻孔略有错位，孔内壁经修整，残留有竖条状磨痕。靠近缘处有一道切割痕。器形规整，打磨光滑。直径 12.1、孔径 6.1、厚 1.4～1.2 厘米（图三五：1；彩版一一：1、2、4、5）。

镯　2 件

标本 11–295，玉质大部分已白化，透光处呈青绿色，大部分已变成浅褐红色。整体呈不规则椭圆形，剖面近长方形。孔部为管钻，圆孔，孔壁较直，打磨光滑。整体打磨精细，孔内仍保留有玻璃状光泽。最大径 7.8、最小径 7.1、孔径 5、厚 0.9、高 0.9 厘米（图三五：2；彩版一二：1、2）。

标本 Yu：314[③]，玉质青绿色，不透光，玉质内含浅绿色结晶体，表面有少量有机质附着。整体呈规则圆形，剖面近长方形。孔部为对钻，正圆，孔内壁略显束腰状，且打磨光滑。整体打磨精细，器表仍保留有玻璃状光泽。直径 7.3、孔最大径 6.6、中径 6.2、壁厚 0.5、高 2.8 厘米（图三五：3；彩版一二：3）。

钺　1 件（Yu：317）。淡灰绿色，不透光，玉质中明显带有较多的灰黑色斑状及黑色点状杂质。器身部分有风化严重的孔洞，器表附着有较多的黑褐色痕迹。器体呈扁平铲形，顶部保留有片状对切割痕，中部有一道毛状断口，已打磨。靠近器身顶部钻一孔，钻痕明显。靠近顶部稍打磨粗糙，下部弧刃中锋，刃口破裂严重。通体无使用痕迹。孔径 2.3、顶宽 9.8、刃宽 11.7、长 14.8 厘米（图三八：3；彩版一三：1）。

锥形器　1 件（Yu：315）。青绿色，透光处呈深湖绿色，玉质内有云雾状白化斑。整体呈长条弧方锥形，器形较短。顶端有短榫，榫上有对钻穿孔，顶端钝尖。靠近体下端四角饰有两组兽面，兽面眼底做浅浮雕。兽面的四面凸起与器体相交处，有较明显的打磨减底痕迹。上部兽面额部刻划近 6 道紧密直线，部分有叠压现象，四面转角处刻线不衔接。以尖状物刻划出上部兽眼眼部及内部眼珠，有明显走刀的毛刺。兽眼外有一周椭圆形打磨减底的浅浮雕凸面眼底，两眼底以转角处的桥型凸面相连接。三角形尖状眼睑刻画于眼圈外的凸面眼底上，其与眼圈不相联，四周略有减底。鼻部雕刻先打磨，将鼻部周围剔除，

---

① 陈丽华《江苏江阴高城墩出土良渚文化玉器》，《文物》1995 年第 6 期。此处需要说明的是，陈文中所提及的两件玉琮（Yu：312、Yu：316）和一件玉璧（Yu：313），经对参加建窑的高城墩村民刘匡玉调查后得知，上述 3 件玉器应是出于 M13 西北部，现将上述器物复原到本报告第三章墓葬中详述。

② 该号为江阴博物馆馆藏器物编号，下同。

③ 该号为常州博物馆馆藏器物编号，下同。

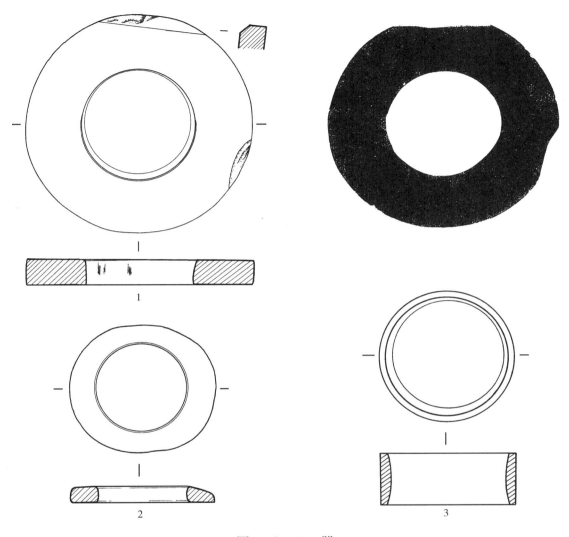

图三五　玉　器

1. 璧（11-298）　2、3. 镯（11-295、Yu: 314）　（均为 1/2）

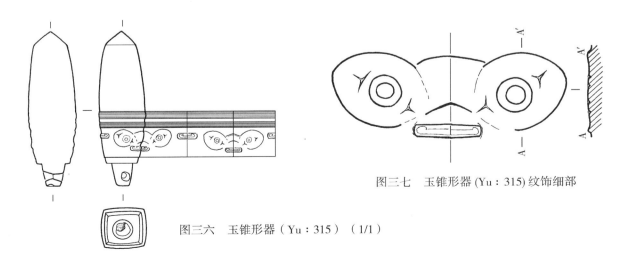

图三六　玉锥形器（Yu：315）（1/1）

图三七　玉锥形器（Yu：315) 纹饰细部

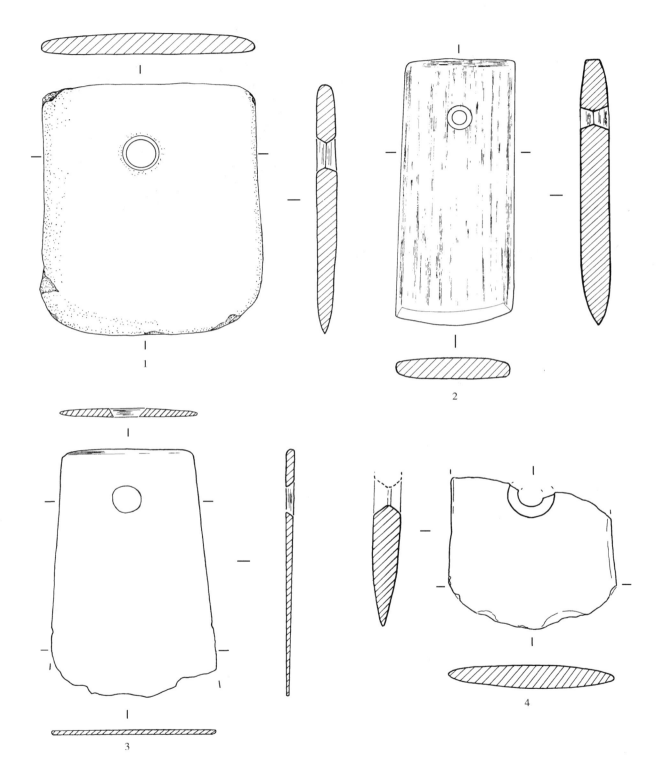

图三八　玉、石钺

1、2、4. 石钺（11－294、11－292、11－293）　3. 玉钺（Yu:317）（均为1/2）

仅使转角处的鼻部凸起，再以尖状物于鼻部范围内刻划细线条，毛刀明显。在无兽面转角处对饰两简化内，刻划螺旋纹的兽鼻，兽鼻转角处略有错位。器形规整，打磨晶莹。长4.9、中宽1.9、榫长0.7、孔径0.25厘米（图三六、三七；彩版一二:4）。

二、石　器

仅钺一类，共3件。

标本11-292[①]，灰白色石质，磨制。整体呈长条形，体较厚。平顶，其上保留有磨痕。靠近器体上部对钻一孔，孔部台痕、钻痕清晰。两边平直，直至刃部，斜弧刃近平，中锋。器形规整，打磨精细。孔径1.4、顶宽6、刃宽6.3、长15.2厘米（图三八:2；彩版一三:2）。

标本11-293[②]，青灰色石质，磨制。整体呈扁方形，体厚。孔部以上断损，靠近器体上部钻一孔，孔部呈明显的外大内小的喇叭形，台痕清晰。两边斜直，略显外弧，斜弧刃，中锋，有破损。孔径2.2、刃长9.3、残长8.6厘米（图三八:4；彩版一三:3）。

标本11-294[③]，青灰色石质，磨制。整体呈扁方形，体较薄，器形较规整。平顶，略有破损。靠近器体上部对钻一孔，孔部台痕、钻痕清晰。两边平直，直至刃部，斜弧刃，中锋。孔径2、顶宽6、刃宽11.6、长12厘米（图三八:1；彩版一三:4）。

---

① 11-292 由高城墩村民刘荣交上交。
② 11-293 由高城墩村民刘汤庆上交。
③ 11-294 由高城墩村民刘耀华上交。

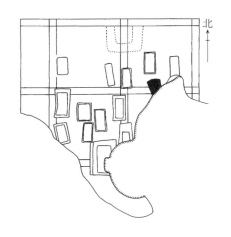

第三章　墓　葬

第一节　一号墓

一、墓葬形制

M1 位于 T0405 的南部，其东北部为 M2，北部紧靠 M10，西部为 M11。由于该方第 1 层下有 1 座近代池塘，该池塘打破东周文化时期的第 3 层。1999 年 11 月 22 日下午，我们对 T0405 西半部池塘进行清理，当清理到池塘底部时，发现了玉斧、镯、管各 1 件。在将器物的坐标记录后，找出墓葬的边线。由于该墓南部已被早年烧窑取土挖毁，形成断崖，因此墓坑并不完整。在找出墓葬边框后，再对墓坑内部由上至下逐层清理。

M1 墓坑开口于第 4a 层下，打破第 4b 层，距地表 0.65 米，为长方形土坑竖穴，墓口现存长 2.2、宽 1.92 米，墓底残长 2.2、宽 1.92 米，墓深 0.2 米，墓向 190°。墓坑内填红灰土，略泛灰白色，内含少量黑色斑纹，夹有极少量的红烧土块。土质沙性，黏性较差。由于墓坑上部破坏较为严重，葬具情况已不清晰。在上部填土中发现有少量朱砂痕迹，应当是棺椁上部的装饰。墓内有人骨架 1 具，已朽甚，仅能从少量黄白状骨渣判断其头向朝南，其面向、葬式、性别及年龄皆不明。其中玉镯及玉钺的出土位置说明，现存墓葬的最南端应相当于墓主的腰部（图三九；彩版一四: 1）。

二、随葬器物

共残留有 35 件（组）随葬品，按质地划分，包括玉器和陶器两类，分别为玉钺、玉璧、玉镯各 1 件，玉锥形器 3 件，玉管 8 件，玉珠 28 件，陶器 8 件（参见表一）。现存随葬品中，玉钺、镯及诸多小型玉管、珠集中于墓坑南部，陶器则集中于墓坑北端。

1、玉器

玉器共计 42 件，种类有钺、镯、璧、锥形器、管、珠等。

钺　1 件（M1:1）。鸡骨白色，部分略显黄白色，玉质中带有较多的游丝状绺裂。出土时断裂，已修复。器体扁平修长，呈"风"字形。顶部原先对钻有一孔，后因断裂等原因，将切割修饰后于靠下部位又重新钻孔。下部钻孔两侧均有二次钻孔痕迹，孔内台痕明显。靠近顶部打磨粗糙，痕迹明显。器体两面保留有明显的线切割痕迹，一面切割痕较深，呈抛物线状，且切割方向变化明显；另一面靠近孔部，切割痕较浅。下部弧刃中锋，刃口较钝。通体无使用痕迹，打磨光滑。顶宽 8.2、刃宽 10.5、长 16.3 厘米（图四○；彩版一五）。

镯　1 件（M1:2）。鸡骨白色，部分已沁成红褐色，玉质中带有较多的游丝状绺裂。出土时碎裂，现已修复。整体呈筒状，较高，中部略显亚腰。内孔壁打磨光滑，一面上端留有切割痕迹，不明显。上径 6.3、中径 6、壁厚 0.3、高 5.3 厘米（图四一: 4；彩版一六: 1）。

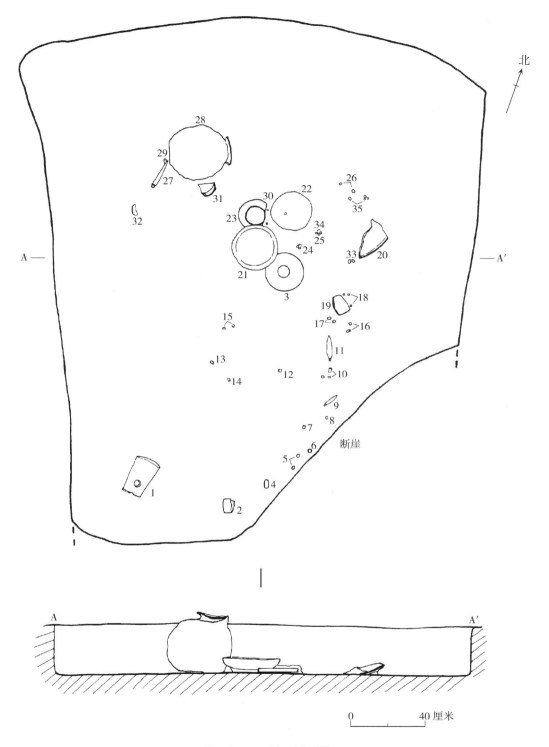

图三九　M1 平、剖面图

1. 玉钺　2. 玉镯　3. 玉璧　4. 玉珠　5. 玉管（2 件）　6. 玉管　7. 玉管　8. 玉珠　9. 玉锥形器　10. 玉珠（3 件）

11. 玉锥形器　12. 玉管　13. 玉珠　14. 玉管　15. 玉珠（2 件）　　16. 玉珠（2 件）　17. 玉珠（2 件）　18. 玉珠（3 件）

19. 陶贯耳壶　20. 陶器　21. 陶豆　22. 陶器　23. 陶豆　24. 玉管、珠（各 1 件）　25. 隧孔玉珠　26. 玉珠（2 件）

27. 玉锥形器　28. 陶罐　29. 玉管　30. 玉珠　31. 陶器　32. 陶器　33. 玉珠（2 件）　34. 玉珠（2 件）　35. 玉珠（4 件）

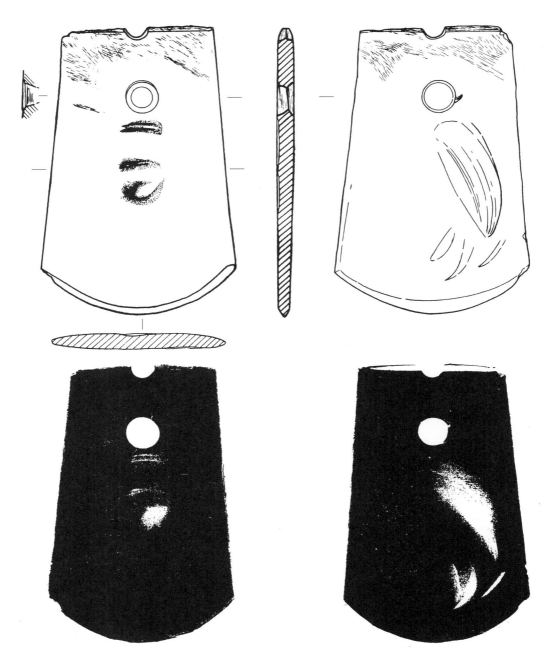

图四〇　玉钺（M1∶1）及拓片（1/2）

　　璧 1 件（M1∶3）。鸡骨白色，整体略显黄绿色，玉质中带明显的结晶斑块，并有较多的游丝状绺裂，出土时完整。圆形，片状，素面，缘的厚薄稍显不均，整体中部较厚，缘处较薄。中部有一穿，为对钻孔，一侧对钻较深，另一侧对钻较浅，对钻台痕明显偏于一侧面。器表两面均留有线切割痕迹，一面切割方向由孔部一直延伸至缘部，痕迹较浅；另一面仅在璧两缘处保留两处切割痕，切割痕较深。璧缘侧面保留片切割痕迹，在玉料的破损处还进行过修整。器体较规整，打磨细腻。直径 15.8、孔径 4.1、厚 0.6~0.9 厘米（图四二；彩版一六∶2~6）。

　　锥形器　3 件。

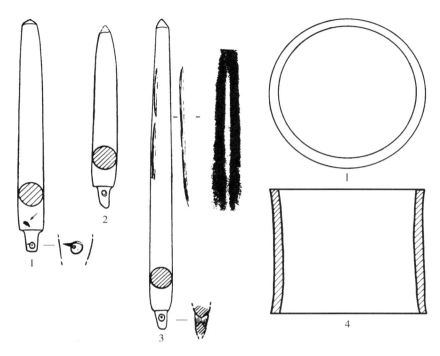

图四一　玉镯、锥形器

1~3. 锥形器（M1:9、11、27）　4. 镯（M1:2）（均为2/3）

标本 M1:9，鸡骨白色，玉质中带明显的黄绿色结晶，并有少量黑褐色物质附着，出土时完整。长圆棒形，器体规整，打磨细腻。靠近顶部略内收，平榫头，上有一对穿孔，穿孔旁有切割痕。体为圆锥形，呈下部略粗、上部略收状，头部圆尖。靠近体下部处有一切割痕。长9.8、上径1.05、孔径0.3厘米（图四一:1；彩版一七:6~8）。

标本 M1:11，鸡骨白色，风化比较严重，器表并有少量的黑褐色物质附着，出土时孔部已断裂，底、顶部略残。长圆棒形，器体规整，打磨细腻。靠近底部内收，有顶榫，上部有一对穿孔。体为圆锥形，呈底部略粗、上部略收状，头部圆尖。长7.8、上径0.95、孔径0.25厘米（图四一:2；彩版一七:5）。

标本 M1:27，鸡骨白色，玉质中带有黄绿色结晶，器表并有少量黑褐色物质附着，出土时断裂。长圆棒形，体较细长，器体规整，打磨细腻。底部有榫头，底部有一对穿孔。体为圆锥形，呈底部略粗、上部略收状，头部圆尖。靠近锥体上部有一长条形切割痕。长13.2、上径0.9、孔径0.25厘米（图四一:3；彩版一八:5~9）。

珠、管

共36件，其中珠28件、管8件。

珠　标本 M1:4，鸡骨白色，玉质中带明显的黄灰色条带状结晶，器表并有少量黑褐色物质附着，出土时完整。整体呈鼓形，器体规整。中部对钻一孔，孔内台痕明显。中部最大径1.7、孔径0.4、长2.8厘米（图四三:1；彩版一七:1）。

管　标本 M1:5-1[①]，鸡骨白色，玉质中带明显的黄绿色结晶，器表并有少量黑褐色物质附着，出土时完整。管形，上、下等径，中部对钻有一孔。其中一侧孔部尚残留第一次钻孔孔痕。器体规整，打磨细腻。直径0.8、长1.35厘米（图四三:24；彩版一七:2）。

管　标本 M1:5-2，鸡骨白色，玉质中带明显的黄绿色结晶，器表并有少量黑褐色物质附着，出土时完整。管形，上、下等径，中部对钻有一孔。一端顶部保留线切割痕迹，另一侧顶部略有破损，经打磨修整。管体上保留两处切割痕，器体规整，打磨细腻。直径0.83、长1.3厘米（图四三:25；彩版一七:3）。

管　标本 M1:6，鸡骨白色，玉质中明显带有较多的游丝状绺裂，器表并有少量黑褐色物质附着，出土时完整。管形，上、下等径，中部对钻有一孔。一侧顶部略有破损，经打磨修整。管体上保留一处切

① 由于珠、管数量较多，且摆放有一定的规律，故统一编号。在统一所编大号中，分出小号（如1-1、1-2），下同。

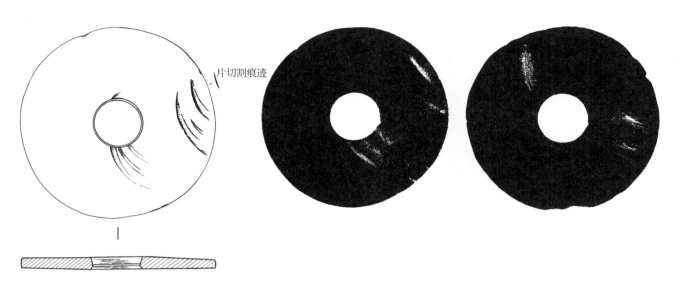

图四二　玉璧（M1∶3）及拓片（1/3）

割痕，器体规整，打磨细腻。直径 1、长 1.85 厘米（图四三∶26；彩版一七∶4）。

　　管　标本 M1∶7，鸡骨白色，风化严重，呈粉末状，已残断。管形，上、下等径，中部对钻有一孔，一侧顶部有破损。直径 0.85、残长 1.5 厘米（图四三∶19）。

　　珠　标本 M1∶8，鸡骨白色，玉质中带明显的黄灰色结晶，器表并有少量黑褐色物质附着，出土时完整。整体呈鼓形，中部对钻一孔，钻孔偏于器体一侧，器体侧面保留一处切割痕。直径 0.6、长 0.75 厘米（图四三∶2；彩版一七∶9）。

　　珠　标本 M1∶10－1，鸡骨白色，风化严重，呈粉末状，器表并有少量黑褐色物质附着，出土时完整。整体呈鼓形，中部对钻一孔。直径 1、长 1.1 厘米（图四三∶3）。

　　珠　标本 M1∶10－2，鸡骨白色，玉质中带明显的黄灰色结晶，器表并有少量黑褐色物质附着，出土时完整。整体呈长鼓形，中部对钻一孔，器体侧面保留玉料破裂面，未经修整。直径 0.6、长 0.95 厘米（图四三∶4；彩版一七∶10）。

　　珠　标本 M1∶10－3，鸡骨白色，玉质中带明显的黄灰色结晶，器表并有少量黑褐色物质附着，出土时完整。整体呈长鼓形，中部对钻一孔，器体侧面保留玉料破裂面，未经修整。直径 0.51、长 0.8 厘米（图四三∶5；彩版一七∶11）。

　　管　标本 M1∶12，鸡骨白色，风化严重，形制保存完整。管形，上、下等径，中部对钻有一孔。管体略有破损。直径 1.05、长 1.4 厘米（图四三∶30）。

　　珠　标本 M1∶13，风化严重。

　　管　标本 M1∶14，鸡骨白色，风化严重，形制保存完整。管形，上、下等径，中部对钻有一孔；管体两端皆有破损。直径 0.9、残长 1.5 厘米（图四三∶27）。

　　珠　标本 M1∶15－1，鸡骨白色，玉质中带明显的黄灰色条带状结晶，器表并有少量黑褐色物质附着，出土时完整。整体呈长鼓形，中部对钻一孔。器体侧面保留玉料破裂面，未经修整。直径 0.52、长 0.7 厘米（彩版一七∶12）。

　　珠　标本 M1∶15－2，鸡骨白色，玉质中带明显的黄灰色条带状、白色结晶，器表并有少量黑褐色物质附着，出土时完整。整体呈长鼓形，中部对钻一孔。器体侧面保留玉料破裂面，未经修整。直径 0.54、长 0.7 厘米（彩版一八∶1）。

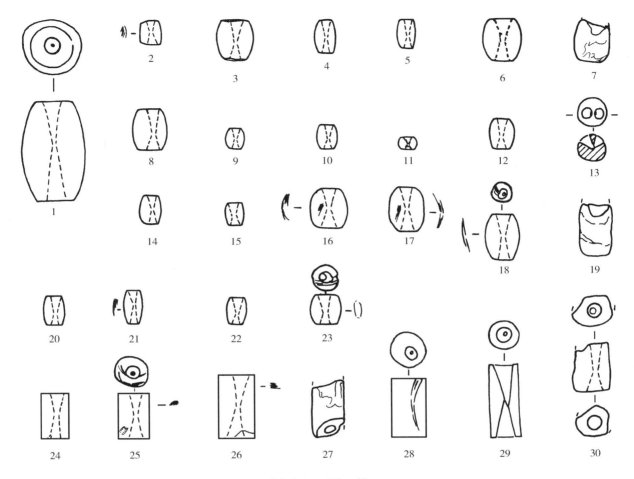

图四三 玉珠、管

1. 珠（M1:4） 2. 珠（M1:8） 3. 珠（M1:10-1） 4. 珠（M1:10-2） 5. 珠（M1:10-3） 6. 珠（M1:16-1）
7. 珠（M1:16-2） 8. 珠（M1:17-1） 9. 珠（M1:18-1） 10. 珠（M1:18-2） 11. 珠（M1:18-3） 12. 珠
（M1:24-2） 13. 隧孔珠（M1:25） 14. 珠（M1:26-2） 15. 珠（M1:30） 16. 珠（M1:34-1） 17. 珠（M1:
34-2） 18. 珠（M1:26-1） 19. 管（M1:7） 20. 珠（M1:35-1） 21. 珠（M1:35-2） 22. 珠（M1:35-3）
23. 珠（M1:35-4） 24. 管（M1:5-1） 25. 管（M1:5-2） 26. 管（M1:6） 27. 管（M1:14） 28. 管（M1:
24-1） 29. 管（M1:29） 30. 管（M1:12）（13为2/1，余为1/1）

珠 标本 M1:16-1，鸡骨白色，风化严重，已破裂，形制保存完整。整体呈鼓形，中部对钻一孔。直径1.1、长1.2厘米（图四三:6）。

珠 标本 M1:16-2，鸡骨白色，风化严重，已破裂，形制保存完整。整体呈鼓形，中部对钻一孔，一端已残损。直径1.1、残长1厘米（图四三:7）。

珠 标本 M1:17-1，鸡骨白色，玉质中明显带有较多的游丝状绺裂，器表并有少量黑褐色物质附着，出土时完整。整体呈长鼓形，中部对钻有一孔。器体规整，打磨细腻。直径1、长1.2厘米（图四三:8；彩版一八:2）。

珠 标本 M1:17-2，风化严重。

珠 标本 M1:18-1，鸡骨白色，玉质中带明显的白色结晶，器表并有少量黑褐色物质附着，出土时完整。整体呈长鼓形，中部对钻一孔，钻孔偏于器体一侧，器体规整。直径0.5、长0.6厘米（图四三:9；彩版一八:3）。

珠　标本 M1:18－2，鸡骨白色，玉质中带明显的白色结晶，器表并有少量黑褐色物质附着，出土时完整。整体呈长鼓形，中部对钻一孔，钻孔偏于器体一侧，器体规整。直径 0.6、长 0.7 厘米（图四三:10；彩版一八:4）。

珠　标本 M1:18－3，鸡骨白色，器表并有少量有机质附着，出土时完整。整体呈扁鼓形，中部钻一孔；器体规整。直径 0.55、长 0.4 厘米（图四三:11；彩版一八:10）。

管　标本 M1:24－1，鸡骨白色，玉质中明显带有较多的游丝状绺裂，器表并有少量黑褐色物质附着，出土时完整。管形，上、下等径，中部对钻有一孔。管体侧面保留一处明显的线切割痕，器体规整，打磨细腻。直径 0.9、长 1.7 厘米（图四三:28；彩版一八:11）。

珠　标本 M1:24－2，鸡骨白色，略显风化，玉质中明显带有较多的游丝状绺裂，器表并有少量黑褐色物质附着，出土时完整。整体呈长鼓形，中部对钻一孔，器体规整。直径 0.7、长 0.9 厘米（图四三:12；彩版一八:12）。

隧孔珠　标本 M1:25，鸡骨白色，略显风化，玉质中明显带有较多的游丝状绺裂，器表并有少量黑褐色物质附着，出土时完整。圆球形，较小，在球体一侧相近处钻有两个斜孔，中部隧孔使之相通；器形较规整。直径 0.4 厘米（图四三:13）。

珠　标本 M1:26－1，鸡骨白色，玉质中明显带有较多的游丝状绺裂与灰绿色结晶体，器表并有少量黑褐色物质附着，出土时完整。整体呈长鼓形，中部对钻一孔。器体上保留一处明显片状条形切割痕，顶面靠近孔部有一线割痕。器体规整，打磨细腻。直径 1、长 1.3 厘米（图四三:18；彩版一八:13、一九:1）。

珠　标本 M1:26－2，鸡骨白色，器表并有少量黑褐色物质附着，出土时完整。整体呈鼓形，中部对钻一孔，器体规整。直径 0.6、长 0.8 厘米（图四三:14；彩版一九:2）。

管　标本 M1:29，鸡骨白偏黄色，玉质中明显带有较多的游丝状绺裂，器表并有少量黑褐色物质附着，出土时完整。管形，上、下等径，中部对钻有一孔。器体规整，打磨细腻。直径 0.9、长 2.1 厘米（图四三:29；彩版一九:3）。

珠　标本 M1:30，鸡骨白色，玉质中明显带有较多的游丝状绺裂与灰绿色结晶体，器表并有少量黑褐色物质附着，出土时完整。整体呈鼓形，中部对钻一孔。器体规整，打磨细腻。直径 0.54、长 0.65 厘米（图四三:15；彩版一九:4）。

珠　标本 M1:33，2 件。风化严重，不可取。

珠　标本 M1:34－1，鸡骨白色，玉质中明显带有较多的游丝状绺裂与灰绿色结晶体，器表并有少量黑褐色物质附着，出土时完整。整体呈鼓形，中部对钻一孔。器体上保留有线切割、片状切割痕迹，器体规整，打磨细腻。直径 1、长 1.1 厘米（图四三:16；彩版一九:5）。

珠　标本 M1:34－2，鸡骨白色，玉质中明显带有较多的游丝状绺裂与灰绿色结晶体，器表并有少量黑褐色物质附着，出土时完整。整体呈长鼓形，中部对钻一孔。器体上保留有线切割、片状切割痕迹，器体规整，打磨细腻。直径 0.95、长 1.25 厘米（图四三:17；彩版一九:6、7）。

珠　标本 M1:35－1，鸡骨白色，玉质中明显带有较多的游丝状绺裂与灰绿色结晶体，器表并有少量黑褐色物质附着，出土时完整。整体呈长鼓形，中部对钻一孔。器体规整，打磨细腻。直径 0.6、长 0.82 厘米（图四三:20；彩版一九:8）。

珠　标本 M1:35－2，鸡骨白色，玉质中明显带有较多灰绿色结晶体，器表并有少量黑褐色物质附着，出土时完整。整体呈长鼓形，中部对钻一孔。体表一侧留有明显的切割痕，器体规整，打磨细腻。直径 0.5、长 1 厘米（图四三:21；彩版一九:9）。

珠　标本 M1:35－3，鸡骨白色，玉质中明显带有较多灰绿色结晶体，器表并有少量黑褐色物质附着，出土时完整。整体呈长鼓形，中部对钻一孔。器体规整，打磨细腻。直径 0.55、长 0.8 厘米（图四三：22；彩版一九：10）。

珠　标本 M1：35－4，鸡骨白色，玉质中明显带有较多的游丝状绺裂与灰绿色结晶体，器表并有少量黑褐色物质附着，出土时完整。整体呈鼓形，中部对钻一孔，略有偏差。顶部、体表一侧留有明显的线切割痕迹，器体规整，打磨细腻。直径 0.9、长 0.8 厘米（图四三：23；彩版一九：11～13）。

2、陶器

共 8 件，火候较低，质地疏松。可辨种类有豆、罐、双鼻壶等，可修复的只有豆、罐两件器物。

双鼻壶　1 件（M1：19）。泥质灰陶，轮制，磨光施黑衣。残碎严重，不可修复。

豆　2 件。

标本 M1：21，泥质灰陶，轮制。已残，仅存部分豆盘与豆把。豆盘呈圆方唇内敛，盘口上部略呈内直，斜弧腹；豆把呈竹节状，其上有对饰的长方条状镂空，下部略显外撇。复原豆盘径约 26 厘米（图四四：1）。

标本 M1：23　泥质灰陶，轮制。残碎严重，不可修复。

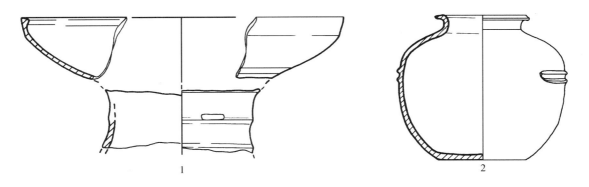

图四四　陶器
1. 豆（M1：21）　2. 罐（M1：28）　（1 为 1/3，2 为 1/6）

罐　1 件　标本 M1：28　泥质红陶，轮制。圆方唇外侈，卷翻沿，短束颈，斜肩略鼓，鼓腹较直，腹上部对饰有两耳，下腹内收至大平底。口径 15.8、底径 14、高 24.4 厘米（图四四：2；彩版一四：2）。

其他陶器　4 件。

标本 M1：22，夹砂红陶，轮制。残碎严重，不可修复。

标本 M1：20，泥质红陶，轮制。残碎严重，不可修复。

标本 M1：31，夹砂灰陶，轮制。残碎严重，不可修复。

标本 M1：32，泥质红陶，轮制。残碎严重，不可修复。

表一 M1 出土器物登记表

编 号	名 称	数 量	备 注
1	玉钺	1	
2	玉镯	1	
3	玉璧	1	
4	玉珠	1	
5	玉管	2	
6	玉管	1	
7	玉管	1	
8	玉珠	1	
9	玉锥形器	1	
10	玉珠	3	
11	玉锥形器	1	
12	玉管	1	
13	玉珠	1	粉化
14	玉管	1	
15	玉珠	2	
16	玉珠	2	
17	玉珠	2	17—2 粉化
18	玉珠	3	
19	陶双鼻壶	1	不可修复
20	陶器	1	不可修复
21	陶豆	1	
22	陶器	1	不可修复
23	陶豆	1	不可修复
24	玉管、珠	2	24—2 为玉珠
25	隧孔玉珠	1	
26	玉珠	2	
27	玉锥形器	1	
28	陶罐	1	
29	玉管	1	
30	玉珠	1	
31	陶器	1	不可修复
32	陶器	1	不可修复
33	玉珠	2	粉化
34	玉珠	2	
35	玉珠	4	

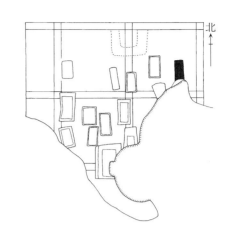

第二节 二号墓

一、墓葬形制

　　M2 位于 T0405 的东南部，其西北部为 M10，西南部为 M1。M2 是高城墩高台墓地中现存最东部的一座墓葬。由于该方第 1 层下有 1 座近代池塘，该池塘打破东周文化时期的第 3 层。我们采取文化层同池塘扰坑同步逐层清理的方法。1999 年 11 月 30 日上午，民工对 T0405 东半部池塘进行清理，当清理到池塘底部时，发现有完整形状的陶器，暂时不能确定器形。后围绕该陶器做继续仔细清理时，又在其偏西北不远处发现玉璧 1 件，因此确定为一座墓葬。在确定其墓圹范围后，再对墓坑内部由上至下逐层清理。由于该墓南部少量墓坑已被早年烧窑取土挖毁，形成断崖，因此该墓葬并不完整。

　　M2 墓坑开口于第 4a 层下，打破第 4b 层，同时又打破红烧土层（第 6a ~ 6b 层）与第 6c 层，发现墓口处距离地表 0.72 米。为长方形土坑竖穴，墓口的现存长度 2.98、宽 1.26 ~ 1.4 米，墓底残长 2.98、宽 1.26 ~ 1.4 米，墓深 0.16 米，墓向 171°。墓坑内填红灰土，略泛灰白色，内含少量黑色斑纹，还有极少量的红烧土颗粒。其中靠近墓边填土偏红，夹杂细小的棕色斑点。土质坚硬，黏性较差。由于墓坑上部被近代池塘破坏严重，葬具情况已不清楚。在墓内东南部填土中，发现有少量朱砂、漆皮痕迹，应当是棺椁上部的装饰，或髹漆容器的朽痕。墓内有人骨架 1 具，已朽甚，而集中的玉管、珠及石钺的出土位置说明，墓主头向朝南，但其面向、葬式、性别及年龄皆不明（图四五、四六；彩版二〇）。

二、随葬器物

　　出土器物按质地划分包括玉器、石器、陶器、漆木器四类，共残留有 18 件（组）随葬品，分别为玉璧、石钺、石料、陶器、漆器各 1 件，玉锥形器 3 件，玉管 2 件，玉珠 13 件。随葬品中，石钺、髹漆容器及诸多小型玉管、珠集中于墓坑南部，陶器则位于墓坑北端。

　　1、玉器

　　共计 19 件，种类有璧、锥形器、管、珠等。

　　璧　1 件（M2:10）。鸡骨白色，整体风化严重，玉质内部已布满蚀孔，较大的蚀孔内附着有泥土，出土时大体完整。圆形，片状，体厚。中部有一穿，为对钻孔，一侧对钻较深，另一侧对钻较浅，对钻台痕明显偏于一侧面。制作较规整。直径 16、孔径 4.5、厚 1.6 厘米（图四七:1；彩版二一:1）。

　　锥形器　3 件。

　　标本 M2:13，青绿色，玉质中带明显的绿色结晶，并有少量黑褐色物质附着，出土时断裂。长圆棒形，体形较小。下部内收出平榫头，榫头上有一个残失的半穿孔，另有一个完好的穿孔。体为圆锥形，呈下部略粗、上部略收状，头部稍有残破。器体规整，打磨细腻。长 3.25、上径 0.46 厘米（图四八:1；

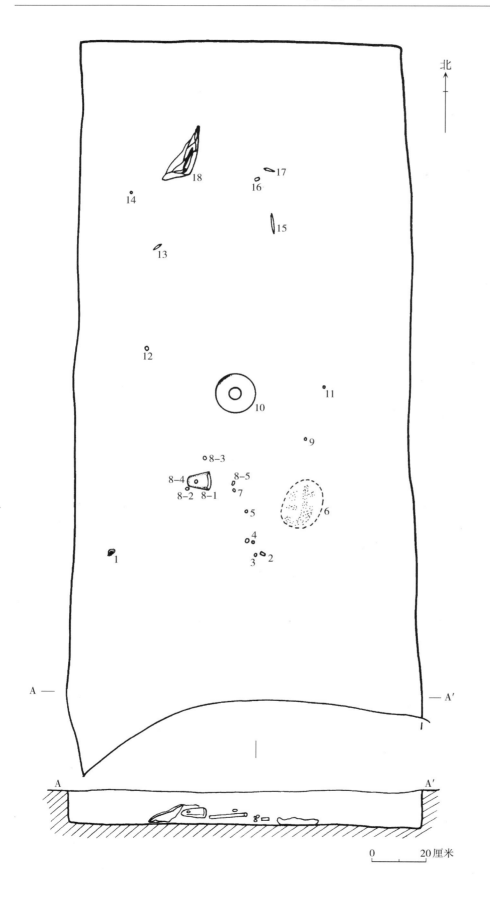

图四五　M2 平、剖面图
1. 石料　2. 玉管　3. 玉珠
4. 玉珠（2）　5. 隧孔珠
6. 髹漆容器　7. 玉珠
8. 石钺（1）、玉珠（4）
9. 玉珠　10. 玉璧　11. 玉珠
12. 玉珠　13. 玉锥形器
14. 玉珠　15. 玉锥形器
16. 玉管　17. 玉锥形器
18. 陶器

北

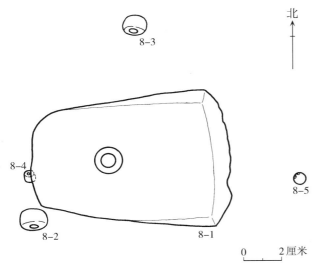

图四六　石钺（M2:8-1）和玉珠
（M2:8-2~8-5）的出土情况

彩版二一：3、4）。

标本 M2:15，鸡骨白色，风化严重，出土时已断裂。长圆棒形，体形较小。底部内收出榫头，平顶，顶部有一穿孔。下部略粗，上部略收状，尖部已残断。残长 3.5、上径 0.6 厘米（图四八：2；彩版二一：2）。

标本 M2:17，鸡骨白色，风化严重，出土时已残断。长圆棒形，顶部已残。尖部为圆锥形。残长 7.22、上径 0.9 厘米（图四八：3）。

管、珠

共 15 件，其中管 2 件、珠 13 件。

管　标本 M2:2，鸡骨白色，玉质中带明显的黄绿色结晶，器表并有少量黑褐色物质附着，出土时完整。管形，上、下等径，中部对钻有一孔；器体规整，打磨细腻。直径 1、长 1.9 厘米（图四八：12；彩版二二：1）。

珠　标本 M2:3，鸡骨白色，风化严重，出土时已残破。鼓形，中部对钻有一孔。直径 0.9、长 0.8厘米（图四八：4；彩版二二：2）。

珠　标本 M2:4，2 件。鸡骨白色，风化严重，不可剥离。

隧孔珠　标本 M2:5，鸡骨白色，风化严重，器表并有少量黑褐色物质附着，出土时略有残缺。圆球

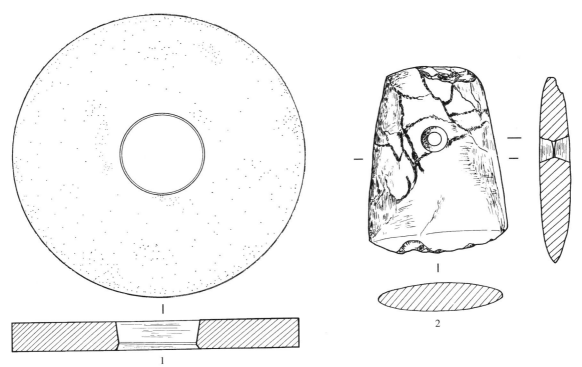

图四七　玉、石器

1. 玉璧（M2:10）　2. 石钺（M2:8-1）　（均为1/2）

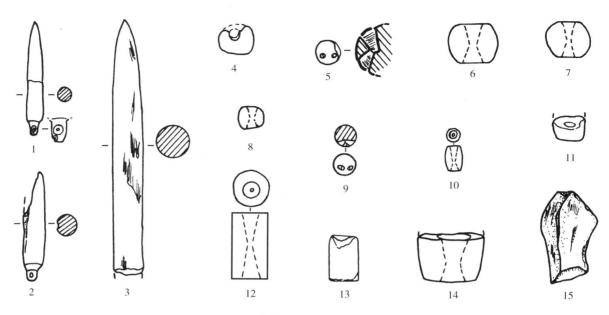

图四八　玉、石器

1. 玉锥形器（M2:13）　2. 玉锥形器（M2:15）　3. 玉锥形器（M2:17）　4. 玉珠（M2:3）　5. 玉珠（M2:5）　6. 玉珠
（M2:8-2）　7. 玉珠（M2:8-3）　8. 玉珠（M2:8-4）　9. 玉珠（M2:8-5）　10. 玉珠（M2:9）　11. 玉珠（M2:14）
12. 玉管（M2:2）　13. 玉管（M2:16）　14. 玉珠（M2:12）　15. 石料（M2:1）　（均为1/1）

形，较小，在球体一侧相近处钻有两斜孔，中部隧孔使之相通；器形较规整。直径0.7厘米（图四八:5；
彩版二二:3）。

　　珠　标本M2:7，鸡骨白色，风化严重。

　　珠　标本M2:8-2，鸡骨白色，风化严重，出土时大体完整。整体呈鼓形，中部对钻一孔。直径
1.35、长1.1厘米（图四八:6；彩版二二:4）。

　　珠　标本M2:8-3，鸡骨白色，风化严重，出土时大体完整。整体呈鼓形，中部对钻一孔。直径
1.2、长1厘米（图四八:7；彩版二二:5）。

　　珠　标本M2:8-4，鸡骨白色，风化严重，出土时略残。整体呈扁鼓形，中部对钻一孔。直径0.7、
长0.63厘米（图四八:8；彩版二二:6）。

　　隧孔珠　标本M2:8-5，鸡骨白色，风化严重，器表并有少量黑褐色物质附着，出土时完整。圆球形，
较小，在球体一侧相近处钻有两斜孔，中部隧孔使之相通；器形较规整。直径0.6厘米（图四八:9）。

　　珠　标本M2:9，鸡骨白色，略显风化，玉质中明显带有游丝状灰色结晶体，器表并有少量黑褐色物质
附着，出土时完整。整体呈长鼓形，中部对钻一孔。直径0.5、长0.7厘米（图四八:10；彩版二二:7）。

　　珠　标本M2:11，风化严重，不可取。

　　珠　标本M2:12，鸡骨白色，风化严重，出土时已残断。半鼓形珠，中部对钻有一孔。直径1.8、残
长1.45厘米（图四八:14；彩版二二:8）。

　　珠　标本M2:14，鸡骨白色，风化严重，出土时已残断。半鼓形珠，中部对钻有一孔。直径0.9、残
长0.7厘米（图四八:11）。

　　管　标本M2:16，鸡骨白色，略显风化，玉质中明显带有游丝状灰色结晶体，器表并有少量黑褐色物
质附着，出土时完整。整体呈管形，上、下等径，中部对钻一孔。直径0.8、长1.2厘米（图四八:13；
彩版二二:9）。

2、石器

共计2件，种类仅有石料与钺。

石料 1件（M2∶1）。不规则形状，灰白色，体较小。平整，两面略有人工打磨痕迹。长2.7、宽1.5厘米（图四八∶15）。

钺 1件（M2∶8－1）。灰绿岩质，磨制。整体呈"风"字形，体较厚实。弧顶，顶部保留有打磨粗痕，并有打片疤痕。斧体两侧向外延展，斧体偏上处对钻有一孔，台痕明显。下部弧刃，扁中锋，刃部有破裂。器体表面抛有玻璃状光泽。长10.4、孔径1.6、刃宽7.4厘米（图四七∶2；彩版二三）。

3、陶器

陶器 1件（M2∶18）。泥质灰陶，火候较低，质地疏松，形制已不可辨。

4、漆器

漆器 1件（M2∶6）。位于墓坑内南部偏东，距地表深0.67厘米。该漆器外壁髹红色漆皮，整体呈椭圆形。长径17.5、短径13.5厘米、高约1厘米。顶部腐朽，塌陷内凹，因风化严重，未能提取。

表二　　　　　　　　　　　　　　　　　M2 出土器物登记表

编　号	名　　　称	数　量	备　　　注
1	石料	1	
2	玉管	1	
3	玉珠	1	
4	玉珠	2	粉化
5	隧孔珠	1	
6	髹漆容器	1	未能提取
7	玉珠	1	粉化
8	石钺、玉珠	5	石钺1件、玉珠4件，其中M2∶8－5为隧孔珠
9	玉珠	1	
10	玉璧	1	
11	玉珠	1	
12	玉珠	1	
13	玉锥形器	1	
14	玉珠	1	
15	玉锥形器	1	
16	玉管	1	
17	玉锥形器	1	
18	陶器	1	不可修复

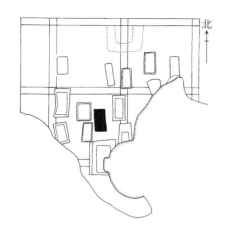

第三节　三号墓

一、墓葬形制

　　M3 位于 T0304 中部偏东，其东北部为 M5，西部紧邻 M6、M9，北部与 M4、M11 相邻。1999 年 12 月 6 日上午清理完第 4a 层，对 T0304 进行铲平地面后发现，该方中部偏西处的土色与第 4a 层下所直接叠压的第 4b 层有所区别，经判断，确定为一座墓葬。该墓是继 M1、M2 之后所发现的第一座完整墓葬。同日开始清理，由于填土较坚硬，至 12 月 8 日在对墓内填土铲平时，发现较明显的长条形板灰痕迹。12 月 10 日开始对长条形板灰内部清理，12 月 12 日清理完毕。

　　M3 墓坑开口第 4a 层下，打破第 4b、第 6c 层，距地表 0.7 米。为长方形土坑竖穴，墓坑口长 3.5、宽 1.4 米，呈长方形。由于采取保护坑内葬具的发掘方式，先仅对葬具内填土进行了清理，后将葬具与墓坑间回填土清理后得知，墓底长 3.3、宽 1.25 米，墓深 1.7 米。墓坑内北部的板灰顶部外端发现玉管一件（M3:22），墓坑内正中部有一具木棺，由于受回填土的挤压，棺中段略显内凹。棺长 3.05、宽 1.15、残高 0.8 米，板厚 0.05～0.06 米。墓底清理后呈明显的凹弧状，应为棺底形状。由棺底至墓口深 1.6 米，墓向 171°。墓坑内填土黄褐偏黄色，内含少量黑色斑纹，还有极少量的红烧土颗粒。土质坚硬，黏性较差。墓内有人骨架 1 具，已朽甚，其中玉管、珠、琮及多孔石刀的出土位置说明，墓主头向朝南，而其面向、葬式、性别及年龄皆不明（图四九；彩版二四）。

二、随葬器物

　　出土器物按质地划分包括玉器、石器、陶器三类，共 22 件随葬品，计玉琮 1 件、玉串饰 1 件、零散的玉珠和管等 6 件、多孔石刀 1 件、陶器 5 件（其中罐 3 件、壶 2 件），参见表三。多孔石刀放置于墓主腹部右侧，刀刃朝向墓主。玉琮近置于墓主腹部，可能原先置于墓主右手。头骨附近的玉坠饰、珠、管等，按其出土情况应为颈部项饰。其余的玉珠、管等散落于棺内北半部（图五○），陶器依旧置于墓主脚部以北的位置。

　　1、玉器

　　玉器共计 16 件，种类有琮、坠饰、管、珠等。

　　琮　1 件（M3:11）。鸡骨白色，玉质中明显带有少量的游丝状绺裂与灰绿色结晶体，靠近器身下部有 3 块不规则形褐斑，器表有少量黑褐色物质附着，出土时完整。整体呈镯式，内壁打磨光滑，上部台面有较多的凹痕，修整光洁。琮体四面射部转角不明显，仅略有凸出于体外，转角角度大于 120°。琮体共两节，四面共饰 8 个简化兽面纹。其中兽面额部以片状刻划 6～7 道紧密直线，四面转角处刻线不衔接，线间距皆小于 0.1 厘米，并少有叠压现象。眼部由管钻先钻出眼眶，再以尖状物刻划出眼睑及内部眼珠，

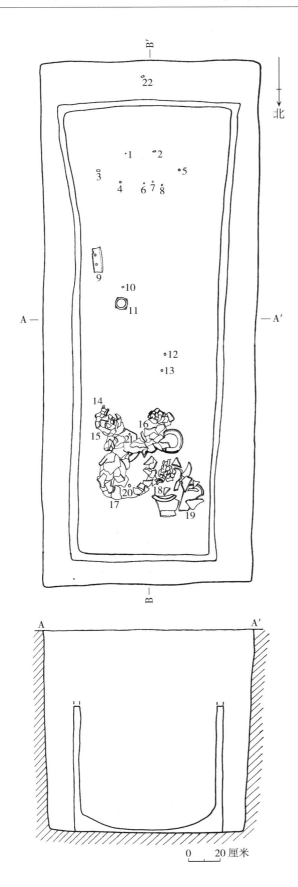

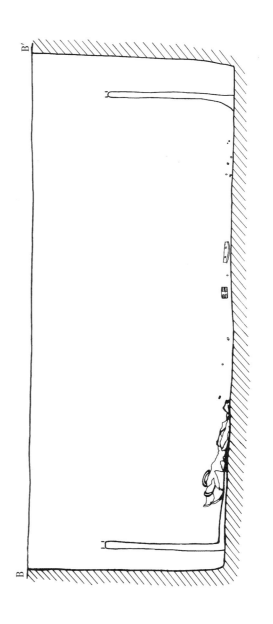

图四九 M3 平、剖面图

1. 玉珠　2. 玉坠饰　3. 玉管　4. 隧孔玉珠

5. 隧孔玉珠　6. 玉珠　7. 隧孔玉珠

8. 隧孔玉珠　9. 多孔石刀　10. 玉珠

11. 玉琮　12. 玉管　13. 玉珠　14. 玉管

15. 陶双鼻壶　16. 陶罐　17. 陶罐

18. 陶双鼻壶　19. 陶罐　20. 玉珠

21. 玉珠　22. 玉管

刻划走刀毛刺较明显。鼻部的雕刻为先打磨，将鼻部周围剔除，使鼻部凸起，再以尖状物于凸起鼻上刻划简化螺旋纹。琮底部台面尚存留3处线切割痕迹。该琮内、外均打磨精细，表面呈现出玻璃状光泽。其中兽眼径 0.35、鼻长 1.25、射径 7.6、孔径 6.2、高 3.75～3.8厘米（图五一～五三；彩版二五、二六）。

　　坠饰　1件（M3:2）。鸡骨白色，玉质中带明显的黄绿色结晶，器表并有少量黑褐色物质附着，出土时完整。整体呈水滴形，体形较小。顶部为水滴形，靠近尾部略内收，呈一榫头，上有一穿孔，孔上有明显的打磨痕。器体规整，打磨细腻。长 2.25、直径 0.82 厘米

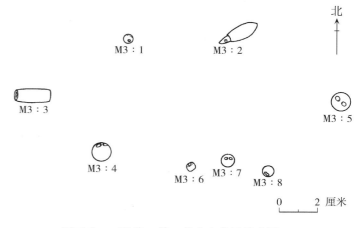

图五〇　玉坠饰、管、珠出土位置示意图

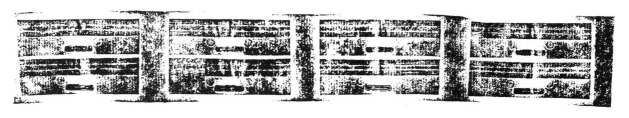

图五一　玉琮（M3:11）拓片（2/3）

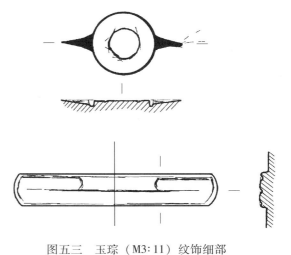

图五三 玉琮（M3：11）纹饰细部

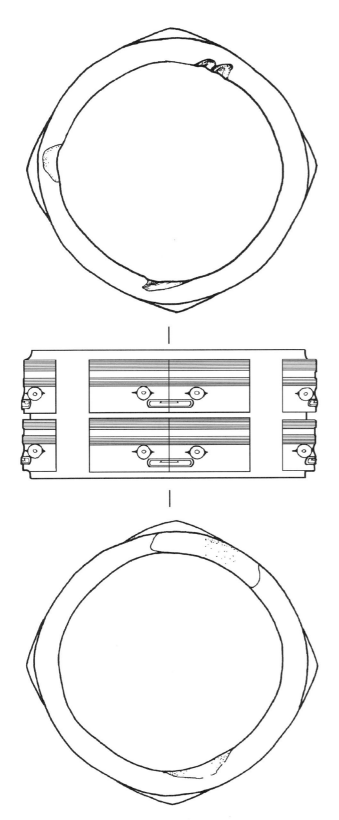

图五二 玉琮（M3：11）（1/1）

（图五四：1；彩版二八：4）。

管、珠

共 14 件，其中管 4 件、珠 10 件。

珠 标本 M3：1，鸡骨白色，玉质中带明显的黄绿色结晶，器表并有少量黑褐色物质附着，出土时完整。整体呈扁鼓形，中部钻一孔，略有偏差。器体较规整。直径 0.48、长 0.2 厘米（图五四：2；彩版二七：1）。

管 标本 M3：3，鸡骨白色，玉质中带明显的黄绿色结晶，器表并有少量黑褐色物质附着，出土时完整。管形，上、下等径，中部对钻有一孔。器体规整。直径 0.75、长 1.79 厘米（图五四：13；彩版二八：5）。

隧孔珠 标本 M3：4，鸡骨白色，玉质中带少量的黄绿色结晶，器表并有少量黑褐色物质附着，出土时完整。圆球形，在球体一侧相近处钻有两斜孔，钻痕较明显，中部隧孔使之相通。其中一孔部上部留有线切割痕迹。器形规整，打磨细腻。直径 1 厘米（图五四：3；彩版二七：2）。

隧孔珠 标本 M3：5，鸡骨白色，玉质中带少量的游丝状绺裂，器表并有少量黑褐色物质附着，出土时完整。圆球形，一面近平，在平整一侧相近处钻有两斜孔，钻痕较明显，中部隧孔使之相通。钻孔处保留玉料破裂面，未经修整。器形较规整。直径 0.9 厘米（图五四：4；彩版二七：3）。

珠 标本 M3：6，鸡骨白色，玉质中明显带有少量灰绿色结晶体，器表并有少量黑褐色物质附

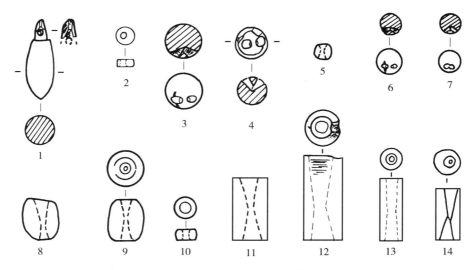

图五四　玉坠饰、珠、管

1. 坠饰（M3:2）　2. 珠（M3:1）　3. 隧孔珠（M3:4）　4. 隧孔珠（M3:5）　5. 珠（M3:6）
6. 珠（M3:7）　7. 珠（M3:8）　8. 珠（M3:20）　9. 珠（M3:13）　10. 珠（M3:21）
11. 管（M3:12）　12. 管（M3:14）　13. 管（M3:3）　14. 管（M3:22）　（均为1/1）

着，出土时完整。整体呈鼓形，中部对钻一孔。器体规整，打磨细腻。直径0.45、长0.48厘米（图五四:5；彩版二七:4）。

隧孔珠　标本M3:7，鸡骨白色，玉质中带少量的游丝状绺裂，器表并有少量黑褐色物质附着，出土时完整。圆球形，在球体一侧相近处钻有两斜孔，钻痕较明显，中部隧孔使之相通。其中一孔部上部留有线切割痕迹。器形规整，打磨细腻。直径0.7厘米（图五四:6；彩版二七:5）。

隧孔珠　标本M3:8，鸡骨白色，玉质中带少量的游丝状结晶，器表并有少量黑褐色物质附着。圆球形，器形较小，在球体一侧相近处钻有两斜孔，中部隧孔使之相通，隧孔出土时已破损。器形规整，打磨细腻。直径0.62厘米（图五四:7；彩版二七:6）。

珠　标本M3:10，粉化严重，不可取。

管　标本M3:12，鸡骨白色，玉质中带明显的黄绿色结晶，器表并有少量黑褐色物质、朱砂附着，出土时完整。管形，上、下等径，中部对钻有一孔，孔部两端皆有向内凹，推测与钻孔有关。器体规整，打磨细腻。直径1、长1.8厘米（图五四:11；彩版二七:7、8）。

珠　标本M3:13，鸡骨白色，玉质中明显带有较多的游丝状绺裂，器表并有少量黑褐色物质附着，出土时完整。整体呈鼓形，中部对钻一孔。器体规整，打磨细腻。直径1、长1.19厘米（图五四:9；彩版二七:9）。

管　标本M3:14，鸡骨白色，玉质中带明显有较多的游丝状绺裂，器表并有少量黑褐色物质附着，出土时完整。管形，上、下等径，中部对钻有一孔，钻痕较明显，孔部一端保留有明显的线切割痕迹。器体规整，打磨细腻。直径1.01、长2.48厘米（图五四:12；彩版二七:10~12）。

珠　标本M3:20，鸡骨白色，玉质中带有明显的黄绿色结晶，器表并有少量黑褐色物质附着，出土时完整。整体呈鼓形，对钻一孔，略偏于中部，钻痕较明显。器体不甚规整。直径1、长1.15厘米（图五四:8；彩版二七:13、14）。

珠　标本M3:21，鸡骨白色，玉质中带明显的黄绿色结晶，器表并有少量的黑褐色物质附着，出土时完整。整体呈扁鼓形，中部钻一孔，略有偏差。器体较规整。直径0.5、高0.3厘米（图五四:10；彩版

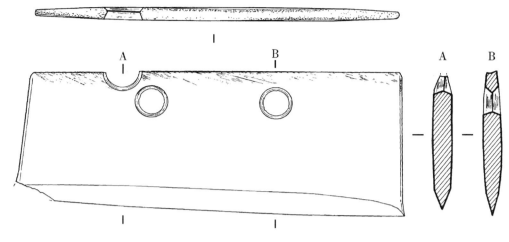

图五五 石刀（M3:9）（3/5）

二七:15）。

管 标本 M3:22，于墓坑内北部的板灰顶部外端发现，鸡骨白色，玉质中带明显有较多的游丝状绺裂，器表并有少量黑褐色物质附着。管形，体扁，顶部略残，上、下等径，中部对钻有一孔。直径 0.7、长 1.4 厘米（图五四:14；彩版二七:16）。

2、石器

仅 1 件多孔石刀。

石刀 1 件（M3:9）。青绿色石质，表面有若干处呈云雾状白色斑纹，磨制。长方形，体扁薄，顶端较窄，刃部较宽；顶部偏中有一残对钻孔，台痕及钻痕明显，仅存一半；顶部有明显片状对切痕迹，中部有毛状断痕；靠近顶部的刀体两侧有粗糙的打磨痕迹；刀体上部并排对钻两孔，台痕及钻孔痕迹清晰；近底部刀体两侧略斜弧，刃部平直，略有残破；除顶部外，抛光细腻，表面有玻璃状光泽质感。顶长 16.9、刃部残长 16.1、顶部孔径 1.8、孔径 1.5、中宽 6.8、体厚 0.9 厘米（图五五；彩版二八:1~3）。

3、陶器

陶器 5 件，火候较低，质地疏松。可辨仅有罐、双鼻壶两类。

双鼻壶 2 件。

标本 M3:15，泥质灰陶，轮制，磨光施黑衣。残碎严重，不可修复。

标本 M3:18，泥质灰陶，轮制，磨光施黑衣。残碎严重，不可修复。

罐 3 件。

标本 M3:16，泥质红陶，轮制。残碎严重，不可修复。

标本 M3:17，夹砂灰黄陶，轮制。残碎严重，不可修复。

标本 M3:19，夹砂红陶，轮制，外施黑色陶衣。高直领，口部已残，广肩，下部已残。复原口径 12 厘米（图五六）。

图五六 陶罐（M3:19）（2/5）

表三　　　　　　　　　　　　M3 出土器物登记表

编　号	名　　称	数　量	备　　注
1	玉珠	1	
2	玉坠饰	1	
3	玉管	1	
4	隧孔玉珠	1	
5	隧孔玉珠	1	
6	玉珠	1	
7	隧孔玉珠	1	
8	隧孔玉珠	1	
9	多孔石刀	1	
10	玉珠	1	粉化
11	玉琮	1	
12	玉管	1	
13	玉珠	1	
14	玉管	1	
15	陶双鼻壶	1	不可修复
16	陶罐	1	不可修复
17	陶罐	1	不可修复
18	陶双鼻壶	1	不可修复
19	陶罐	1	
20	玉珠	1	
21	玉珠	1	
22	玉管	1	

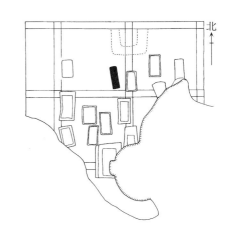

第四节　四号墓

一、墓葬形制

　　M4 位于 T0305 东南部，其东部紧靠 M11，南部为 M5，西部为 M14。1999 年 12 月 9 日民工清理 T0305 方中的近代池塘时，发现一件陶罐，后进行铲平地面后发现墓边，土色与第 4a 层下所直接叠压的第 4b 层有所区别，经判断，确定为直接开口于第 4a 层下，打破第 4b 层的一座墓葬。同日开始清理，12 月 10 日清理完毕。

　　M4 墓坑开口于第 4a 层下，打破第 4b、第 6c 层，距地表 0.65 米。为长方形土坑竖穴，墓坑口长 3.1、宽 1 米，由底至墓口残深 0.3 米，墓向 170°。坑壁剥落自然，加工痕迹明显。墓坑内填土黄褐色，内含少量黑色斑纹，还有极少量的红烧土颗粒。土质较松软，黏性较差。墓内未见有葬具痕迹与墓主骨架，其中集中的玉管、珠及石斧的出土位置说明，墓主头向朝南，而其面向、葬式、性别及年龄皆不明（图五七；彩版二九）。

二、随葬器物

　　出土器物按质地划分包括玉器、石器、陶器三类，共 17 件随葬品，包括玉坠 1 件、石钺 1 件，零散的玉珠、管等 10 件，陶器 5 件（参见表四）。石钺放置于墓坑中段偏北处，刀刃朝向墓主。墓坑南端头部附近的玉坠、珠、管等小型串饰构件，按其出土情况应为颈部项饰；其余的珠、管等则散落于棺内北半部。陶器置于墓坑内北部。

　　1、玉器

　　玉器共计 11 件，种类有坠、管、珠等。

　　坠饰　1 件（M4:15）。鸡骨白色，透光处呈湖绿色，器表并有少量黑褐色物质附着，出土时完整。整体呈扁五棱形，体形较小；靠近上部略内收，上有一穿孔，上有明显的打磨痕；体为五棱形，扁体侧面保留有切割痕迹。器体较规整，打磨细腻。长 1.9、直径 0.5 厘米（图五八:5；彩版三〇:6、7）。

　　管、珠

　　共 10 件，其中管 1 件、珠 9 件。

　　珠　标本 M4:1，鸡骨白色，风化严重，未完整提取。

　　珠　标本 M4:2，鸡骨白色，玉质中带明显的灰绿色结晶，器表有少量黑褐色物质附着，出土时完整。整体呈扁鼓形，中部钻一孔，略有偏差，器体较规整。直径 0.7、高 0.5 厘米（图五八:2；彩版三〇:1）。

　　珠　标本 M4:3，鸡骨白色，风化严重，未完整提取。

　　珠　标本 M4:5，鸡骨白色，风化严重，未完整提取。

北

珠　标本 M4：6，鸡骨白色，玉质中明显带有少量灰绿色结晶体，器表并有少量黑褐色物质附着，出土时完整。整体呈鼓形，中部对钻一孔，其中一端孔部附近留有较明显的线切割痕。器体规整，打磨细腻。直径 0.83、长 0.9 厘米（图五八：4；彩版三〇：2）。

珠　标本 M4：7，鸡骨白色，风化严重，器表并有少量黑褐色物质附着，器形完整。整体呈鼓形，中部对钻一孔。直径 0.9、长 1.1 厘米（图五八：8；彩版三〇：3）。

珠　标本 M4：8，鸡骨白色，风化严重，器表并有少量黑褐色物质附着，已残。整体呈鼓形，中部对钻一孔。直径 0.8、残长 0.7 厘米（图五八：1；彩版三〇：4）。

珠　标本 M4：14，鸡骨白色，玉质中明显带有少量灰绿

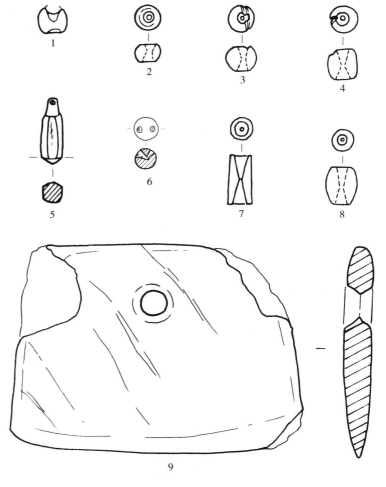

图五八　玉、石器

1. 玉珠（M4：8）　2. 玉珠（M4：2）　3. 玉珠（M4：14）　4. 玉珠（M4：6）
5. 玉坠饰（M4：15）　6. 玉隧孔珠（M4：16）　7. 玉管（M4：17）　8. 玉珠（M4：7）　9. 石钺（M4：4）（均为 1/1）

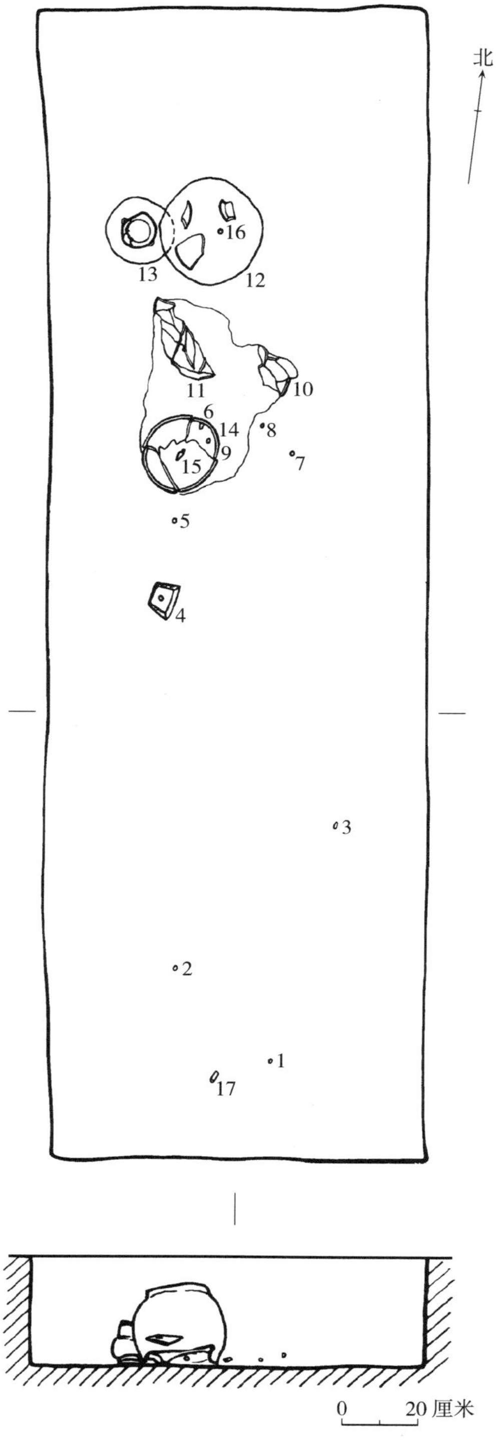

图五七　M4 平、剖面图

1. 玉珠　2. 玉珠　3. 玉珠　4. 石钺　5. 玉珠
6. 玉珠　7. 玉珠　8. 玉珠　9. 陶豆　10. 陶豆
11. 陶器　12. 陶罐　13. 陶双鼻　14. 玉珠
15. 玉坠饰　16. 隧孔玉珠　17. 玉管

0　　20 厘米

色结晶体，器表并有少量黑褐色物质附着，出土时完整。整体呈鼓形，中部对钻一孔，其中一端孔部附近留有较明显的线切割痕。器体规整，打磨细腻。直径0.82、长0.7厘米（图五八:3；彩版三〇:5）。

隧孔珠　标本M4:16，鸡骨白色，已风化，器表并有少量黑褐色物质附着，出土时完整。圆球形，在球体一侧钻有两个斜孔，钻痕较明显，中部隧孔使之相通。器形较规整。直径0.55厘米（图五八:6；彩版三〇:8）。

管　标本M4:17，鸡骨白色，玉质中带明显的黄绿色结晶，器表并有少量黑褐色物质附着，出土时完整。管形，上、下等径，中部对钻有一孔，孔内钻痕较清晰。器体规整，打磨细腻。直径0.65、长1.4厘米（图五八:7；彩版三〇:9、10）。

2、石器

仅1件石钺。

石钺　1件（M4:4）。灰黄色石质，表面风化。整体呈方形片状，平顶略弧，两侧边较斜直，靠近顶部对钻有一孔。刃部略弧，中锋，一角已残。顶宽6.2、刃宽7.5、孔径1.1、高5.9、厚0.8厘米（图五八:9；彩版三一:1）。

3、陶器

陶器5件，火候较低，质地疏松。可辨器形的仅有豆、罐、双鼻壶三类。

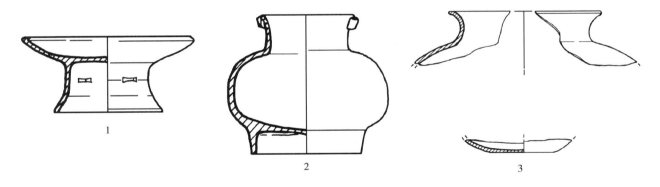

图五九　陶　器
1. 豆（M4:9）　2. 双鼻壶（M4:13）　3. 罐（M4:12）　（均为1/4）

豆　2件。

标本M4:9，泥质灰陶，轮制。由豆盘、豆座两部分构成，豆盘尖圆唇，折敛口，斜腹内收至豆座。豆座较粗，座中部对饰4个镂孔，底足呈喇叭状外撇。器表施黑色陶衣，磨光，脱落较甚。口径17、底径12、高8.4厘米（图五九:1；彩版三一:2）。

标本M4:10，泥质灰陶，残碎严重，不可修复。

陶器　1件（M4:11）。泥质灰褐陶，残碎严重，不可修复。

罐　1件（M4:12）。泥质橙红陶，轮制，素面。侈口，尖圆唇，束直颈，溜肩，鼓腹，小平底。复原口径16、底径6厘米（图五九:3）。

双鼻壶　1件（M4:13）。泥质灰陶，轮制。直口微敞，靠近口部对饰双鼻，长直颈，圆鼓腹，下腹内收至高圈足。器表施黑衣，磨光。口径9.9、高12.4厘米（图五九:2）。

表四			M4 出土器物登记表
编 号	名 称	数 量	备 注
1	玉珠	1	粉化
2	玉珠	1	
3	玉珠	1	粉化
4	石钺	1	
5	玉珠	1	粉化
6	玉珠	1	
7	玉珠	1	
8	玉珠	1	
9	陶豆	1	
10	陶豆	1	不可修复
11	陶器	1	不可修复
12	陶罐	1	
13	陶双鼻壶	1	
14	玉珠	1	
15	玉坠饰	1	
16	隧孔玉珠	1	
17	玉管	1	

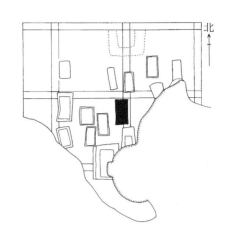

第五节 五号墓

一、墓葬形制

M5 位于 T0304 东北部，部分被压于东隔梁下，其东北部为 M1，南紧靠 M12，西南部为 M3，北部为 M4 与 M11。1999 年 12 月 3 日，在清理完 T0304 的第 4a 层堆积后，对全方进行铲面。在探方东北部靠近东隔梁下，发现一处土色与第 4b 层土色相异的长条形。为准确地把握遗迹的性质，又向下发掘近 0.05 米后，再次对该区域铲平，遗迹现象更加清晰。由于其大部分仍被叠压于 T0304 的东隔梁下部，12 月 12 日清理完其上部隔梁，使 M5 全部显露。铲平地面后，发现墓坑开口平面内有明显的板灰痕迹，在墓坑内的板灰外北端，发现一根玉管（M5：31），此时墓内器物尚未暴露。12 月 13 日开始对板灰内进行不间断清理[①]，至 12 月 14 日清理完毕。

M5 墓坑开口于第 4a 层下，打破第 4b、第 6c 层，距地表 0.8 米。为长方形土坑竖穴，墓坑口长 3.72、宽 1.72 ～ 1.81 米。由于采取保护坑内葬具的发掘方式，首先仅对葬具内填土进行了清理。葬具与墓坑间回填土清理后测得，墓底长 3.5、宽 1.65 米，墓深 0.97 米。墓坑内中部有一具木椁，由于受回填土的挤压，椁中段略显内凹。椁口长 2.63、宽 1.13 米，椁底长 2.55、宽 0.84 米，板厚 0.026 ～ 0.07、侧板残高 0.8 米。

棺放置在椁内，上部有盖板，已塌落，部分覆盖于棺内随葬品之上，具体情况不明。棺底清理后呈凹弧形，口沿与盖板相接处还残留有涂朱砂痕迹。由于棺外直接套有木椁，棺、椁糟朽后不易分辨，棺应略小于椁。在南、北椁板立面内侧仍有两层木板朽痕，内侧应是棺痕。底部葬具南、北两端发现各有一横枕木，长 1.14 ～ 1.2、宽 1.6 米，由底至墓口深 0.9 米，墓向 180°（图六〇）。

墓坑内填土黄褐色，内含少量黑色斑纹，还有极少量的红烧土颗粒。土质坚硬，黏性较差。墓内未见墓主骨架，其中集中的玉管和珠、2 件玉琮以及石钺的出土位置说明，墓主头向朝南，而其面向、葬式、性别及年龄皆不明（图六一；彩版三二：1）。

二、随葬器物

出土器物按质地划分，包括玉器、石器、陶器三类，共 49 件随葬品（参见表五）。其中玉石器 45 件，计玉琮 2 件、玉钺 1 件、石钺 4 件、玉璧 1 件、玉镯 2 件玉锥形器 1 件、玉珠、管 34 件。陶器 4 件，包括陶罐 2 件、黑皮双鼻壶 1 件、陶器 1 件。随葬品中，玉琮置于头顶部，两件上、下叠放，上部琮较

---

① 清理 M5 时，为减少围观群众对考古工作的影响，以及考虑到文物的安全性，很长一段时间工作都是在夜间进行。由于人造光线下，土质、土色以及遗迹现象的辨别远不比日光，故一些遗迹现象可能未能发现。鉴于此，自 M5 后各墓葬的清理不再在晚间进行。

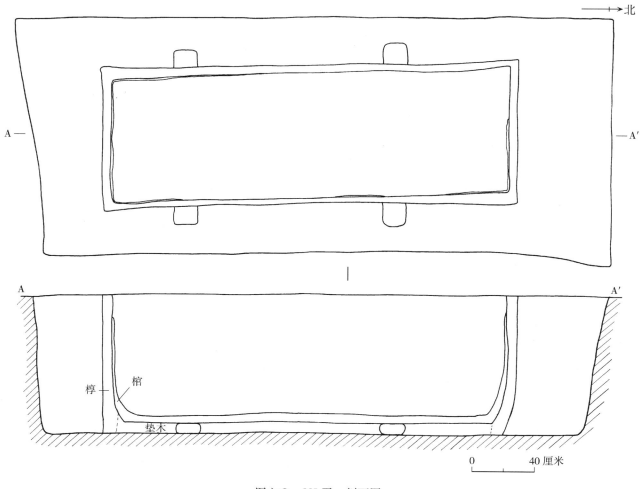

图六〇　M5 平、剖面图

小，倒置于下部大琮上。玉钺置于墓主右手以下，钺柲所在部位的上、下，装饰有零星的小型管、珠。两件玉镯置于墓主两手的手臂之上，玉璧则置于脚部。棺底两侧的南、北两端各有 1 件石钺。陶器均置于脚部的棺盖板上，棺板上部涂有朱砂。当盖板坍塌后，陶器也随之向棺内坍塌①。

1、玉器

共计 41 件，种类有琮、钺、璧、坠、管、珠等。

琮　2 件。

标本 M5∶1，鸡骨白色，玉质中带有较多的游丝状绺裂与白、灰绿色结晶体，靠近琮体上部玉质内有橙黄色沁斑，器表附着有较多的黑褐色物质痕迹，出土时完整。整体呈方形四弧面，圆孔，内壁打磨光滑。上部台面有一处凹痕，略经修整，但破裂面仍较明显。琮体四面射部转角明显，转角角度约 110°，上射转角台面上仍残留有由外向内的线切割痕迹。琮体仅 1 节，四面共饰 4 幅简化兽面纹，四面凸起与琮体相交处，有较明显的打磨减地痕迹。兽面额部以片状刻划 6～7 道紧密直线，线间距略宽，但皆小于0.1 厘米，并少有叠压现象，四面转角处刻线不衔接。眼部由管钻先钻出眼眶，再以尖状物刻划出眼睑，

①　编号 M5∶33－1～M5∶33－7 的 7 件玉管、珠，出于棺外北端填土中，推测为棺、椁上的装饰，后随棺木朽塌后滑落至葬具之外。

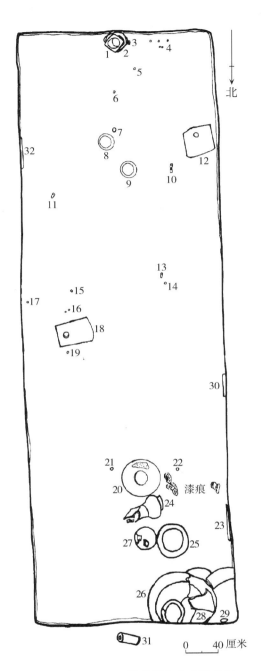

图六一 M5 随葬器物出土示意图

1. 玉琮 2. 玉琮 3. 玉珠（2） 4. 玉珠（3）、隧孔
玉珠（2） 5. 玉珠 6. 隧孔玉珠 7. 玉管 8. 玉镯
9. 玉镯 10. 玉管（2） 11. 玉管 12. 石钺 13. 玉管
14. 隧孔玉珠 15. 玉珠 16. 玉珠（2） 17. 玉珠
18. 玉钺 19. 玉珠 20. 玉璧 21. 玉珠 22. 玉珠
23. 石钺 24. 陶双鼻壶 25. 陶罐 26. 陶罐
27. 陶器 28. 玉珠（2）、隧孔玉珠（2） 29. 玉锥形器
30. 石钺 31. 玉管 32. 石钺 33. 玉管（2）、玉珠
（5）（33 玉管、珠出土于回填土内）

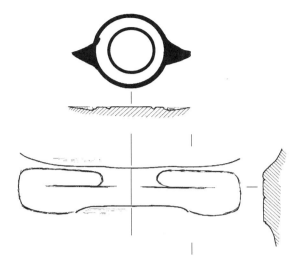

图六二 玉琮（M5：1）纹饰细部

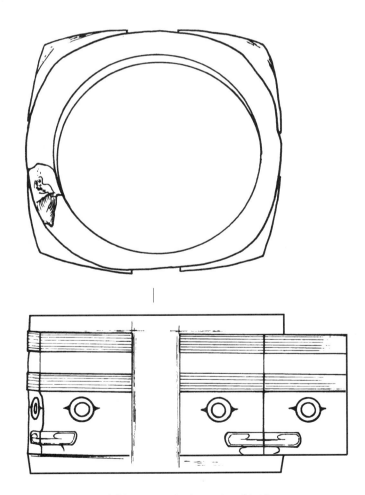

图六三 玉琮（M5：1）（1/1）

眼睑宽短，刻划有明显走刀的毛刺，内部眼珠也由管钻而成，但较眼眶处的管痕窄。鼻部的雕刻为先打磨，将鼻部周围剔除，仅使转角处的鼻部凸起，再用尖状物于凸起鼻部范围内刻简化螺旋纹，毛刀明显。底部其中一射与琮体相接处有明显的线割切槽，槽口等宽，剖面呈圆弧状。琮底部台面有一处较大的凹痕，经修整后，较平滑。该琮器内外均打磨精细。其中兽眼径 0.7、眼珠径 0.38、鼻长 2.3、射径 6.65、孔径 5.68、高 4.4 厘米（图六二～六四；彩版三三、三四）。

标本 M5：2，鸡骨白色，玉质中带有少量的游丝状绺裂与较多的灰绿色结晶体，器身上有零星的橙黄色沁斑，器表附着有较多的黑褐色物质痕迹，出土时完整。整体呈方形四弧面，内壁打磨光滑，上部台面平整。琮体四面射部转角明显，转角角度约 110°。在上射转角台面上，仍残留有由外向内的线切割痕迹。琮体仅 1 节，四面共饰 4 幅简化兽面纹，四面凸起与琮体相交处，有较明显的打磨减底痕迹。兽面额部以尖状刻划 10～12 道紧密直线，线间距较小，皆小于 0.1 厘米，少量有叠压现象，四面转角处刻线不衔接。眼部由管钻先钻出眼眶，某些管钻在用力不均的情况下，略显一侧较深、一侧较浅的偏差。再用尖状物刻出眼睑、眼珠，有明显刻划走刀的毛刺。鼻部的雕刻为先打磨，将鼻部周围剔除减底，使鼻部凸起，再用尖状物于突起鼻部范围内刻简化螺旋纹，毛刀明显。下射转角台面上，仍残留有一处较深的

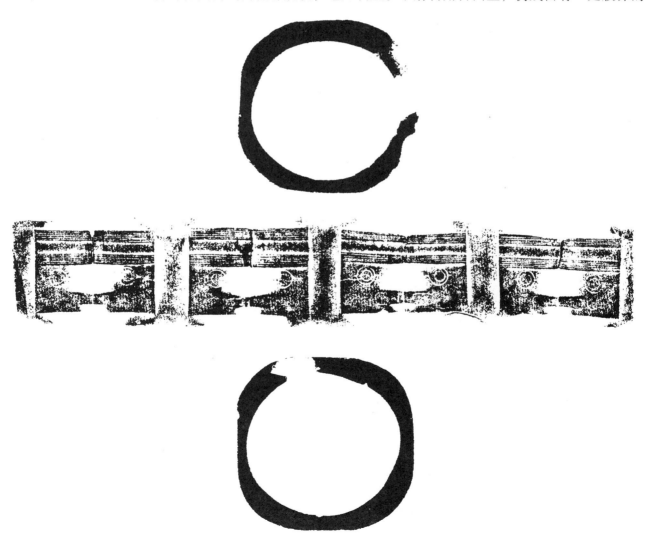

图六四　玉琮（M5：1）拓片（3/4）

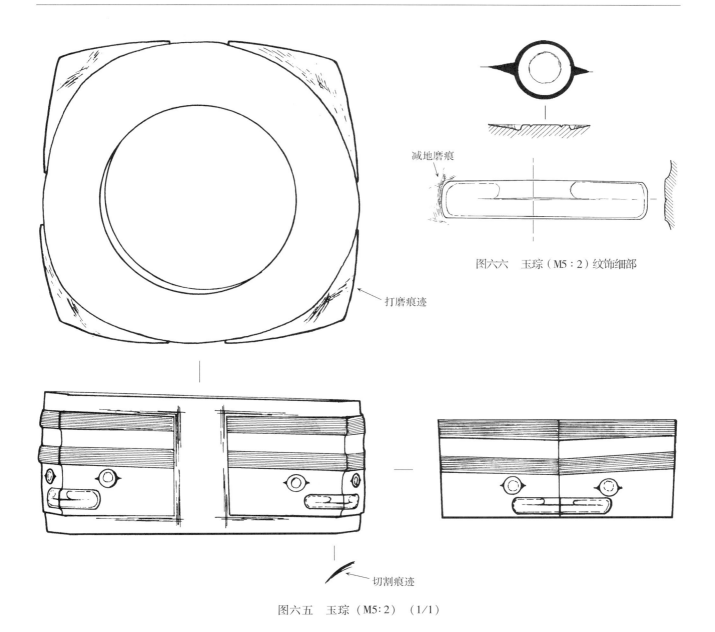

图六六　玉琮（M5：2）纹饰细部

减地磨痕

打磨痕迹

切割痕迹

图六五　玉琮（M5：2）（1/1）

线切割痕迹。琮底部台面有两处凹痕，一处较深，另一处较浅，经修整后，上部仍保留有明显的切割弧痕。该器内外均打磨精细，通体呈现出耀眼的玻璃状光泽。兽眼径 0.5、眼珠径 0.23、鼻长 2.6、射径 8.3、孔径 5.2、高 3.65～3.9 厘米（图六五～六七；彩版三五、三六）。

　　钺　1 件（M5：18）。鸡骨白色，透光部分呈湖绿色，玉质中带有较多的灰绿色、灰白色结晶体，器身两侧有大块的橙黄色沁斑。器表附着有较多的黑褐色物质痕迹，出土时完整，器体呈宽扁平铲形。顶部保留有片状对切割痕，中部有一道毛状断口。靠近器身上部对钻一孔，钻孔略有错位，钻痕及台痕明显。靠近顶部稍打磨粗糙，痕迹不甚明显。器体两面保留有明显的线切割痕迹。一面的切割痕靠近孔部，较深，呈抛物线状，切割方向由器体左上角斜向下。另一面的切割痕保留较多，且方向变化明显。其中靠近孔部的痕迹宽大，打磨平整，切割痕较浅；靠近器体右下角处保留 3 处割痕，切割方向均由上至下，靠近刃部的一处切割痕在整体抛光后又经过打磨，磨痕明显。弧刃中锋，刃口较钝。通体无使用痕迹，打磨精细，呈现出耀眼的玻璃状光泽。顶宽 9.4、刃宽 11.15、长 15.2、体厚 0.6 厘米（图六八；彩版三

七、三八）。

璧 1件（M5∶20）。整体略显青绿色，玉质中带明显的结晶斑块，并有多处游丝状绺裂，出土时完整。圆形，片状，整体中部较厚，缘处较薄。中部有一穿，为对钻孔，由于两面钻孔时的力度有所不同，钻孔台痕略显斜直，且略有偏差。器表两面均留有线切割痕迹。一面的切割方向从孔部一直延伸靠近璧缘部，痕迹较深；另一面仅在璧孔部处保留较浅的切割痕。璧缘处保留片切割痕迹，在缘侧面破损处，还保留较深的片状切割所遗留的台痕。器体较规整，打磨细腻。直径14.5、孔径4.9、厚1.2厘米（图六九；彩版三九、四〇）。

镯 2件。

标本M5∶8，鸡骨白色，靠近底部的镯体已沁成红褐色，玉质中带有较多的游丝状绺裂，出土时完整。整体呈直筒状，顶部斜直，一端较高，另一端较矮，内孔壁打磨光滑。一侧顶上端保留有一处切割痕迹，另一侧顶端和镯身外侧面保留4处较浅的切割痕迹。直径6.7、壁厚0.5～0.6、高3.5～4.5厘米（图七〇∶2；彩版四一）。

标本M5∶9，鸡骨白色，部分已沁成红褐色，玉质中带有较多的游丝状绺裂，出土时已裂。整体呈筒状，较矮，中部亚腰。内孔壁打磨光滑，两面上端均留有切割痕迹。上径6.6、中径6.5、壁厚0.35、高

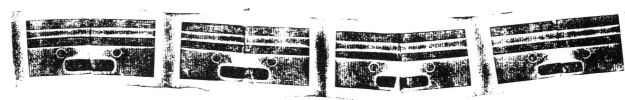

图六七 玉琮（M5∶2）拓片（3/5）

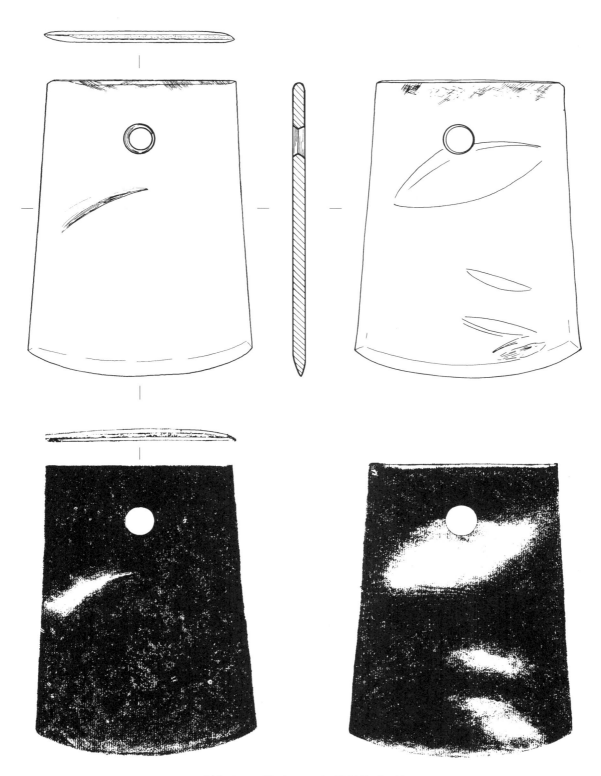

图六八 玉钺（M5:18）及拓片（1/2）

2.65厘米（图七〇:1；彩版四二:1、2、3、5）。

锥形器 1件（M5:29）。鸡骨白色，玉质中带少量的灰色结晶，部分已沁成红褐色，器表并有少量黑褐色物质附着，出土时完整。整体长棒形，体形浑圆，下部略细，上部略粗。下部内收出一榫头，上有一穿孔，榫头上有较明显的打磨痕。接近顶部内收，头部圆尖。器体规整，器体侧面留有切割痕迹，打磨细腻。长3.8、宽径1.2厘米（图七〇：3；彩版四二：4、6）。

管、珠

共34件，其中管7件、珠27件。

珠　标本M5：3－1，鸡骨白色，玉质中带有游丝状灰色结晶体，器表并有少量黑褐色物质附着，出土时完整。整体呈鼓形，中部对钻一孔，其中一端孔部附近留有线切割痕。器体规整，打磨细腻。直径

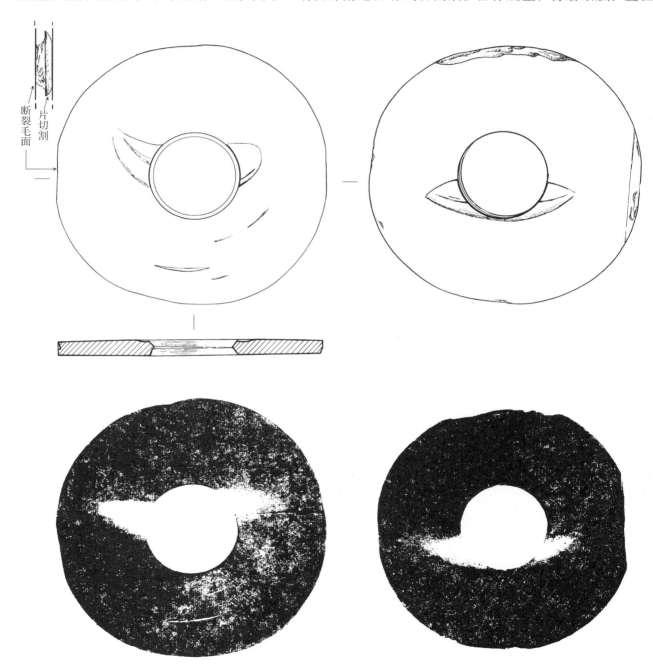

图六九　玉璧（M5：20）及拓片（1/2）

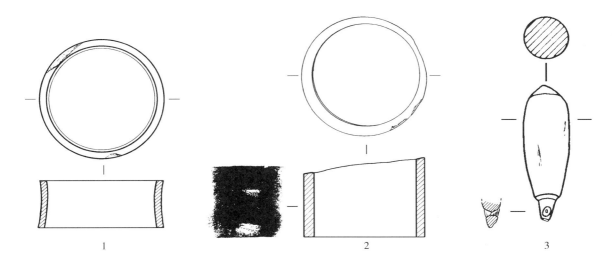

图七〇　玉镯、锥形器

1. 镯（M5:9）　2. 镯（M5:8）　3. 锥形器（M5:29）　（1、2 为 1/2，3 为 1/1）

0.8、长 0.8 厘米（图七一:1；彩版四三:1）。

　　珠　标本 M5:3－2，鸡骨白色，玉质中带明显的灰白色结晶，器表并有少量黑褐色物质附着，出土时完整。整体呈扁鼓形，中部钻一孔，略有偏差。器体较规整，打磨细腻。直径 0.52、高 0.3 厘米（图七一:2；彩版四三:2）。

　　珠　标本 M5:4－1，鸡骨白色，玉质中带有灰绿色结晶体，器表并有少量黑褐色物质附着，出土时完整。整体呈长鼓形，中部对钻一孔，器体一侧留有两处切割痕。器体规整，打磨细腻。直径 0.5、长 0.6 厘米（图七一:3；彩版四三:3）。

　　珠　标本 M5:4－2，鸡骨白色，玉质中带有少量灰白色结晶体，器表并有少量黑褐色物质附着，出土时完整。整体呈长鼓形，中部对钻一孔，器体一侧留有一处明显的切割痕。器体规整，打磨细腻。直径 0.43、长 0.52 厘米（图七一:4；彩版四三:4）。

　　珠　标本 M5:4－3，鸡骨白色，玉质中带有灰色结晶体，器表并有少量黑褐色物质附着，出土时完整。整体呈鼓形，中部对钻一孔。器体规整，打磨细腻。直径 0.5、长 0.4 厘米（图七一:5；彩版四三:5）。

　　隧孔珠　标本 M5:4－4，鸡骨白色，玉质中带少量的灰色结晶，器表并有少量黑褐色物质附着。圆球形，器形较小，在球体一侧相近处钻有两个斜孔，中部隧孔使之相通。打磨细腻。直径 0.5 厘米（图七一:9；彩版四三:6）。

　　隧孔珠　标本 M5:4－5，鸡骨白色，玉质中带少量的灰色结晶，器表并有少量的黑褐色物质附着。圆球形，器形较小，在球体上钻有两两相对的钻孔 3 对，共计 6 孔，中部隧孔使之相通。其中两对隧孔出土时已破损，仅一对完好，从破损的情况来看，有钻孔失败或佩戴断裂后改制的可能。整体打磨细腻。直径 0.5 厘米（图七一:10；彩版四三:7、8）。

　　珠　标本 M5:5，鸡骨白色，玉质中带有少量游丝状灰色结晶体，器表并有少量黑褐色物质附着，出土时完整。整体呈鼓形，中部对钻一孔，一端孔部外周留有明显的线切割痕。器体规整，打磨细腻，呈现出耀眼的玻璃状光泽。直径 0.9、长 0.7 厘米（图七一:6；彩版四三:9）。

　　隧孔珠　标本 M5:6，鸡骨白色，玉质中带少量的灰色结晶，器表并有少量黑褐色物质附着。扁圆球形，器形较小，在球体一侧相近处钻有两个斜孔，中部隧孔使之相通。底部有一处线割痕迹；器体打磨细腻，呈现出耀眼的玻璃状光泽。直径 0.8 厘米（图七一:11；彩版四三:10、11）。

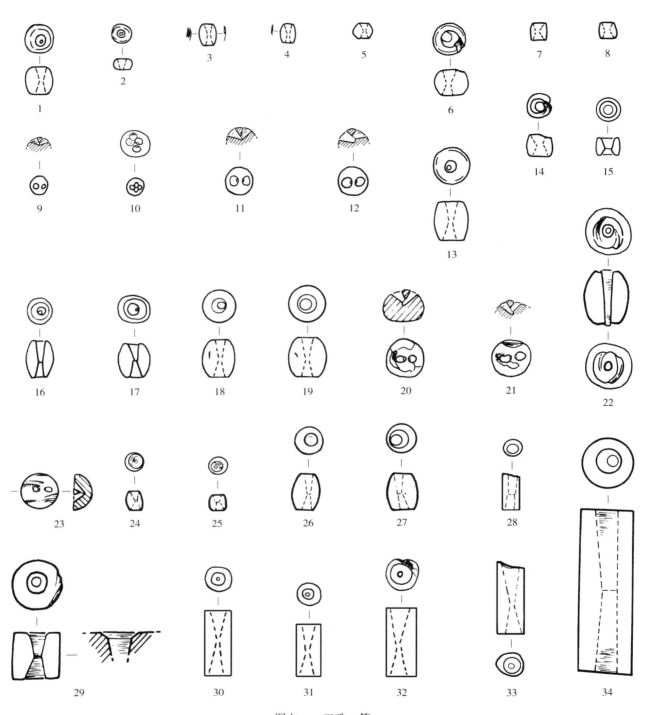

图七一　玉珠、管

1. 珠（M5∶3−1）　2. 珠（M5∶3−2）　3. 珠（M5∶4−1）　4. 珠（M5∶4−2）　5. 珠（M5∶4−3）　6. 珠（M5∶5）　7. 珠（M5∶16−1）
8. 珠（M5∶16−2）　9. 隧孔珠（M5∶4−4）　10. 隧孔珠（M5∶4−5）　11. 隧孔珠（M5∶6）　12. 隧孔珠（M5∶14）　13. 珠（M5∶15）
14. 珠（M5∶17）　15. 珠（M5∶19）　16. 珠（M5∶21）　17. 珠（M5∶22）　18. 珠（M5∶28−1）　19. 珠（M5∶28−2）　20. 隧孔珠
（M5∶28−3）　21. 隧孔珠（M5∶28−4）　22. 珠（M5∶11）　23. 隧孔珠（M5∶33−1）　24. 珠（M5∶33−2）　25. 珠（M5∶33−3）
26. 珠（M5∶33−5）　27. 珠（M5∶33−6）　28. 管（M5∶33−4）　29. 管（M5∶7）　30. 管（M5∶10−1）　31. 管（M5∶10−2）　32. 管
（M5∶13）　33. 管（M5∶33−7）　34. 管（M5∶31）（7、8、12、14、15 为 2/1，余为 1/1）

管　标本 M5：7，鸡骨白色，玉质中带少量黄绿色结晶，器表并有少量黑褐色物质附着，出土时完整。矮管形，上、下等径，中部对钻有一孔，孔内钻痕较清晰。一端台面上保留有线切割、片切割痕迹各一处。器体规整，打磨细腻。直径 1.3、长 1.25 厘米（图七一：29；彩版四三：12、13）。

管　标本 M5：10－1，鸡骨白色，玉质中带黄白色结晶，器表并有少量黑褐色物质附着，出土时完整。管形，上、下等径，中部对钻有一孔，孔内钻痕较清晰。一端靠近孔部处保留有片切割痕迹；器体规整，打磨细腻。直径 0.75、长 1.8 厘米（图七一：30；彩版四四：1）。

管　标本 M5：10－2，鸡骨白色，玉质中带黄白色游丝状灰色结晶体，器表并有少量黑褐色物质附着，出土时完整。管形，上、下等径，中部对钻有一孔，孔内钻痕较清晰。器体规整，打磨细腻。直径 0.7、长 1.4 厘米（图七一：31；彩版四四：2）。

珠　标本 M5：11，鸡骨白色，玉质中带有少量游丝状灰色结晶体，器表并有少量黑褐色物质附着，出土时完整。整体呈枣鼓形，中部对钻一孔，孔内钻痕清晰，两端孔部留有明显的旋状线切割痕。器体规整，打磨细腻。直径 1.2、长 1.61 厘米（图七一：22；彩版四四：3、4）。

管　标本 M5：13，鸡骨白色，玉质纯净，器表有少量黑褐色物质附着，出土时完整。管形，上、下等径，中部对钻有一孔，孔内钻痕较清晰。一端靠近孔部处保留有线切割痕迹。器体规整，打磨细腻。直径 0.9、长 1.9 厘米（图七一：32；彩版四四：5、6）。

隧孔珠　标本 M5：14，鸡骨白色，器表并有少量黑褐色物质附着。圆球形，器形较小，在球体一侧相近处钻有两个斜孔，中部隧孔使之相通。出土后风化严重，孔部已断裂。直径 0.4 厘米（图七一：12；彩版四四：7）。

珠　标本 M5：15，鸡骨白色，玉质中带有少量游丝状灰色结晶体，器表并有少量黑褐色物质附着，出土时完整。整体呈鼓形，中部对钻一孔，器表留有两处明显的切割痕。器体规整，打磨细腻。直径 0.95、长 1.1 厘米（图七一：13；彩版四四：8）。

珠　标本 M5：16－1，鸡骨白色，玉质中带有少量灰色结晶体，器表并有少量黑褐色物质附着，出土时完整。器型较小，呈鼓形，中部对钻一孔。器体规整，打磨细腻。直径 0.28、长 0.25 厘米（图七一：7；彩版四四：9）。

珠　标本 M5：16－2，鸡骨白色，玉质中带有少量灰色结晶体，器表并有少量黑褐色物质附着，出土时完整。器型较小，呈鼓形，中部对钻一孔。器体规整，打磨细腻。直径 0.3、长 0.26 厘米（图七一：8；彩版四四：10）。

珠　标本 M5：17，鸡骨白色，玉质中带有少量灰色结晶体，器表并有少量黑褐色物质附着，出土时完整。整体呈鼓形，中部对钻一孔，孔部一端保留有线切割痕。器体规整，打磨细腻。直径 0.32、长 0.3 厘米（图七一：14；彩版四四：11）。

珠　标本 M5：19，鸡骨白色，玉质中带有少量灰色结晶体，器表并有少量的黑褐色物质附着，出土时完整。整体呈鼓形，中部对钻一孔。器体规整，打磨细腻。直径 0.3、长 0.3 厘米（图七一：15；彩版四四：12）。

珠　标本 M5：21，鸡骨白色，玉质中带有少量灰绿、灰白色结晶体，器表并有少量黑褐色物质附着，出土时完整。整体呈鼓形，中部对钻一孔。器体较规整。直径 0.75、长 1 厘米（图七一：16；彩版四四：13）。

珠　标本 M5：22，鸡骨白色，透光处呈湖绿色，器表并有少量黑褐色物质附着，出土时完整。整体呈鼓形，中部对钻一孔。器表留有两处明显的切割痕，器体规整，打磨细腻。直径 0.9、长 0.95 厘米（图七一：17；彩版四四：14）。

珠　标本 M5：28－1，鸡骨白色，玉质中带有少量灰色、黑色杂质，器表并有少量黑褐色物质附着，出土时完整。整体呈鼓形，中部对钻一孔。器表有 3 处明显的线切割、片状切割痕，器体规整，打磨细腻。直径0.9、长1.1厘米（图七一：18；彩版四四：15）。

珠　标本M5:28-2，鸡骨白色，透光处呈湖绿色，玉质中带有少量灰色、黑色杂质，器表并有少量黑褐色物质附着，出土时完整。整体呈鼓形，中部对钻一孔，一端靠近孔部处保留有线切割痕迹。器表有两处的线切割、片状切割痕，器体规整，打磨细腻。直径0.1、长1.1厘米（图七一：19；彩版四五：1）。

隧孔珠　标本M5:28-3，鸡骨白色，玉质中带少量游丝状绺裂，器表并有少量黑褐色物质附着。扁圆球形，磨制不甚圆。在球体一侧相近处钻有两个斜孔，中部隧孔使之相通。体侧有一线割痕迹。直径1厘米（图七一：20；彩版四五：2）。

隧孔珠　标本M5:28-4，鸡骨白色，玉质中带少量游丝状绺裂及褐黄色沁斑，器表并有少量黑褐色物质附着。扁圆球形，磨制不甚圆。在球体一侧相近处钻有两个斜孔，中部隧孔使之相通。体侧有一片状切割痕。最大直径1.1厘米（图七一：21；彩版四五：3）。

管　标本M5:31，鸡骨白色，玉质中带大量的黄绿色结晶，器表并有少量黑褐色物质附着，出土时完整。管形，上、下等径，中部对钻有一孔，孔内钻痕较清晰，两端经打磨后不甚平整。器体较规整，打磨细腻。直径1.4、长4.4厘米（图七一：34；彩版四五：4）。该玉管出土于墓坑内的板灰外北端，其与滑落至棺外北端的M5:33管、珠，可能为一组器物①。

隧孔珠　标本M5:33-1，鸡骨白色，部分透光处呈湖绿色。玉质中带少量的黄绿色结晶，器表并有少量黑褐色物质附着。半圆球形，一面球凸，另一面平整。平整一面上有明显的线割痕迹，已经修磨。平整一面相近处钻有两个斜孔，孔略偏于中心部分。器型规整，打磨光滑，呈现出耀眼的玻璃状光泽。直径1、厚0.5厘米（图七一：23；彩版四五：5、6）。

珠　标本M5:33-2，鸡骨白色，玉质中带有少量灰白色游丝状结晶体，器表并有少量黑褐色物质附着，出土时完整。整体呈长鼓形，中部对钻一孔，孔略偏于正中，孔内钻痕明显。器体规整，打磨细腻。直径0.5、长0.55厘米（图七一：24；彩版四五：7）。

珠　标本M5:33-3，鸡骨白色，玉质中带有少量灰白色游丝状结晶体，表面有少量黄褐色沁斑，器表并有少量黑褐色物质附着，出土时完整。整体呈鼓形，中部对钻一孔，孔略偏于正中，孔内钻痕明显。器体规整，打磨细腻。直径0.5、长0.5厘米（图七一：25；彩版四五：8）。

管　标本M5:33-4，鸡骨白色，玉质中带少量的黄绿色结晶，表面有少量黄褐色沁斑，器表并有少量黑褐色物质附着，出土时完整。管形，上、下等径，中部对钻有一孔；器体较规整，打磨细腻。是径0.5、长0.9厘米（图七一：28；彩版四五：9）。

珠　标本M5:33-5，鸡骨白色，少量透光处呈青黄色，玉质中带少量的灰白色结晶，表面有大量黄褐色沁斑，器表并有少量黑褐色物质附着，出土时完整。整体呈长鼓形，中部对钻一孔，孔略偏于正中，孔内钻痕明显。器体规整，打磨细腻。直径0.9、长1.05厘米（图七一：26；彩版四五：10）。

珠　标本M5:33-6，鸡骨白色，少量透光处呈青黄色，玉质中带少量的灰绿、白色结晶，器表并有少量黑褐色物质附着，出土时完整。整体呈长鼓形，中部对钻一孔，孔略偏于正中，孔内钻痕明显。体侧保留有一切割痕迹。器体较规整，打磨细腻。直径0.8、长1厘米（图七一：27；彩版四五：11）。

管　标本M5:33-7，鸡骨白色，玉质中带少量游丝状绺裂，器表并有少量黑褐色物质附着，出土时一段略有破损。管形，上、下等径，中部对钻有一孔，较大。器壁较薄，器体较规整，打磨细腻。直径0.65、长2厘米（图七一：33；彩版四五：12）。

2、石器

共计4件，种类仅有钺。

----

① 在瑶山和反山墓地良渚高等级墓葬内的葬具上部，同样发现埋入零星玉饰。

图七二　石　钺

1. M5：12　2. M5：23　3. M5：30　4. M5：32（均为1/2）

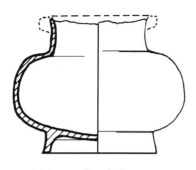

图七三　陶双鼻壶（M5:24）
（1/4）

标本 M5:12，灰色岩，磨制，器表留有较多的黑褐色物质痕迹。整体呈扁体方形，体较薄。斜弧顶，略有破损，顶部保留有打磨粗痕。钺体两侧较直，钺体偏上处对钻有一孔，台痕明显。斜弧刃，略平，中锋，未开刃部。器体表面打磨光滑。长 13.6、孔径 2.2、顶宽 12、刃宽 12.8 厘米（图七二:1；彩版四六:1）。

标本 M5:23，灰色岩，磨制，器表留有较多的黑褐色物质痕迹。整体呈扁体方形，体较薄。斜弧顶，略有破损，顶部保留有打磨粗痕。钺体两侧较直，钺体偏上处对钻有一孔，台痕明显，孔部内壁仍留有朱砂痕迹。靠近孔部附近，保留有斜向孔部的磨痕，可能是绑缚痕迹。斜弧刃，中锋，未开刃部。器体表面打磨光滑。长 14.6、孔径 2.2、顶宽 12.8、刃宽 13.7 厘米（图七二:2；彩版四六:2～4）。

标本 M5:30，灰色岩，磨制，器表留有较多的黑褐色物质痕迹。整体呈扁体方形，体较薄。斜弧顶，留有打胚痕迹，顶部保留有打磨粗痕。钺体两侧较直，钺体偏上处对钻有一孔，台痕明显。斜直刃，略弧，中锋，未开刃部。器体表面打磨光滑。长 14.3、孔径 2.2、顶宽 9.9、刃宽 12.4 厘米（图七二:3；彩版四七:1、2、4）。

标本 M5:32，灰色岩，磨制，器表留有较多的黑褐色物质痕迹。整体呈扁体方形，体较薄。斜弧顶，留有打胚痕迹，顶部保留有打片疤痕，未磨。钺体两侧较直，钺体偏上处对钻有一孔，台痕明显。靠近孔上面有斜向孔部的粗磨痕，可能为绑缚所打磨。斜直刃，略弧，中锋，未开刃部。器体表面打磨光滑，有近似玻璃状光泽。长 14.7、孔径 2.3、顶宽 10.6、刃宽 11.3 厘米（图七二:4；彩版四七:3、5）。

3、陶器

4 件，火候较低，质地疏松。可辨仅有双鼻壶、罐两类。

双鼻壶　1 件（M5:24）。泥质灰陶，轮制。直口微敞，沿大部及双鼻已残佚。长直颈，扁圆鼓腹，腹下部内收至圈足，圈足略外撇。器表施黑衣，磨光。口径 11、腹径 18.1、高 15.3 厘米（图七三；彩版三二:2）。

罐　2 件。

标本 M5:25，夹砂橙红陶，轮制。破碎严重，不可修复。

标本 M5:26，泥质褐灰陶，轮制。破碎严重，不可修复。

陶器　1 件（M5:27）。泥质灰陶，轮制。破碎严重，不可修复。

表五		M5 出土器物登记表	
编　号	名　　　称	数　量	备　　注
1	玉琮	1	
2	玉琮	1	
3	玉珠	2	
4	玉珠、隧孔玉珠	5	其中 4－4、4－5 为隧孔珠
5	玉珠	1	
6	隧孔玉珠	1	
7	玉管	1	
8	玉镯	1	
9	玉镯	1	
10	玉管	2	
11	玉珠	1	
12	石钺	1	
13	玉管	1	
14	隧孔玉珠	1	
15	玉珠	1	
16	玉珠	2	
17	玉珠	1	
18	玉钺	1	
19	玉珠	1	
20	玉璧	1	
21	玉珠	1	
22	玉珠	1	
23	石钺	1	
24	陶双鼻壶	1	
25	陶罐	1	不可修复
26	陶罐	1	不可修复
27	陶器	1	不可修复
28	玉珠、隧孔玉珠	4	其中 28－3、28－4 为隧孔珠
29	玉锥形器	1	
30	石钺	1	
31	玉管	1	
32	石钺	1	
33	玉珠、管	7	其中 33－4、33－7 为玉管

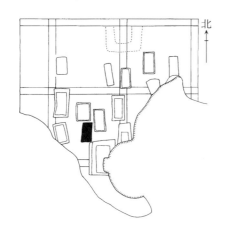

第六节　六号墓

一、墓葬形制

　　M6 位于 T0304 中部，与其东南的 M13 仅相隔 0.05 米，其东北部为 M3，北部紧靠 M9，西部为 M3，西南紧靠 M13，北部为 M7。1999 年 12 月 15 日，在清理完 T0304 的第 4a 层堆积后，对全方进行铲面，在探方中部第 4a 层下土层内发现一颗隧孔玉珠（M6:5），在发现玉珠范围内分辨出墓坑和板灰痕迹。当日开始对板灰内进行清理，至 19 日清理完毕。

　　M6 墓坑开口于第 4a 层下，打破第 4b、第 6c 层，距地表 0.8 米。长方形土坑竖穴，墓坑口长 2.99、宽 1.23～1.43 米，略显南宽北窄。由于采取保护坑内葬具的发掘方式，先对葬具内填土进行了清理，后清理葬具与墓坑之间回填土。墓底长 2.8、宽 1.2 米，墓深 0.9 米。葬具为一棺，在墓坑坑口有明显的板灰痕迹，墓底南部有青灰色条形板痕，测得上部板痕距地表 0.95、长 2.7、宽 1～1.2、厚 0.06 米。

　　在板灰内清理时，发现该墓所出土的玉珠、管并不存在于同一平面，这些珠、管原本可能放置于棺盖板上，随着盖板的腐朽坍塌而形成不同层位的状态。在清理至墓口 0.45 米处，南部椁壁附近发现一条宽约 0.03 米的板灰痕，呈灰白色粉末状，推测为已塌落盖板，具体情况不明。清理棺底时，随葬器物上均发现覆盖有较厚的板灰痕迹，说明棺板坍塌后直接覆盖于器物上。底板朽面清晰，底部南端还发现有宽约 0.06 米的板灰痕，东西横贯棺底，其东面保存较好，西端不甚明显。在椁内填土间夹杂有零星的朱砂痕迹，现场推测为葬具涂朱的残留。M6 由棺底至墓口深 0.8 米，墓向 180°（图七四；彩版四八）。

　　墓坑内填土黄褐泛青灰，夹杂棕色、黑褐色斑点，还有极少量的红烧土颗粒与陶片。土质坚硬，黏性较差。墓内见有零星的骨渣，已朽甚，墓主头向、面向、葬式、性别及年龄皆不明。

二、随葬器物

　　出土器物按质地划分包括玉器、石器、陶器三类，共 13 件随葬品，计玉坠 1 件、玉管 2 件、玉珠 6 件，陶器 3 件（其中包括陶罐 2 件、陶器 1 件），石镞 1 件（参见表六）。随葬品中，除 1 件玉珠出土于墓口上部以外，其他玉珠、管均集中置于墓室北部。两件陶罐置于北部，另一件陶器置于中部偏南。

　　1、玉器

　　玉器共计 9 件，种类有坠饰、管、珠。

　　坠饰　1 件（M6:1）。鸡骨白色，透光处呈湖绿色，器表并有少量黑褐色物质附着，出土时完整。整体扁圆水滴形。底部略粗，上部略收，接近顶部内收，头部圆尖。顶部有一穿孔，孔部较大。器身留有明显的切割痕迹，器体规整，打磨细腻。长 2.49、直径 0.71 厘米（图七五:1；彩版四九:1、2）。

　　管、珠

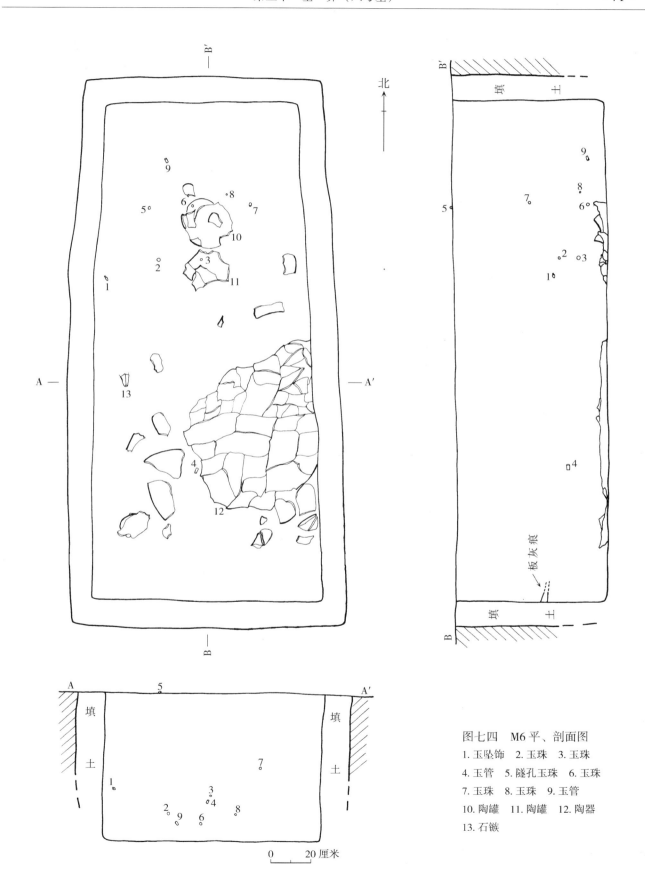

图七四　M6平、剖面图

1. 玉坠饰　2. 玉珠　3. 玉珠

4. 玉管　5. 隧孔玉珠　6. 玉珠

7. 玉珠　8. 玉珠　9. 玉管

10. 陶罐　11. 陶罐　12. 陶器

13. 石镞

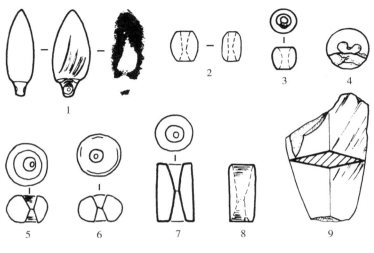

图七五　玉、石器

1. 玉坠饰（M6:1）　2. 玉珠（M6:2）　3. 玉珠（M6:6）　4. 玉隧孔
珠（M6:5）　5. 玉珠（M6:3）　6. 玉珠（M6:7）　7. 玉管（M6:4）
8. 玉管（M6:9）　9. 石镞（M6:13）　（均为1/1）

共8件，其中管2件、珠6件。

珠　标本 M6:2，鸡骨白色，玉质中明显带有较多灰白色结晶体，器表并有少量黑褐色物质附着，出土时完整。整体呈扁长鼓形，中部对钻一孔，器体一侧保留有切割痕。直径0.8、长0.85厘米（图七五:2；彩版四九:3）。

珠　标本 M6:3，鸡骨白色，玉质中带少量的灰白色结晶，器表并有少量黑褐色物质附着，出土时完整。整体呈扁鼓形，中部钻一孔，略有偏差。器体一侧保留有片切割痕，体较规整，打磨细腻。直径1.15、高0.8厘米（图七五:5；彩版四九:4）。

管　标本 M6:4，鸡骨白色，玉质中带游丝状绺裂和少量黄绿色结晶，器表并有少量黑褐色物质附着，出土时完整。圆柱管形，上、下等径，中部对钻有一孔，孔部两端打磨平整。器体较规整，打磨细腻。直径1、长1.61厘米（图七五:7；彩版四九:5、6）。

隧孔珠　标本 M6:5，鸡骨白色，玉质中带少量游丝状绺裂及黄褐沁斑，器表并有少量黑褐色物质附着。扁圆球形，出土时已破裂。在球体一侧相近处钻有两个斜孔，中部隧孔使之相通。直径1.15厘米（图七五:4；彩版五〇:1）。

珠　标本 M6:6，鸡骨白色，玉质中带有少量游丝状绺裂，器表并有少量黑褐色物质附着，出土时完整。整体呈鼓形，中部对钻一孔，一端钻孔保留明显的二次钻钻痕。器体一侧保留有切割痕。直径0.65、长0.62厘米（图七五:3；彩版五〇:2、4）。

珠　标本 M6:7，鸡骨白色，玉质中带少量的灰白色结晶，器表并有少量黑褐色物质附着，出土时完整。整体呈扁鼓形，已破裂，中部钻有一孔。体较规整，打磨细腻。直径1.2、高0.75厘米（图七五:6；彩版五〇:6）。

珠　标本 M6:8，鸡骨白色，玉质中带有少量灰白色结晶，器表并有少量黑褐色物质附着，出土时完整。整体呈鼓形，略扁，中部对钻一孔，略有偏差。体较规整，打磨细腻。直径0.6、长0.47厘米（彩版五〇:8）。

管　标本 M6:9，鸡骨白色，玉质中带有较多的黄绿色结晶，器表并有少量黑褐色物质附着，出土时完整。圆柱管形，一端略细，另一端略粗，中部对钻有一孔。钻孔部较大，而两个对钻孔的相通处仅有一个微孔相通，一端钻孔保留明显的二次钻钻痕。上径0.8、下径0.6、长1.6厘米（图七五:8；彩版五〇:3、5、7）。

2、石器

石器仅1件镞。

镞　1件（M6:13）。黄灰色石质，磨制。柳叶形，体薄，锋、铤部已断失。残长3.5、中宽2.2厘米（图七五:9）。

3、陶器

图七六　陶罐（M6:10）　（1/3）

陶器3件，火候较低，质地疏松，可辨识的仅有罐一类。

罐 2件。

标本M6:10，夹砂红陶，轮制，素面。圆方唇，侈口，高领，微束颈，广肩微弧，下部已残。复原口径16.4厘米（图七六）。

标本M6:11，泥质褐灰陶，轮制。破碎严重，不可修复。

陶器 1件（M6:12）。泥质灰陶，轮制。破碎严重，不可修复。

表六   **M6 出土器物登记表**

编 号	名 称	数 量	备 注
1	玉坠饰	1	
2	玉珠	1	
3	玉珠	1	
4	玉管	1	
5	隧孔玉珠	1	
6	玉珠	1	
7	玉珠	1	
8	玉珠	1	
9	玉管	1	
10	陶罐	1	
11	陶罐	1	不可修复
12	陶器	1	不可修复
13	石镞	1	残

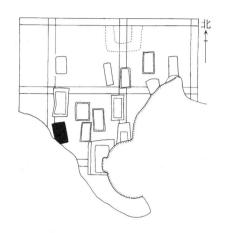

第七节　七号墓

一、墓葬形制

M7 位于 T0304 西部，西北角被 T0204 东部隔梁所叠压，其东北部为 M6，北部紧靠 M8，M7 与 M8 是整个高台墓地最为偏西的墓葬。1999 年 12 月 16 日，在 T0304 中部第 4a 层下土层内发现一座长方形墓葬，西南部已被早年烧窑取土挖毁，形成断崖，因此墓坑略有残缺。当日开始对板灰内进行清理，在发掘过程中采取两分法，即先选取板灰内南部三分之二的部分发掘，保留北部的三分之一，以便从剖面观察葬具内土质、土色的变化情况，控制发掘进程。至 19 日清理完毕。

M7 墓坑开口于第 4a 层下，打破第 4b、第 6c 层，距地表 1.1 米。长方形土坑竖穴，墓坑口长 2.9、宽 1.52 米。墓底长 2.8、宽 1.43 米，墓深 0.7 米。在墓坑坑口有明显的板灰痕迹，上部板痕长 2.3、宽 0.87 米，底部板灰长 2.3、宽 0.87 米，板厚 0.06 米。葬具仅有一棺，盖板已塌落，板灰呈青灰色，细腻，棺内部填土黄褐色，夹杂黑色斑点，黏性差。M7 由棺底至墓口深 0.6 米，墓向 168°。坑壁剥落自然，墓坑内填土黄褐泛青灰，夹杂棕色、黑褐色斑点，还有极少量的红烧土颗粒，土质坚硬，黏性较差。墓内见有零星的骨渣，已朽甚，靠近墓坑南部发现有牙齿痕迹，故可知墓主头向朝南，而其面向、葬式、性别及年龄皆不明（图七七；彩版五一：1）。

二、随葬器物

出土器物按质地划分包括玉器、石器、陶器三类，共 10 件随葬品，计玉坠 1 件、玉珠 3 件、石钺 1 件、陶器 5 件，其中陶器包括豆 2 件、双鼻壶 1 件、鼎 1 件、陶罐 1 件（参见表七）。随葬品中，玉饰置于墓室北部和南部；石钺放置于墓坑中段偏北处，刀刃朝向墓主；陶器置于西北部。

1、玉器

玉器共计 4 件，种类有坠饰、珠。

坠饰　1 件（M7:1）。鸡骨白色，玉质中带少量游丝状绺裂及黄褐沁斑，器表并有少量黑褐色物质附着，出土时完整。整体呈圆水滴形，头部圆尖，呈乳凸状。靠近底部内收，上有一穿孔。器身和顶部留有明显的切割、打磨痕迹，器体规整，打磨细腻。长 0.89 厘米（图七八：1；彩版五二：1~3）。

珠　3 件。

标本 M7:2，鸡骨白色，玉质中带有游丝状灰绿色结晶，器表并有少量黑褐色物质附着，出土时完整。整体呈扁鼓形，中部钻一孔。体较规整，打磨细腻。直径 0.5、高 0.3 厘米（图七八：2）。

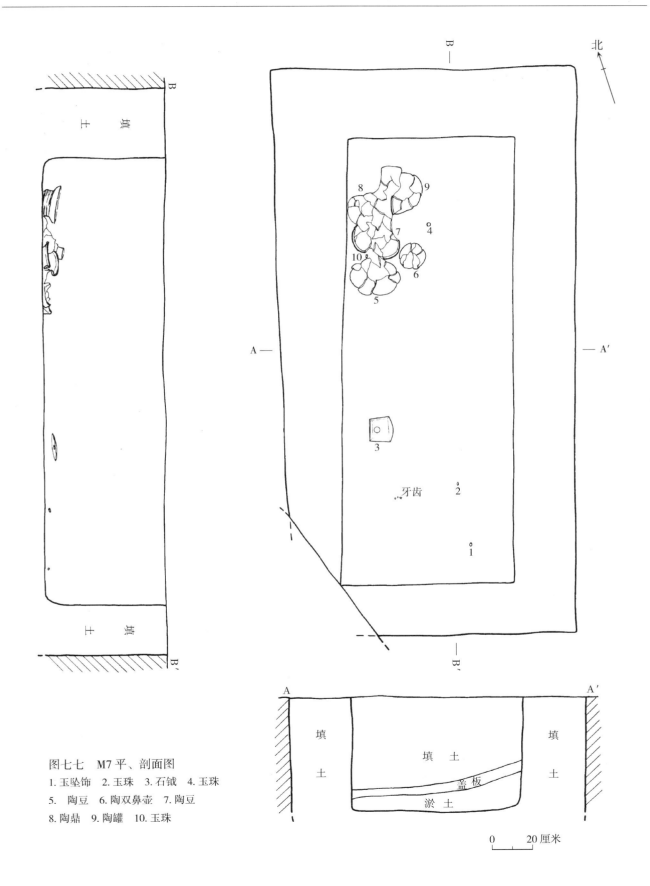

图七七 M7平、剖面图
1. 玉坠饰　2. 玉珠　3. 石钺　4. 玉珠
5. 陶豆　6. 陶双鼻壶　7. 陶豆
8. 陶鼎　9. 陶罐　10. 玉珠

标本 M7：4①，鸡骨白色，玉质中明显带有较多灰绿色结晶体，器表并有少量黑褐色物质附着，出土时完整。整体呈扁长鼓形，中部对钻一孔。一端顶部留有较深的线割痕，器体一侧保留有切割痕。体较规整，打磨细腻。直径 1.2、长 1.21 厘米（图七八：4；彩版五一：2～4）。

标本 M7：10，鸡骨白色，玉质中带有游丝状灰绿色结晶，器表并有少量黑褐色物质附着，出土时完整。整体呈扁鼓形，中部钻一孔，略有偏差。体较规整，打磨细腻。直径 0.6、高 0.31 厘米（图七八：3；彩版五二：4）。

2、石器

石器仅石钺 1 件。

石钺 1 件（M7：3）。青灰色岩，磨制。整体呈扁方"风"字形，体较厚。平直顶，略有破损，顶部保留有打片疤痕及打磨粗痕。钺体两侧较直，钺体的偏上处对钻有一孔，台痕明显。斜弧刃，略平，中锋，未开刃部。器表打磨光滑。长 11.8、孔径 2.6、顶宽 11.3、刃宽 13 厘米（图七九；彩版五二：5）。

3、陶器

陶器 5 件，火候较低，质地疏松。可辨有豆、双鼻壶、鼎、罐三类。

豆 2 件。

标本 M7：5，泥质灰陶，轮制。由豆盘和豆柄两部分组成，上部豆盘大敞口，圆方唇，略显折腹且较浅；下部豆柄已经残断，仅能看出柄较宽，上部饰弦纹。器表施黑衣，磨光。盘径 16.9、残高 7.2 厘米（图八一：1；彩版五三：1）。

标本 M7：7，泥质灰陶，残碎严重，不可修复。

双鼻壶 1 件（M7：6）。泥质灰陶，轮制。直口微侈，靠近口部对饰双鼻，直颈较长，圆鼓腹，下腹内收至圈足，圈足略显外撇，其与下腹相交处饰 2 周弦纹。器表施黑衣，磨光。口径 7.6、高 10.2 厘米（图八一：2；彩版五三：2）。

鼎 1 件（M7：8）。夹砂灰褐陶，上部为轮制，足部为手制。上部已残甚，仅能看出为束颈，颈部、腹部饰有窄弦纹；足部做短鱼鳍形，上部饰条形刻

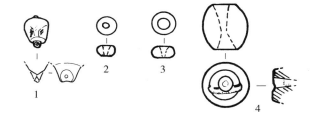

图七八　玉坠饰、珠
1. 坠饰（M7：1）　2. 珠（M7：2）　3. 珠（M7：10）
4. 珠（M7：4）（均为1/1）

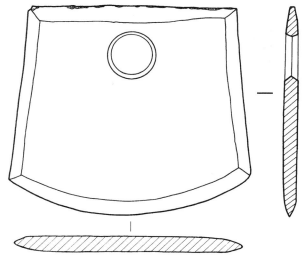

图七九　石钺（M7：3）　（1/2）

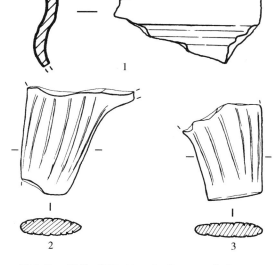

图八〇　陶鼎（M7：9）（1 为 1/3，余为 2/3）

---

① 该玉珠发现的层位较其他玉器高，推测是随北部葬具塌落至棺内的。

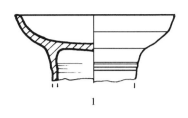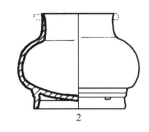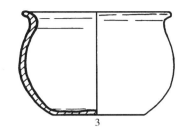

图八一 陶 器

1. 豆（M7:5） 2. 双鼻壶（M7:6） 3. 罐（M7:9） （均为1/4）

划。足高4.5厘米（图八〇）。

罐 1件（M7:9）。泥质褐灰陶，轮制。侈口，方圆唇，束颈，垂鼓腹，下腹收至平底。器表施黑衣，磨光，器型不甚规整。口径16、底径9.6、高11.4厘米（图八一:3；彩版五三:3）。

表七　　　　　　　　　　　　M7 出土器物登记表

编　号	名　　称	数　量	备　　注
1	玉坠饰	1	
2	玉珠	1	
3	石钺	1	
4	玉珠	1	
5	陶豆	1	
6	陶双鼻壶	1	
7	陶豆	1	不可修复
8	陶鼎	1	不可修复
9	陶罐	1	
10	玉珠	1	

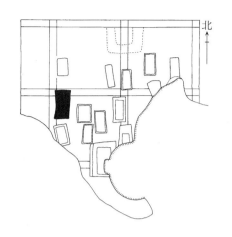

第八节　八号墓

一、墓葬形制

　　M8 位于 T0304 西北角，墓葬西、北部分别被 T0204 东隔梁、T0304 北隔梁所叠压，其东南部为 M9，南部紧靠 M7，正北部为 M14。1999 年 12 月 9 日，在 T0304 第 4a 层下土层内，发现一处土质土色与下层土相异。由于上层土尚未清理完全，至 12 月 15 日清理完毕上层土后，墓坑线清晰显现，其中有明显的长方形板灰痕迹，12 月 18 日开始清理。在发掘过程中，在板灰内中部留一条宽 0.1 米的东西向隔梁，在其两边进行发掘，以便从剖面观察葬具内土质、土色的变化情况，控制发掘进程。先清理北半部，再清理南半部，至 20 日清理完毕。

　　M8 墓坑开口于第 4a 层下，打破第 4b、第 6c 层，距地表 0.8 米。长方形土坑竖穴，墓坑口长 4.12、宽 1.95 ~ 2.15 米。由于采取保护坑内葬具的发掘方式，先对葬具内填土进行了清理，后清理葬具与墓坑之间回填土后测得，墓底长 3.95、宽 1.9 米，墓深 0.7 米。另外，在墓坑内的板灰北端外发现一件玉管（M8:17）。墓坑内板灰平面呈长方形，四边由于受到填土的挤压而略显内弧，测得板痕长 3.04 ~ 3.18、宽 1.46 ~ 1.53、板厚 0.04 ~ 0.08、残高 0.4 米。从发掘保留剖面看，外部葬具应为椁板痕迹。从椁内填土情况看，椁内上部填土与墓坑内填土并无差别，当是棺椁杇塌后，填土倾入所造成的。

　　在近墓底约 0.01 米处，出现一层夹少量黄褐色微小颗粒的青灰色土层，与四侧椁板杇痕近似，推测该土层应为椁内所置棺木的遗迹。从保留的隔梁可以看出，其为微弧凸状，随葬器物均出土于该层中，清理完毕后，可见底部明显下凹。据此现象可知，该墓葬具由 1 棺 1 椁组成，椁在棺外，有盖板，底板情况不清。棺为上、下弧状原木相扣而成，置于椁内。在棺板两侧上端，发现宽达 10 厘米的朱痕，另外在坍塌的棺板上部发现有涂朱痕迹[①]。

　　M8 由棺底至墓口深 0.55 米，墓向 180°。墓坑内填土黄褐泛青灰，夹杂棕色、黑褐色斑点，土内含有极少量的红烧土颗粒。土质坚硬，黏性较差。墓内见有零星的骨渣，已杇甚，靠近墓坑南部发现有牙齿痕迹，加之玉串饰及石钺的放置部位，可知墓主头向朝南，而其面向、葬式、性别及年龄皆不明（图八二；彩版五四）。

二、随葬器物

　　出土器物按质地划分包括玉器、石器、陶器三类，共 69 件随葬品，计玉璧 2 件、残玉琮 1 件、玉珠和玉管 55 件、玉锥形器 2 件、石钺 1 件、石锛 1 件、陶器 7 件（其中包括豆 3 件、陶鼎 2 件、甗 1 件、

---

　　① 由于 M8 的清理仅限于椁内，加之保存条件等诸多原因，椁上部盖板与棺椁上、下之间的界面均已无法复原，当为憾事。

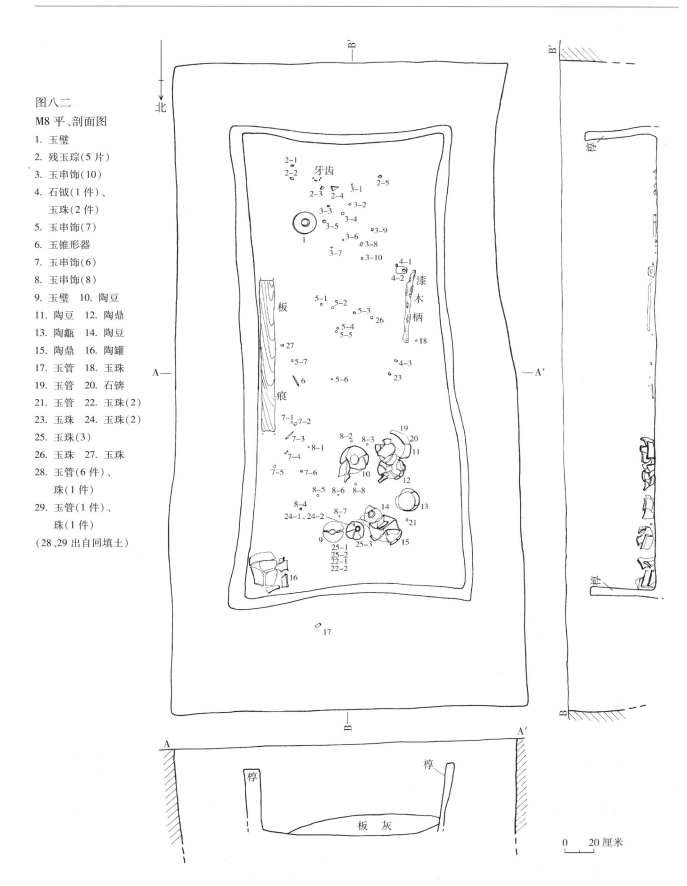

图八二

M8 平、剖面图

1. 玉璧
2. 残玉琮（5 片）
3. 玉串饰（10）
4. 石钺（1 件）、
   玉珠（2 件）
5. 玉串饰（7）
6. 玉锥形器
7. 玉串饰（6）
8. 玉串饰（8）
9. 玉璧　10. 陶豆
11. 陶豆　12. 陶鼎
13. 陶甗　14. 陶豆
15. 陶鼎　16. 陶罐
17. 玉管　18. 玉珠
19. 玉管　20. 石锛
21. 玉管　22. 玉珠（2）
23. 玉珠　24. 玉珠（2）
25. 玉珠（3）
26. 玉珠　27. 玉珠
28. 玉管（6 件）、
    珠（1 件）
29. 玉管（1 件）、
    珠（1 件）
（28、29 出自回填土）

罐 1 件）。随葬品中，玉琮残片散落于墓主头部四周，一件玉璧置于胸部右侧，另一件玉璧置于北部脚端。石钺则放置于墓主腹部左侧手臂处，刃部朝向墓主。紧接石钺后端仍残留有长约近 50、宽约 4 厘米的长条形朱砂痕迹，应当为钺柲的朽痕，朽痕尾端北部和柲首装饰有圆形的玉珠，现已散落。玉串饰主要放置于墓主的胸、腹部位，其余则散落于棺南部四周。另在墓坑近北端距墓底约 0.4 米处，出土有若干玉质管、珠①。陶器置于墓坑北部偏西。

1、玉器

玉器共计 20 件（组），种类有琮、璧、锥形器、管、珠。

琮　1 件（M8:2-1~2-5）。仅存残碎 5 片。浅青绿色，玉质内含较多的游丝状绺裂与灰绿色结晶，残损严重。其中，M8:2-1、M8:2-2、M8:2-3、M8:2-5 三块残片仅能分辨出为琮内孔壁，其余部分已残损较甚。M8:2-4 保留有部分射面，其中转角已不明显，仅存以往兽面额部的弦纹，约 9~10 条，下部仍存兽鼻部分，仅能看出为减底凸起，另一面保留有内孔壁。从玉质及内孔壁判断，5 件残片应当为同一件琮上破裂后所得，由于破损严重，无法将其拼合。经复原可知，内孔壁复原约 4.9 厘米。残片尺寸各为 M8:2-1 长 3.4、M8:2-2 长 2.2、M8:2-3 长 2.1、M8:2-4 长 4.2、M8:2-5 长 1.1 厘米（图八七:5~10；彩版五六:5、6）。

璧　2 件.

标本 M8:1，整体略显青绿色，部分已略显白化，玉质中带有较多游丝状绺裂及墨绿、黑色点状杂质。出土时已断裂成两半，现已修复。圆形，片状，中部有一穿，为对钻孔。由于两面钻孔时的力度有所不同，钻孔台痕略显斜直有偏差，且台痕错位较严重。器表两面均留有线切割痕迹，一面切割痕靠近璧缘，痕迹较浅；另一面在璧孔部处保留较浅的切割痕。在一面璧缘处还保留两处片切割痕迹。器体较规整，打磨细腻。直径 14.1、孔径 4、厚 1 厘米（图八三；彩版五五、五六:1~4）。

标本 M8:9，整体略显浅绿色，已略显白化，两缘及部分表面带有黄褐色沁斑，玉质中带明显的结晶斑块及墨绿、黑色点状杂质，出土时完整。圆形，片状，整体中部较厚，缘处较薄，中部有一穿，为对钻孔。由于两面钻孔时的力度有所不同，钻孔台痕略显斜直略有偏差，且台痕错位较严重，钻痕明显。器表两面修饰光滑平整，器体较规整，打磨细腻。直径 13.3、孔径 4.8、厚 1.8 厘米（图八四；彩版五七、五八:1~3）。

锥形器　2 件。

标本 M8:6，鸡骨白色，风化严重，出土时已残损。长圆棒形，靠近下部略内收出榫头，已残；下部为圆锥形，呈下部略粗，上部略收状，头部圆尖。残长 7.7、径 0.43 厘米（图八七:2；彩版五九:12）。

标本 M8:7-3，鸡骨白色，玉质中带明显的黄绿色结晶，并有少量黑褐色物质附着，出土时完整。长圆棒形，下部略内收出榫头，平顶，有一对穿孔；体为圆锥形，呈下部略粗，上部略收状，头部圆尖；器身有一处切割痕迹；器体规整，打磨细腻。长 7.4、上径 0.69 厘米（图八七:3）。

管、珠

共计 55 件，管 6 件、珠 49 件。

珠　标本 M8:3-1，鸡骨白色，风化严重。

珠　标本 M8:3-2，鸡骨白色，风化严重，出土时尚完整。整体呈长鼓形，中部对钻一孔。直径 0.7、长 1 厘米（图八五:1；彩版五八:4）。

珠　标本 M8:3-3，鸡骨白色，风化严重，出土时完整。整体呈长鼓形，中部对钻一孔；体较规整。径 0.8、长 0.95 厘米（图八五:2；彩版五八:6）。

---

① M8:28-1~28-7、M8:29-1、29-2 共 9 件玉管与珠出土于棺外填土中，推测其与上部早先发现的 M8:17 同组。

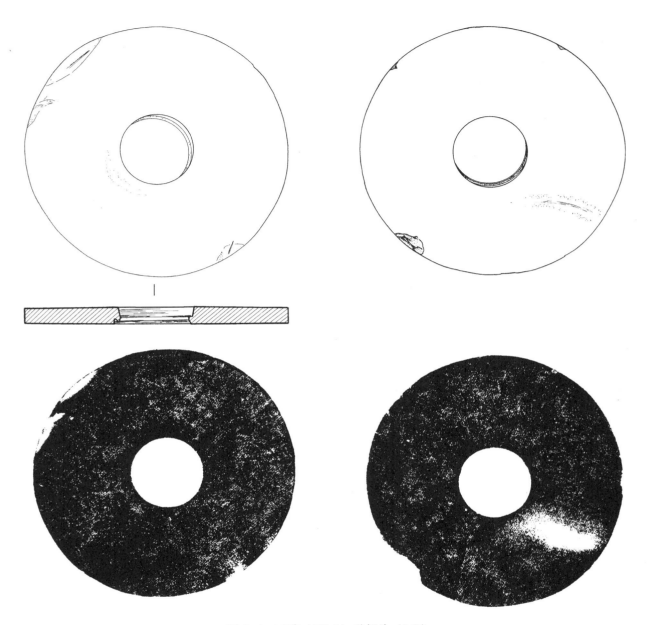

图八三　玉璧（M8:1）及拓片（1/2）

珠　标本 M8:3-4，鸡骨白色，风化严重，器表并有少量黑褐色物质附着，出土时完整。整体呈扁鼓形，中部钻一孔，略有偏差，一端孔部保留有较深的线切割痕。体较规整，打磨细腻。直径 1.22、高 1.1 厘米（图八五:3；彩版五八:7）。

珠　标本 M8:3-5，鸡骨白色，风化严重，出土时完整。整体呈长鼓形，中部对钻一孔. 体较规整。直径 1.2、长 1.3 厘米（图八五:4；彩版五八:8）。

隧孔珠　标本 M8:3-6，鸡骨白色，风化严重，器表并有少量黑褐色物质附着。圆球形，在球体一侧相近处钻有两个斜孔，中部隧孔使之相通。直径 0.8 厘米（图八五:5；彩版五八:9）。

珠　标本 M8:3-7，鸡骨白色，风化严重。

管　标本 M8:3-8，鸡骨白色，器表风化严重，并附着有少量黑褐色物质，出土时完整。圆柱管形，

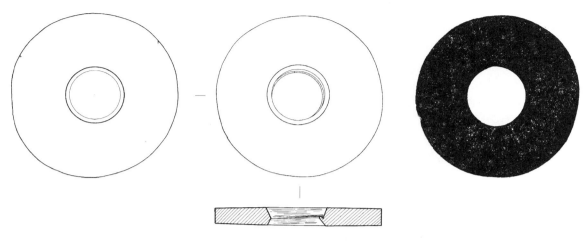

图八四　玉璧（M8∶9）　（1/3）

上、下等径，中部对钻有一孔，器型规整。直径 1.3、长 2.2 厘米（图八六∶19；彩版五八∶5）。

　　珠　标本 M8∶3－9，鸡骨白色，风化严重，出土时破损。整体呈长鼓形，中部对钻一孔。直径 0.8、长 1 厘米（图八五∶6；彩版五九∶1）。

　　珠　标本 M8∶3－10，鸡骨白色，风化严重，出土时完整。整体呈鼓形，中部对钻一孔。直径 0.7、长 0.7 厘米（图八五∶7；彩版五九∶2）。

　　珠　标本 M8∶4－2，鸡骨白色，玉质风化严重，器表并有少量黑褐色物质附着，出土时略有残损。整体呈长鼓形，中部对钻一孔，体较规整。直径 1.1、长 1.7 厘米（图八五∶8；彩版五九∶3）。

　　珠　标本 M8∶4－3，鸡骨白色，玉质风化严重，器表并有少量黑褐色物质附着，出土时略有残损。整体呈长鼓形，中部对钻一孔，体较规整。直径 1、长 1.8 厘米（图八五∶9；彩版五九∶4）。

　　珠　标本 M8∶5－1，鸡骨白色，风化严重，器表并有少量黑褐色物质附着，出土时略有残损。整体呈鼓形，中部钻一孔，略有偏差。直径 0.9、高 1 厘米（图八五∶10；彩版五九∶5）。

　　珠　标本 M8∶5－2，鸡骨白色，风化严重，器表并有少量的黑褐色物质附着，出土时完整。整体呈鼓形，中部钻一孔，器体一侧留有片状切割痕。体较规整。直径 1.1、高 1.2 厘米（图八五∶11；彩版五九∶6）。

　　珠　标本 M8∶5－3，鸡骨白色，风化严重，器表并有少量黑褐色物质附着，出土时已残损。整体呈扁鼓形，中部钻一孔。径 1.1、高 0.95 厘米（图八五∶12；彩版五九∶7）。

　　珠　标本 M8∶5－4. 鸡骨白色，玉质中带有少量灰白色结晶、灰绿色点状杂质，器表并有少量黑褐色物质附着，出土时完整。整体呈鼓形，中部对钻一孔，体较规整，打磨细腻。直径 0.9、长 1 厘米（图八五∶13；彩版五九∶8）。

　　珠　标本 M8∶5－5，鸡骨白色，风化严重，器表并有少量黑褐色物质附着，出土时已残损。整体呈鼓形，中部钻一孔。直径 1、高 1.1 厘米（图八五∶14；彩版五九∶9）。

　　珠　标本 M8∶5－6，鸡骨白色，玉质风化严重，器表并有少量黑褐色物质附着，出土时完整。侧面呈钟形，上部略窄，下部略宽，中部对钻一孔，钻痕清晰。体较规整。上径 0.7、下径 1.1、长 1.4 厘米（图八五∶15；彩版五九∶10）。

　　珠　标本 M8∶5－7. 鸡骨白色，玉质风化严重，器表并有少量黑褐色物质附着，出土时完整。侧面呈钟形，上部略窄，下部略宽，中部对钻一孔。体较规整。上径 0.5、下径 1.2、长 1.28 厘米（图八五∶16；彩版五九∶11）。

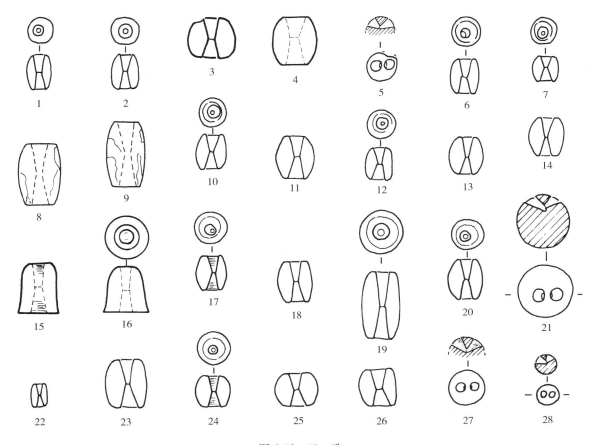

图八五 玉 珠

1. 珠（M8:3－2） 2. 珠（M8:3－3） 3. 珠（M8:3－4） 4. 珠（M8:3－5） 5. 隧孔珠（M8:3－6）

6. 珠（M8:3－9） 7. 珠（M8:3－10） 8. 珠（M8:4－2） 9. 珠（M8:4－3） 10. 珠（M8:5－1）

11. 珠（M8:5－2） 12. 珠（M8:5－3） 13. 珠（M8:5－4） 14. 珠（M8:5－5） 15. 珠（M8:5－6）

16. 珠（M8:5－7） 17. 珠（M8:7－1） 18. 珠（M8:7－2） 19. 珠（M8:7－4） 20. 珠（M8:7－5）

21. 隧孔珠（M8:7－6） 22. 珠（M8:8－1） 23. 珠（M8:8－2） 24. 珠（M8:8－3） 25. 珠（M8:8－4）

26. 珠（M8:8－5） 27. 隧孔珠（M8:8－6） 28. 隧孔珠（M8:8－7）

珠　标本 M8:7－1，鸡骨白色，风化严重，出土时尚完整。整体呈鼓形，中部对钻一孔，钻痕明显。直径 0.95、长 1 厘米（图八五:17；彩版五九:13）。

珠　标本 M8:7－2，鸡骨白色，风化严重，出土时尚完整。整体呈鼓形，中部对钻一孔。直径 1.1、长 1.12 厘米（图八五:18；彩版五九:14）。

珠　标本 M8:7－4，鸡骨白色，玉质风化严重，器表并有少量黑褐色物质附着，出土时略有残损。整体呈长鼓形，中部对钻一孔，体较规整。直径 1.2、长 1.9 厘米（图八五:19；彩版五九:15）。

珠　标本 M8:7－5，鸡骨白色，风化严重，出土时完整。整体呈鼓形，中部对钻一孔。直径 0.95、长 1.1 厘米（图八五:20；彩版六〇:1）。

隧孔珠　标本 M8:7－6，鸡骨白色，风化严重，器表并有少量黑褐色物质附着，出土时略有破损。圆球形，在球体一侧相近处钻有两个斜孔，中部隧孔使之相通。直径 1.5 厘米（图八五:21；彩版六〇:2）。

珠　标本 M8:8－1，鸡骨白色，玉质风化严重，器表并有少量黑褐色物质附着，出土时残损。整体呈长鼓形，中部对钻一孔。直径 0.45、长 0.65 厘米（图八五:22；彩版六〇:3）。

　　珠　标本 M8:8-2，鸡骨白色，风化严重，器表并有少量黑褐色物质附着，出土时完整。整体呈鼓形，中部钻一孔。直径 1.32、高 1.32 厘米（图八五:23；彩版六〇:4）。

　　珠　标本 M8:8-3，鸡骨白色，风化严重，器表并有黑褐色物质附着，出土时完整。整体呈鼓形，中部钻一孔，钻痕清晰。直径 0.95、高 0.9 厘米（图八五:24；彩版六〇:5）。

　　珠　标本 M8:8-4，鸡骨白色，风化严重，器表并有少量黑褐色物质附着，出土时完整。整体呈扁鼓形，中部钻一孔，器形较规整。直径 1.2、高 0.91 厘米（图八五:25）。

　　珠　标本 M8:8-5，鸡骨白色，风化严重，器表并有少量黑褐色物质附着，出土时完整。整体呈鼓形，中部钻一孔，器形较规整。直径 1.1、高 1.1 厘米（图八五:26；彩版六〇:6）。

　　隧孔珠　标本 M8:8-6，鸡骨白色，表面风化严重，器表并有少量黑褐色物质附着，出土时完整。圆球形，在球体一侧相近处钻有两个斜孔，中部隧孔使之相通，钻痕清晰。器形较规整。直径 1 厘米（图八五:27；彩版六〇:7）。

　　隧孔珠　标本 M8:8-7，鸡骨白色，风化严重，器表并有少量黑褐色物质附着，出土时已残损。圆球形，在球体一侧相近处钻有两个斜孔，中部隧孔使之相通，但已残破。直径 0.6 厘米（图八五:28；彩版六〇:8）。

　　珠　标本 M8:8-8，鸡骨白色，玉质风化严重，器表并有少量黑褐色物质附着，出土时残损。整体呈长鼓形，中部对钻一孔，钻痕明显。直径 0.9、长 1.1 厘米（图八六:1；彩版六〇:9）。

　　管　标本 M8:17，在墓坑内的板灰北端外，鸡骨白色，器表略有风化，并附着有少量黑褐色物质，出土时完整。圆柱管形，上下等径，中部对钻有一孔，孔内钻痕明显。器形规整。径 1.3、长 2.2 厘米（图八六:23；彩版六〇:10）。

　　珠　标本 M8:18，鸡骨白色，风化严重，器表并有少量黑褐色物质附着，出土时已破裂。整体呈扁鼓形，中部钻一孔。直径 0.8、高 0.65 厘米（图八六:2；彩版六〇:11）。

　　管　标本 M8:19，鸡骨白色，器表略有风化，并附着有少量黑褐色物质，出土时完整。圆柱管形，上下等径，中部对钻有一孔，孔内钻痕明显。靠近器体一端侧面上留有明显的片状切割痕，孔部附近留有旋割线痕。器形规整。直径 1.5、长 3.5 厘米（图八六:24；彩版六〇:12）。

　　管　标本 M8:21，鸡骨白色，器表略有风化，并附着有少量黑褐色物质，出土时完整。圆柱管形，上下等径，中部对钻有一孔。器形较规整。直径 0.75、长 1.15 厘米（图八六:20；彩版六〇:13）。

　　珠　标本 M8:22-1，鸡骨白色，风化严重，器表并有少量黑褐色物质附着，出土时完整。整体呈鼓形，中部钻一孔。直径 0.85、高 1.05 厘米（图八六:3；彩版六〇:14）。

　　珠　标本 M8:22-2，鸡骨白色，风化严重，器表并有少量黑褐色物质附着，出土时完整。整体呈鼓形，中部钻一孔，器体保留有一处线切割痕迹。直径 0.9、高 1.05 厘米（图八六:4；彩版六〇:15）。

　　珠　标本 M8:23，鸡骨白色，玉质风化严重，器表并有少量黑褐色物质附着，出土时残损。整体呈鼓形，中部对钻一孔。直径 0.85、长 0.9 厘米（图八六:5；彩版六一:1）。

　　珠　标本 M8:24-1，鸡骨白色，风化严重，器表并有少量黑褐色物质附着，出土时完整。整体呈扁鼓形，中部钻一孔，钻痕明显。直径 0.9、高 0.8 厘米（图八六:6；彩版六一:2）。

　　珠　标本 M8:24-2，鸡骨白色，风化严重，器表并有少量黑褐色物质附着，出土时略有破损。整体呈鼓形，中部钻一孔。直径 1、高 1.18 厘米（图八六:7；彩版六一:3）。

　　珠　标本 M8:25-1，鸡骨白色，风化严重，器表并有少量黑褐色物质附着，出土时完整。整体呈鼓形，中部钻一孔。直径 0.92、高 1 厘米（图八六:8）。

　　隧孔珠　标本 M8:25-2，鸡骨白色，风化严重，器表并有少量黑褐色物质附着，出土时已残损。圆球形，在球体一侧相近处钻有两个斜孔，中部隧孔使之相通。直径 1.5 厘米（图八六:9；彩版六一:4）。

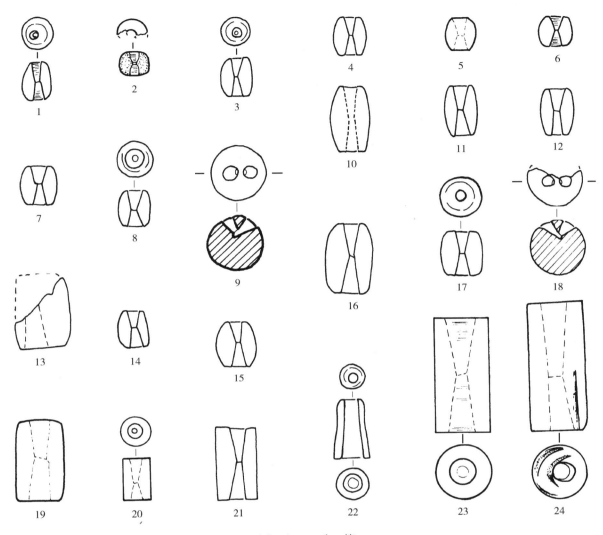

图八六　玉珠、管

1. 珠（M8：8－8）　2. 珠（M8：18）　3. 珠（M8：22－1）　4. 珠（M8：22－2）　5. 珠（M8：23）　6. 珠（M8：24－1）
7. 珠（M8：24－2）　8. 珠（M8：25－1）　9. 隧孔珠（M8：25－2）　10. 珠（M8：25－3）　11. 珠（M8：26）　12. 珠
（M8：27）　13. 珠（M8：28－1）　14. 珠（M8：28－3）　15. 珠（M8：28－5）　16. 珠（M8：28－6）　17. 珠（M8：28－7）
18. 珠（M8：29－1）　19. 管（M8：3－8）　20. 管（M8：21）　21. 管（M8：28－4）　22. 珠（M8：29－2）　23. 管
（M8：17）　24. 管（M8：19）（均为1/1）

珠　标本 M8：25－3，鸡骨白色，风化严重，器表并有少量黑褐色物质附着，出土时断裂。整体呈长鼓形，中部钻一孔。直径 1.05、高 1.8 厘米（图八六：10；彩版六一：5）。

珠　标本 M8：26，鸡骨白色，玉质风化严重，器表并有少量黑褐色物质附着，出土时较完整。整体呈长鼓形，中部对钻一孔。直径 0.9、长 1.3 厘米（图八六：11；彩版六一：6）。

珠　标本 M8：27，鸡骨白色，玉质风化严重，器表并有少量黑褐色物质附着，出土时较完整。整体呈长鼓形，中部对钻一孔。直径 0.89、长 1.4 厘米（图八六：12；彩版六一：7）。

珠　标本 M8：28－1，鸡骨白色，风化严重，器表并有少量黑褐色物质附着，出土时已破裂。整体呈长鼓形，中部钻一孔。直径 1.5、长 2.1 厘米（图八六：13；彩版六一：8）。

隧孔珠　标本 M8：28－2，鸡骨白色，风化严重，器表并有少量黑褐色物质附着，出土时已残损。圆球形，在球体一侧相近处钻有两个斜孔，中部隧孔使之相通，孔部已残断。直径1.4厘米（彩版六一：9）。

珠　标本 M8：28－3，鸡骨白色，风化严重，器表并有少量黑褐色物质附着，出土时完整。整体呈鼓形，中部钻一孔。直径1、长1厘米（图八六：14；彩版六一：10）。

管　标本 M8：28－4，鸡骨白色，器表略有风化，并附着有少量黑褐色物质，出土时完整。圆柱管形，上径略窄，下径略宽，中部对钻有一孔，孔内钻痕明显。器形规整。上径1.1、下径1.2、长2厘米（图八六：21；彩版六一：11）。

珠　标本 M8：28－5，鸡骨白色，风化严重，器表并有少量黑褐色物质附着，出土时完整。整体呈鼓形，中部钻一孔。直径1.2、长1.2厘米（图八六：15；彩版六一：12）。

珠　标本 M8：28－6，鸡骨白色，玉质风化严重，器表并有少量黑褐色物质附着，出土时较完整。整体呈长鼓形，中部对钻一孔。直径1.4、长1.9厘米（图八六：16；彩版六一：13）。

珠　标本 M8：28－7，鸡骨白色，风化严重，器表并有少量黑褐色物质附着，出土时略有破损。整体呈鼓形，中部钻一孔。直径1.2、高1.2厘米（图八六：17；彩版六一：14）。

隧孔珠　标本 M8：29－1，鸡骨白色，风化严重，器表并有少量黑褐色物质附着，出土时已残损。圆球形，在球体一侧相近处钻有两个斜孔，中部隧孔使之相通，孔部已残断。球面一侧留有线切割痕迹。直径1.4厘米（图八六：18；彩版六一：15）。

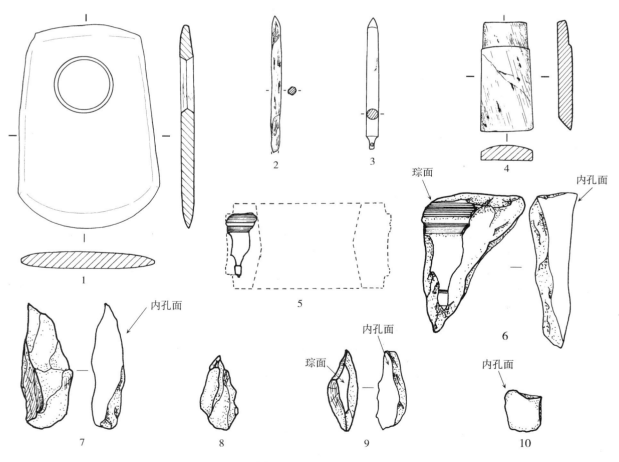

图八七　玉、石器

1. 石钺（M8：4－1）　　2、3. 玉锥形器（M8：6、M8：7－3）　　4. 石锛（M8：20）

5. 玉琮（M8：2）复原图　6～10. 玉琮（M8：2－1～2－5）（均为1/2）

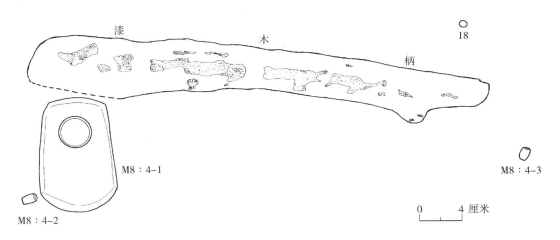

图八八　石钺（M8:4-1）出土情况

管　标本 M8:29-2，青绿色，玉质内含灰绿色结晶，器表附着有少量黑褐色物质，出土时完整。圆柱管形，中部束腰，上径略窄，下径略宽，中部对钻有一孔。器形较规整。上径0.6、下径1、长1.6厘米（图八六:22；彩版六一:16）。

2、石器

石器包括石钺、石锛各1件。

钺　1件（M8:4-1）。灰黄带青灰色斑纹岩质，磨制。整体呈扁平状，体较薄，弧顶。斧体两侧向外延展，斧体偏上处对钻有一大孔，对钻台痕及钻痕明显。弧刃，未开刃部，器体表面抛有玻璃状光泽。长11.4、孔径3.2、刃宽7.7厘米（图八七:1；彩版六二:1~3）。该器出土时有较明显的朱漆木柲痕迹，朱痕明显。长约44厘米。木柲前、后各发现两颗玉珠（M8:4-2、M8:4-3）（图八八；彩版六三:1）。

锛　1件（M8:20）。青白色岩质，磨制。扁平状，斜平顶，顶部稍窄。上体与下体相接处有段，斜弧刃，扁锋。通体精磨。顶宽2.3、刃宽2.7、长6.1厘米（图八七:4；彩版六二:4）。

3、陶器

陶器　7件，火候较低，质地疏松。可辨识的有豆、鼎、罐三类。

豆　3件。

标本 M8:10，泥质灰陶，轮制。由豆盘和豆柄两部分组成，上部豆盘做大敞口，圆方唇，斜弧腹。下部豆柄已残断，仅能看出柄较宽，略显外撇状，上部饰弦纹。器表施黑衣，磨光。盘径16.2、残高8.8厘米（图八九:1；彩版六四:2）。

标本 M8:11，泥质灰陶，轮制。由豆盘和豆柄两部分组成，上部豆盘直口微敞，圆方唇，斜折腹，腹外饰弦纹若干道。下部高竹节状豆柄，较细，上部有两周竹节状凸棱，底部作喇叭状外撇。器表施黑衣，磨光，脱落较甚。盘径16、底径14.5、残高15厘米（图八九:2；彩版六四:3）。

标本 M8:14，泥质灰陶，轮制。破碎严重，不可修复。

鼎　2件。

标本 M8:12，夹砂灰黄陶，轮制。破碎严重，不可修复。

标本 M8:15，夹砂灰褐陶，轮制。破碎严重，鼎体不可复原，仅存盖部。盖呈圆形，夹砂灰褐陶，盖顶稍弧凸起，顶部有一菌状纽，偏于正中。径8.6、高2.9厘米（图八九:5；彩版六四:1）。

甗　1件（M8:13）。夹砂灰褐陶，器体为轮制，足为手制。该甗为分体式，由盖、甑、鼎三部分组

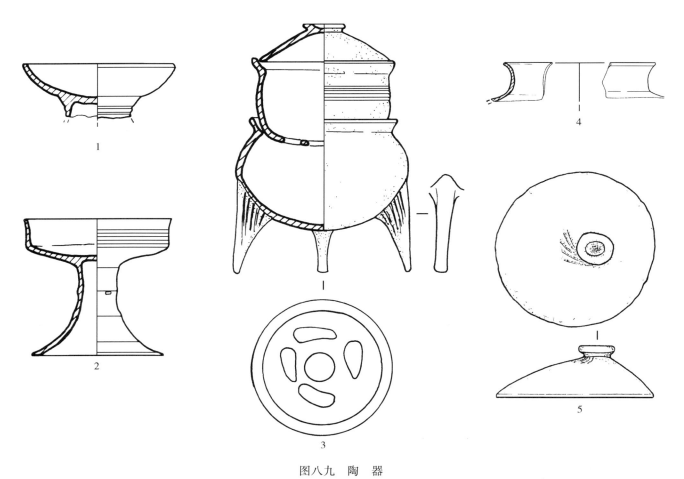

图八九 陶 器

1、2. 豆（M8:10、M8:11）　3. 甗（M8:13）　4. 罐（M8:16）　5. 鼎盖（M8:15）（1 为 1/2，余为 1/4）

成。盖为圆形，顶上有一纽。甑部做圆腹罐形，敞口，束折颈，上腹部饰有弦纹，底部有 5 个箅孔，中部为圆形，其周围有 4 个长条形镂孔。鼎为敞口，方唇，束折颈，圆鼓腹，大圜底，底部附有 3 个侧扁凿形足，足面两侧有条状刻划。甑口径 15.2、鼎口径 16、腹径 18.4、通高 27.5 厘米（图八九:3；彩版六三:3）。

　　罐　1 件（M8:16）。泥质红陶，轮制。侈口，圆方唇，高领，束直径，广肩，下部已残失。复原口径 20 厘米（图八九:4）。

表八 　　　　　　　　　　　　　M8 出土器物登记表

编　号	名　　称	数　量	备　　注
1	玉璧	1	
2	玉琮	1 件（5 片）	残片
3	玉串饰	10	3－1、3－7 粉化，3－6 为隧孔珠，3－8 为玉管
4	石钺、玉珠	3	4－2、4－3 为玉珠
5	玉串饰	7	均为玉珠
6	玉锥形器	1	
7	玉串饰	6	7－3 为玉锥形器，7－6 为隧孔珠
8	玉串饰	8	8－6、8－7 为隧孔珠
9	玉璧	1	
10	陶豆	1	
11	陶豆	1	
12	陶鼎	1	不可修复
13	陶甗	1	
14	陶豆	1	不可修复
15	陶鼎	1	仅存盖部
16	陶罐	1	
17	玉管	1	
18	玉珠	1	
19	玉管	1	
20	石锛	1	
21	玉管	1	
22	玉珠	2	
23	玉珠	1	
24	玉珠	2	
25	玉珠	3	25－2 为隧孔珠
26	玉珠	1	
27	玉珠	1	
28	玉管、珠	7	28－2 为隧孔珠
29	玉管、珠	2	29－1 为隧孔珠

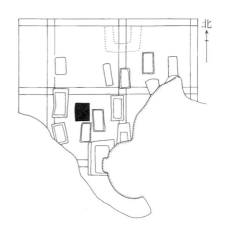

第九节　九号墓

一、墓葬形制

M9 位于 T0304 中部偏北，其东南部为 M3，南部紧靠 M6，西南为 M7，西部为 M8。1999 年 12 月 9 日，在 T0304 西北部第 4a 层下土层内暴露石斧、陶器各一件，且在地表尚能分辨出青灰色的板灰痕迹。在确定 M9 的范围之后，同日开始清理，至 20 日清理完毕。

M9 墓坑开口于第 4a 层下，打破第 4b、第 6c 层，距地表 0.95 米。长方形土坑竖穴，墓坑口长 2.2、宽 1.62～1.7 米，墓坑底长 2.1、宽 1.6 米。清理该墓时，由于当时该方东部层位较高，在剖面上亦可以分辨出断断续续的青灰色板灰痕迹，但在 M9 东部层位较高的平面上，仅能辨别出墓坑的范围，因而仅能依据从剖面上所能显现的南北板灰边转角。故推测出墓内原先应该置有木质葬具。M9 由底至墓口深 0.58 米，墓向 180°。墓坑内填土黄褐泛青灰，夹杂棕色、黑褐色斑点，含有极少量的陶片、块状黄土和红烧土颗粒。土质坚硬，黏性较差。墓内未见人骨，石钺的出土位置说明，墓主头向应该朝南，而其面向、葬式、性别及年龄皆不明（图九〇；彩版六五）。

二、随葬器物

出土器物按质地划分有石器、陶器两类，共 3 件随葬品，计石钺 1 件、陶器 2 件（参见表九）。其中石钺放置于墓坑中部，刃部朝向墓内；2 件陶器置于墓坑北部偏西。

1、石器

仅钺 1 件。

钺　1 件（M9:1）。青黑色岩质，磨制。整体呈扁平状，"风"字形，体较厚重，弧顶，顶部留有破裂面，而且打磨粗糙。斧体两侧向外延展，斧体偏上处对钻有一孔，对钻台痕及钻痕明显。弧刃，中锋，未开刃部。器体较规整，表面磨制光滑。长 14、孔径 2.2、顶宽 8.9、刃宽 10 厘米（图九一；彩版六六）。

2、陶器　2 件，壶、杯各 1 件，火候较低，质地疏松。

双鼻壶　1 件（M9:2）。泥质灰陶，轮制。敞口，圆唇，高领，斜直颈，耳、腹部已残，底部圈足，略外撇。下腹与圈足相接处有两周凸棱，通体施黑衣，磨光。口径 10、底径 13 厘米（图九二:2）。

杯　1 件（M9:3）。泥质灰陶，轮制。敞口，尖圆唇，略外侈，束直颈，蛋形腹，腹部已残。圈足较高，略显外撇。下腹与圈足相接处有一周凸棱，通体施黑衣，磨光。口径 6、底径 7.8 厘米（图九二:1）。

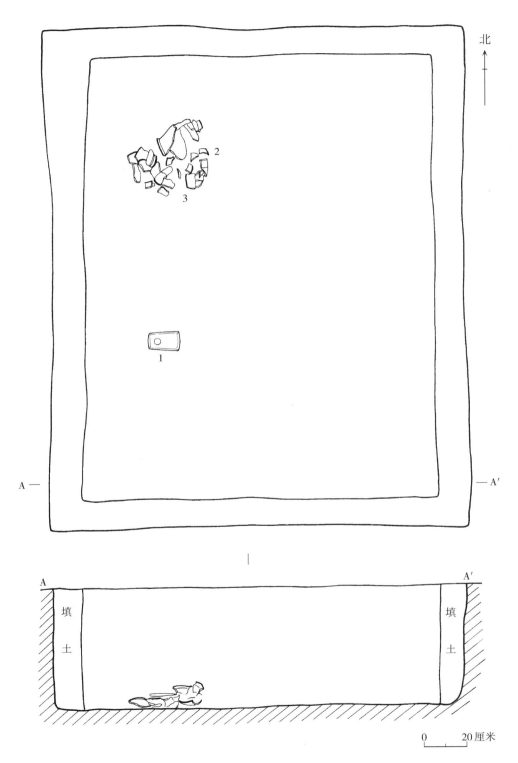

图九〇 M9 平、剖面图
1. 石钺 2. 陶壶 3. 陶杯

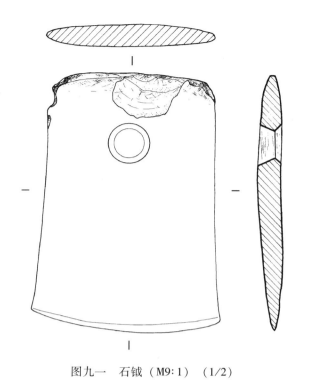

图九一　石钺（M9:1）　(1/2)

图九二　陶　器

1. 杯(M9:3)　2. 双鼻壶(M9:2)　（均为2/3)

表九　　　　　　　　　　　　**M9 出土器物登记表**

编　号	名　　称	数　量	备　　注
1	石钺	1	
2	陶双鼻壶	1	
3	陶杯	1	

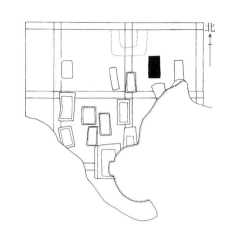

第十节 十号墓

一、墓葬形制

M10 位于 T0405 中部偏西南，其东南部为 M2，南部紧靠 M1，西南为 M11。1999 年 12 月 9 日，在对 T0405 中部进行铲面时，发现清晰的板灰痕迹。12 月 27 日开始清理，至 12 月 30 日清理完毕。

M10 墓坑开口第 4a 层下，墓底打破红烧土堆积层（第 6a、6b 层）与第 6c 层。墓坑口距地表 0.8 米，为长方形土坑竖穴，墓坑口长 3.2、宽 1.4 米。由于采取保护坑内葬具的发掘方式，先对葬具内填土进行了清理，后将葬具与墓坑之间回填土清理后测得，墓底长 3.15、宽 1.3 米，墓深 0.7 米。在墓坑开口西北角的板灰上端，发现有一颗玉珠（M10:13）。

墓坑内板灰平面呈长方形，口长 2.85、宽 1.17、板厚 0.05~0.06、残高 0.5 米。从首先发掘葬具北部后保留剖面的看，未见有内棺痕迹。但在板灰北部清理至 0.45 米时，在距离板灰壁 0.18 米处，发现一条东西长 0.9、南北宽 0.18、厚约 0.03~0.05 米的板灰痕，可能是坍塌后盖板的遗迹。M10 由棺底至墓口，深 0.55 米，墓向 176°。坑壁剥落自然，墓坑内填土棕黄色，夹杂棕色、黑褐色斑点，土内含有大量的红烧土块①及少量陶片。土质细腻、坚硬，黏性较差。墓内见有零星的骨渣，已朽甚，根据玉镯、玉串饰及石钺的放置部位，可知墓主头向朝南，而其面向、葬式、性别及年龄皆不明（图九三；彩版六七）。

二、随葬器物

出土器物按质地划分，包括玉器、石器、陶器、漆器四类，共 43 件随葬品，计玉璧 1 件、玉镯 1 件、锥形器 3 件、玉管和珠 31 件、石钺 1 件、石锛 1 件、陶器 4 件（包括 2 件残陶器，以及豆 1 件、壶 1 件）、漆器 1 件（参见表一〇）。随葬品中，玉串饰散落于墓主头部四周，一件玉璧置于胸部右侧。石钺则放置于墓主腹部右侧手臂处，刃部朝向墓主。紧接石钺附近，分布有散乱的圆形玉珠。石锛置于墓主左手附近，石锛附近亦有散乱有圆形玉珠。另有少量零散串饰，放置于墓主的胸、脚部位，其余则散落于棺北部陶器、漆器四周。4 件陶器及漆器置于墓坑北部偏西。

1、玉器

玉器共计 36 件，种类有璧、镯、锥形器、管、珠。

璧 1 件（M10:7）。整体呈青绿色，少部分已略显白化，玉质中带有较多的墨绿、黑色点状杂质及绿色块状结晶。出土时已断裂成 3 块. 圆形，片状，缘的厚、薄均匀。中部有一穿，为对钻孔，孔内壁经打磨修饰，钻孔台痕已不明显，但钻痕略有保留。器表两面均留有线切割痕迹，一面切割痕靠近璧缘，

---

① 填土内含有大量红烧土块，与该墓葬挖掘墓坑时打破红烧土祭祀层，之后用原土回填有关。

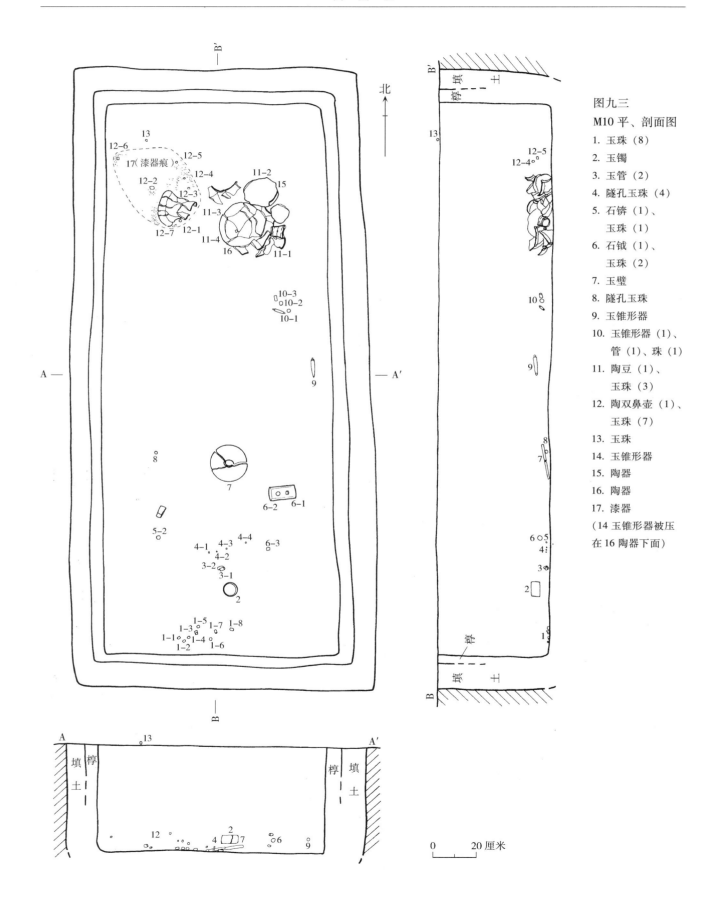

图九三
M10 平、剖面图
1. 玉珠（8）
2. 玉镯
3. 玉管（2）
4. 隧孔玉珠（4）
5. 石锛（1）、
　　玉珠（1）
6. 石钺（1）、
　　玉珠（2）
7. 玉璧
8. 隧孔玉珠
9. 玉锥形器
10. 玉锥形器（1）、
　　管（1）、珠（1）
11. 陶豆（1）、
　　玉珠（3）
12. 陶双鼻壶（1）、
　　玉珠（7）
13. 玉珠
14. 玉锥形器
15. 陶器
16. 陶器
17. 漆器
（14 玉锥形器被压
在 16 陶器下面）

0　　　　20厘米

痕迹较深；另一面在壁孔部处保留较浅的切割痕。痕迹较浅。器体较规整，打磨细腻。直径18.1、孔径4.4、厚1.1厘米（图九四；彩版六八）。

镯　1件（M10:2）。鸡骨白色，风化严重，器表布满蚀孔，附大量黑褐色物质残痕。出土时已断裂成两半。整体呈直筒状，两端平直，孔内呈束腰状，内孔壁经打磨修整，未见钻痕。器形较规整。直径6.95、壁厚0.5~0.6、高3.8厘米（图九五:6；彩版六九:1）。

锥形器　3件。

标本M10:9，鸡骨白色，风化严重，表面布满蚀孔，并有少量黑褐色物质附着，出土时已残断。长圆棒形，靠近底部略内收出榫头，平顶，上部有一对穿孔，已残。体为圆锥形，下粗上细。长8.5、上径1厘米（图九五:3）。

标本M10:10-1，鸡骨白色，玉质中带明显的游丝状绺裂及少量黄灰色结晶，器表并有少量黑褐色物质附着，出土时断裂，现已修复。长圆棒形，靠近底部略内收出榫头，平顶，部上有穿孔。体为扁圆锥形，呈底部略粗、上部略收状，头部圆尖。接近顶端有一切割痕迹。器体规整，打磨细腻。残长7.3、上径0.51厘米（图九五:2；彩版六九:4）。

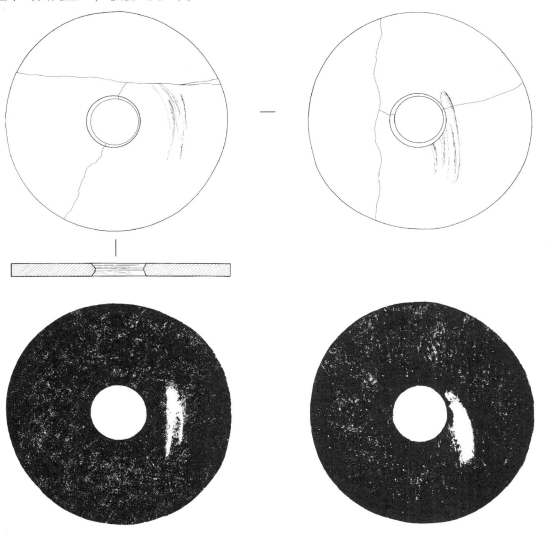

图九四　玉璧（M10:7）及拓片（1/3）

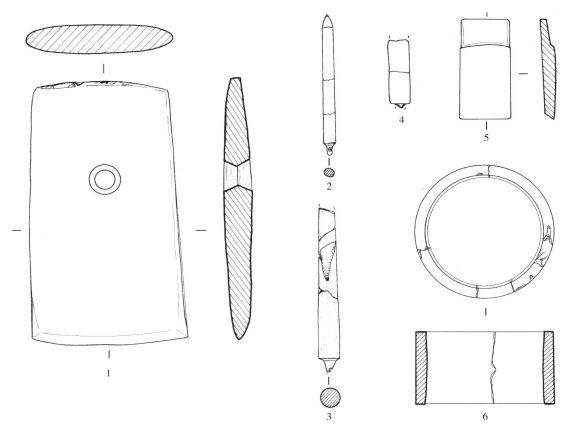

图九五　玉、石器
1. 石钺（M10:6－1）　　2～4. 玉锥形器（M10:10－1、M10:9、M10:14）　　5. 石锛（M10:5－1）
6. 玉镯（M10:2）　（均为1/2）

标本 M10:14，鸡骨白色，风化严重，并有少量黑褐色物质附着，出土时已残断。长圆棒形，下粗上细，靠近底部略内收出榫头，平顶。上部有一对穿孔，已残。残长3.6厘米（图九五:4）。

管、珠

共计31件，其中管3件、珠28件。

珠　标本 M10:1－1，鸡骨白色，风化严重，器表并有少量黑褐色物质附着，出土时有破损。整体呈鼓形，中部钻一孔。直径1.1、长1.03厘米（图九六:1）。

珠　标本 M10:1－2，鸡骨白色，风化严重，器表并有少量黑褐色物质附着，出土时破损严重。整体呈鼓形，中部钻一孔。直径0.8、残长1厘米（图九六:2）。

珠　标本 M10:1－3，鸡骨白色，风化严重，器表并有少量黑褐色物质附着，出土时较完整。整体略呈长鼓形，中部钻一孔。直径1.2、长1.15厘米（图九六:3；彩版六九:2）。

珠　标本 M10:1－4，鸡骨白色，风化严重，器表并有少量黑褐色物质附着，出土时完整。体扁，一端较窄，另一端较宽。周身有两道凹槽，中部钻一孔。上径0.9、下径1.1、长1.1厘米（图九六:4）。

珠　标本 M10:1－5，鸡骨白色，风化严重，器表并有少量黑褐色物质附着，出土时有破损。整体略呈长鼓形，中部钻一孔。直径0.9、长1.4厘米（图九六:5；彩版六九:3）。

珠　标本 M10:1－6，鸡骨白色，风化严重。

珠　标本 M10:1－7，鸡骨白色，风化严重，器表并有少量黑褐色物质附着。出土时破损严重，推测是长鼓形，中部钻一孔。残长 0.98 厘米（图九六:6）。

珠 标本 M10:1-8，鸡骨白色，风化严重，器表并有少量黑褐色物质附着，出土时有破损。整体略呈长鼓形，中部钻一孔。直径 1.1、长 1.58 厘米（图九六:7；彩版六九:5）。

管 标本 M10:3-1，鸡骨白色，器表略有风化，并附着有少量黑褐色物质，出土时完整。圆柱管形，上下等径，中部对钻一孔。器型较规整。直径 1.2、长 3.5 厘米（图九六:25；彩版七〇:1）。

管 标本 M10:3-2，青绿色，玉质内含游丝状灰绿色结晶，器表附着有少量黑褐色物质，出土时完整。圆柱管形，上下等径，中部对钻有一孔。器型较规整。直径 0.9、长 2.6 厘米（图九六:24；彩版七〇:2）。

隧孔珠 标本 M10:4-1，鸡骨白色，风化严重，器表并有少量黑褐色物质附着，出土时已残损。圆球形，极微小，在球体一侧相近处钻有两个斜孔，中部隧孔使之相通，孔部已残断。直径 0.32 厘米（图九六:8）。

隧孔珠 标本 M10:4-2，鸡骨白色，风化严重，器表并有少量黑褐色物质附着，出土时已残损。圆球形，极微小，孔部已残断。残径 0.31 厘米（图九六:9）。

隧孔珠 标本 M10:4-3，鸡骨白色，风化严重，器表并有少量黑褐色物质附着，出土时已残损。圆球形，极微小，在球体一侧相近处钻有两个斜孔，中部隧孔使之相通。直径 0.4 厘米（图九六:10）。

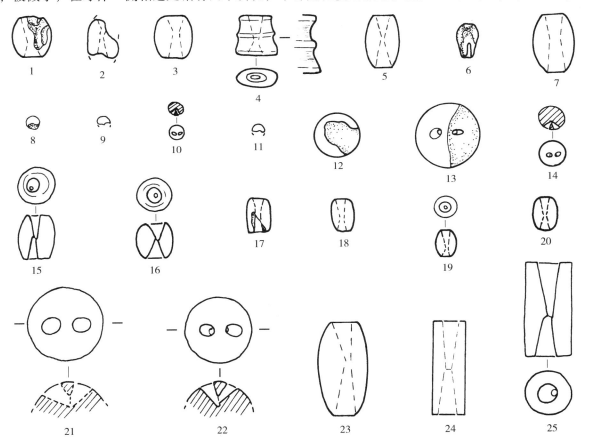

图九六 玉珠、管

1. 珠（M10:1-1） 2. 珠（M10:1-2） 3. 珠（M10:1-3） 4. 珠（M10:1-4） 5. 珠（M10:1-5） 6. 珠（M10:1-7）
7. 珠（M10:1-8） 8. 珠（M10:4-1） 9. 珠（M10:4-2） 10. 珠（M10:4-3） 11. 珠（M10:4-4） 12. 珠
（M10:8） 13. 珠（M10:10-2） 14. 珠（M10:12-7） 15. 珠（M10:6-3） 16. 珠（M10:11-3） 17. 珠
（M10:11-4） 18. 珠（M10:12-2） 19. 珠（M10:12-5） 20. 珠（M10:12-6） 21. 珠（M10:5-2） 22. 珠
（M10:6-2） 23. 珠（M10:12-8） 24. 管（M10:3-2） 25. 管（M10:3-1）（均为1/1）

隧孔珠　标本 M10:4-4，鸡骨白色，风化严重，器表并有少量黑褐色物质附着，出土时已残损。圆球形，极微小，孔部已残断。残径 0.3 厘米（图九六:11）。

隧孔珠　标本 M10:5-2，鸡骨白色，风化严重，器表并有少量黑褐色物质附着。圆球形，在球体一侧相近处钻有两个斜孔，内部填满泥土，推测中部隧孔，使之相通。直径 2 厘米（图九六:21;彩版六九:6）。

隧孔珠　标本 M10:6-2，鸡骨白色，风化严重，器表并有少量黑褐色物质附着，出土时已残损。圆球形，在球体一侧相近处钻有两个斜孔，中部隧孔使之相通。直径 2 厘米（图九六:22）。

珠　标本 M10:6-3，鸡骨白色，风化严重，器表并有少量黑褐色物质附着，出土时有破损。整体略呈长鼓形，中部钻一孔。直径 1、长 1.2 厘米（图九六:15）。

隧孔珠　标本 M10:8，鸡骨白色，风化严重，器表并有少量黑褐色物质附着，出土时已残损。圆球形，孔部已残断。残径 1.2 厘米（图九六:12）。

隧孔珠　标本 M10:10-2，鸡骨白色，风化严重，器表并有少量黑褐色物质附着，出土时已残损。圆球形，在球体一侧相近处钻有两个斜孔，中部隧孔使之相通。直径 1.7 厘米（图九六:13）。

管　标本 M10:10-3，鸡骨白色，风化严重。

珠　标本 M10:11-2，鸡骨白色，风化严重。

珠　标本 M10:11-3，鸡骨白色，器表并有少量黑褐色物质附着，出土时有破损严重。整体呈鼓形，中部钻一孔。直径 1、长 0.9 厘米（图九六:16;彩版七〇:3）。

珠　标本 M10:11-4，鸡骨白色，风化严重，器表并有少量黑褐色物质附着，出土时有破损。整体略呈长鼓形，中部钻一孔。直径 0.65、长 1 厘米（图九六:17）。

珠　标本 M10:12-2，鸡骨白色，风化严重，器表并有少量黑褐色物质附着，出土时有破损。整体略呈长鼓形，中部钻一孔。直径 0.9、长 0.6 厘米（图九六:18;彩版七〇:4）。

珠　标本 M10:12-3，鸡骨白色，风化严重。

珠　标本 M10:12-4，鸡骨白色，风化严重。

珠　标本 M10:12-5，鸡骨白色，风化严重，器表并有少量黑褐色物质附着，出土时完整。整体略呈长鼓形，中部钻一孔。直径 0.6、长 0.7 厘米（图九六:19;彩版七〇:5）。

珠　标本 M10:12-6，鸡骨白色，风化严重，器表并有少量黑褐色物质附着，出土时有破损。整体略呈长鼓形，中部钻一孔。直径 0.6、长 0.7 厘米（图九六:20;彩版七〇:6）。

隧孔珠　标本 M10:12-7，鸡骨白色，风化严重，器表并有少量黑褐色物质附着，出土时已残损。圆球形，在球体一侧相近处钻有两个斜孔，中部隧孔使之相通。直径 0.71 厘米（图九六:14;彩版七〇:7）。

珠　标本 M10:12-8，鸡骨白色，风化严重，器表并有少量黑褐色物质附着，出土时完整。整体呈长鼓形，中部钻一孔。该器造型较规整。直径 1.3、长 2.5 厘米（图九六:23;彩版七〇:8）。

珠　标本 M10:13，出土于西北角的葬具上端，鸡骨白色，惜风化严重。

2、石器

2 件，包括锛、钺各 1 件。

锛　1 件（M10:5-1）。青白色岩质，磨制。体扁平，斜平顶，顶部稍窄，上体与下体相接处有段，单面刃。通体精磨。宽 2.5、长 5.3 厘米（图九五:5;彩版七一:3）。

钺　1 件（M10:6-1）。灰色石质，磨制。整体呈扁平长条状，体较厚重，弧顶，顶部留有少量打磨痕。斧体偏上处对钻有一孔，对钻台痕及钻痕明显。弧刃，中锋，未开刃部。器体较规整，表面磨制光滑，呈现出玻璃光泽。长 13.7、孔径 1.6、顶宽 6.7、刃宽 7.8 厘米（图九五:1;彩版七一:1、2、4）。

3、陶器

4 件，火候较低，质地疏松。可辨识的有豆、双鼻壶两类。

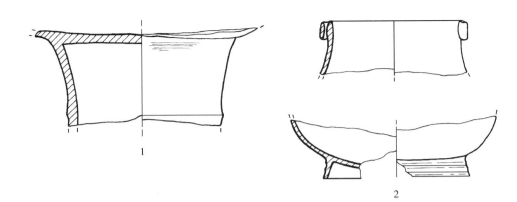

图九七　陶　器
1. 豆（M10∶11－1）
2. 双鼻壶（M10∶12－1）
（1 为 2/3，2 为 1/3）

豆　1件（M10∶11－1）。泥质灰陶，轮制。上部豆盘已残，豆柄部较直，做竹节状，下部已残。通体施黑衣，磨光。豆柄直径 6、残高 3.8 厘米（图九七∶1）。

双鼻壶　1件（M10∶12－1）。泥质灰陶，轮制。敞口，尖圆唇，口部壁外对饰两个竖状双鼻，直颈，下部已残。底部做鼓腹内收状，圈足外撇，上饰弦纹。通体施黑衣，磨光。口径 10、底径 8、耳长 2 厘米（图九七∶2）。

陶器　2件
标本 M10∶15，泥质灰陶，轮制。破碎严重，不可修复。
标本 M10∶16，夹砂灰褐陶，轮制。破碎严重，不可修复。

4、漆器
漆器　1件（M10∶17）。位于墓坑内北部偏西，距地表深 0.53 厘米，其东南部被一陶双鼻壶所压。该漆器外鬃红色漆皮，整体呈不规则椭圆形。因出土后风化严重，未能提取。长径 50、短径 32 厘米、高约 1.5 厘米。

表一〇　　　　　　　　　　　　　M10 出土器物登记表

编号	名　称	数量	备　注
1	玉珠	8	1－6 粉化
2	玉镯	1	
3	玉管	2	
4	隧孔玉珠	4	
5	石锛、玉珠	2	5－2 为隧孔玉珠
6	石钺、玉珠	3	6－1 为石钺，6－2 为隧孔玉珠
7	玉璧	1	
8	隧孔玉珠	1	
9	玉锥形器	1	
10	玉锥形器、玉管、玉珠	3	10－1 为锥形器，10－2 为隧孔玉珠，10－3 玉珠已粉化
11	玉珠、陶豆	4	11－1 为陶豆
12	玉珠、陶双鼻壶	8	12－1 为陶双鼻壶，12－7 为隧孔玉珠，12－3、12－4 玉珠已粉化
13	玉珠	1	粉化
14	玉锥形器	1	
15	陶器	1	不可修复
16	陶器	1	不可修复
17	漆器	1	未能提取

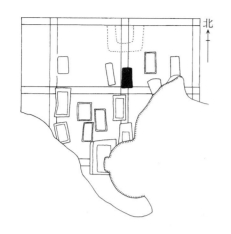

第十一节　十一号墓

一、墓葬形制

M11 位于 T0405 西南部，西部被 T0305 东部隔梁所叠压，其东北部为 M10，东南为 M1，西南部紧靠 M5，西部为 M4。1999 年 12 月 20 日，在 T0405 西南第 4a 层下土层内发现一座长方形墓葬，墓坑线清晰内有明显的板灰痕迹。12 月 27 日将坑口完整揭露，当日开始对板灰内进行清理。在发掘过程中采取两分法，即先选取板灰内的南部分发掘，保留北部，中部留有宽约 0.1 米的隔梁，以便从剖面观察葬具内土质、土色的变化情况。至 30 日清理完毕。

M11 墓坑开口于第 4a 层下，打破第 4b、第 6c 层，距地表 0.8 米。为长方形土坑竖穴，墓坑口长 2.82、宽 1.42～1.6 米，略显南窄北宽。对葬具内填土先进行了清理，后葬具与墓坑之间回填土清理后得知，墓底长 2.78、宽 1.38 米，墓深 0.8 米。墓坑内板灰平面呈长方形，四边由于受到填土的挤压而略显内弧，测得板痕长 2.4、宽 0.84～1.1、板厚 0.04～0.11、残高 0.5 米，显南宽北窄状。从发掘保留剖面看，清理至墓底部时明显下凹，所以，外部葬具应为椁板痕迹。椁底偏北处发现两层不规则块状的朱砂痕迹，上下叠压，间距约 0.03 米，其中数件陶器叠压其上。以上现象显示，棺木早已随着椁室盖板坍塌。墓底南北两端残留的青灰色带状板灰，可能是支撑棺木的横向枕木。据此现象可知，该墓葬具由 1 棺 1 椁组成，椁在棺外，有盖板，底板情况不清。棺置于椁内。M11 由棺底至墓口深 0.7～0.78 米，墓向 180°。

墓坑内填土黄褐泛青灰，夹杂棕色、黑褐色斑点，土内含有极少量的红烧土颗粒、零星的兽骨残片。土质坚硬，黏性较差，棺底为夹杂红烧土快的红褐土。棺内见有零星的骨渣，已朽甚。靠近墓坑南部发现有牙齿痕迹，加之玉琮、串饰及石钺的放置部位，可知墓主头向正南，而其面向、葬式、性别及年龄皆不明（图九八；彩版七二：1）。

二、随葬器物

出土器物按质地划分包括玉器、石器、陶器、漆器四类。除漆器痕迹外，共 36 件随葬品，计玉琮 2 件、玉璧 1 件、玉锥形器 3 件、玉珠和玉管 23 件、石钺 1 件、陶器 6 件（包括豆 1 件、鼎 1 件、壶 1 件、罐 2 件、陶器 1 件），参见表一一。随葬品中，墓主头部四周有玉串饰、玉璧、玉琮，零散玉珠置于胸部左侧。另一件玉琮和一件石钺则放置于墓主腹部东侧手臂处，刃部朝向墓主（彩版七二：2）。紧接石钺后端仍残留有长约近 50 厘米的长条形痕迹，应当为钺柲朽痕，朽痕尾端装饰有圆形的玉珠一颗。墓主西侧脚部处有一"T"形漆器朽痕，漆器上有散落的玉锥形器、玉珠等（图九九）。陶器置于墓坑北部，从叠压情况来看，陶器原先放置于棺木之上，后随椁顶与棺木的坍塌而落入棺内。

1、玉器

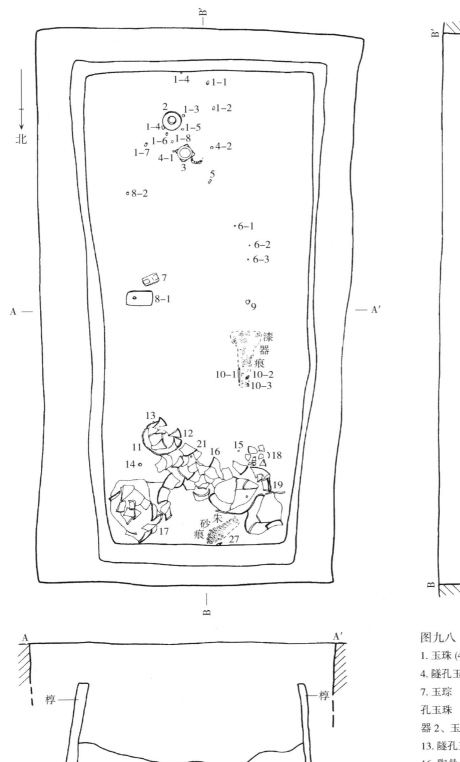

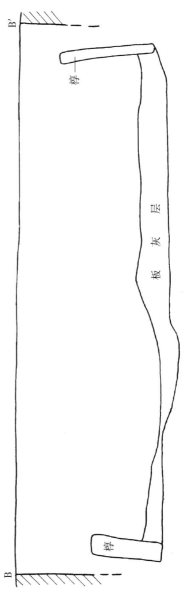

图九八　M11平、剖面图

1. 玉珠(4)、管(5)　2. 玉璧　3. 玉琮
4. 隧孔玉珠(2)　5. 玉管　6. 玉珠(3)
7. 玉琮　8. 石钺(1)、玉珠(1)　9. 隧
孔玉珠　10. 镶玉漆器(包括玉锥形
器2、玉珠1)　11. 陶豆　12. 陶器
13. 隧孔玉珠　14. 玉珠　15. 隧孔玉珠
16. 陶鼎　17. 陶罐　18. 陶双鼻壶
19. 陶罐　20. 玉珠　21. 隧孔玉珠
22. 玉锥形器(20玉珠被压在陶器下)

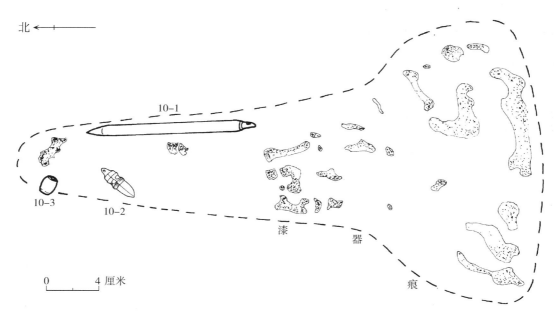

图九九　漆器痕及玉锥形器、玉珠出土情形

玉器共计 29 件，种类有琮、璧、锥形器、管、珠。

琮　2 件，

标本 M11：3，鸡骨白色，玉质中带有少量的游丝状绺裂与较多的白、灰绿色结晶体，器身上还有橙黄色沁斑，器表附着有较多的黑褐色物质痕迹，出土时完整。整体呈方形四面，内壁打磨光滑，上部台面平整。琮体四面射部转角明显，转角角度约 105°，上射转角台面修饰光整。琮体仅 1 节，四面共饰 4 幅简化兽面纹，四面凸起与琮体相交处有较明显的打磨减底痕迹。其中兽面额部刻出 9 道紧密直线，线间距较小，皆小于 0.1 厘米，少数有叠压现象，四面转交处刻线不衔接。眼部为管钻，先钻出眼眶，某些管钻在用力不均的情况下，略显一侧较深、一侧较浅的偏差。眼睑、眼珠以尖状物刻出，某些眼珠有明显的走刀毛刺，眼睑较宽短。鼻部为先打磨，将鼻部周围剔除，仅使转角处的鼻部凸起，再以尖状物于凸起鼻部范围内，刻出方折形简化螺旋纹。琮底部台面有一处切割痕迹，该器内外均打磨精细。兽眼径 0.6、眼珠径 0.25、鼻长 2.5、射径 7.3、孔径 5.7、高 5 厘米（图一〇〇～一〇二；彩版七三、七四）。

标本 M11：7，鸡骨白色，玉质中带有较多的游丝状绺裂，有墨绿、黑色杂质及白、灰绿色结晶体，靠近器身上部玉质内有浅黄色沁斑，器表附着有较多的黑褐色物质痕迹，出土时完整。整体呈方形四面，内壁打磨光滑，但仍保留有管钻钻痕及台痕。上部台面有两处凹痕，经过修整，但少量破裂面仍较明显。琮体四面射部转角明显，转角角度约 110°，上射转角台面上仍残留有由外向内的切割痕迹。琮体仅 1 节，四面共饰 4 幅简化兽面纹，四面凸起与琮体相交处有较明显的打磨减底痕迹。兽面额部刻出 10～14 道直线，线间距紧密，皆小于 0.1 厘米，少量有叠压现象，四面转交处刻线不衔接。眼部为管钻，先钻出眼眶，再以尖状物刻出眼睑、眼珠，眼睑较尖长，有明显的走刀毛刺。鼻部的雕刻为先打磨，将鼻部周围剔除，仅使转角处的鼻部凸起，再以尖状物于凸起鼻部范围内刻出简化螺旋纹，毛刀明显，鼻较宽短。琮底部台面有一处的较大凹痕，经修整后，裂面仍较明显。该琮器内外均打磨精细，呈现出玻璃状光泽。兽眼径 0.6、眼珠径 0.21、鼻长 2.36、射径 8.65、孔径 6.3、高 5.2 厘米（图一〇三～一〇五；彩版七五、七六）。

璧　1 件（M11：2）。鸡骨白色，整体风化严重，玉质内部已布满蚀孔，器表附着有较多的泥土，出土时大体完整。圆形扁片状，素面，体厚，缘部略有破损。中部有一穿，为对钻孔，一侧孔外圈留有钻孔时开孔的痕迹，孔内经过打磨，钻痕不明显。一面靠近璧缘一侧，留有较深的线切割痕迹，器形较规整。直径8.8、孔径3.9、厚1.6厘米（图一○六：1；彩版七七：1）。

锥形器　3件。

标本M11：10－1，鸡骨白色，玉质中带明显的黄白色结晶，并有少量黑褐色物质附着，完整。出土时位于"T"字形漆器的上端西部。长圆棒形，靠近底部略内收，呈榫头状，上部有一对穿孔。锥体为圆锥形，呈下部略粗、上部略收状，头部圆尖。器身一侧有一道较浅的切割痕，器体规整，打磨细腻。长9.2、下径0.6厘米（图一○六：2；彩版七七：2）。

标本M11：10－2，鸡骨白色，玉质中带黄白色结晶及游丝状绺裂，并有少量黑褐色物质附着，完整。出土时位于"T"字形漆器上端东部。四面方锥形，底部略内收，呈榫头状，上有一对穿孔，略有残缺。锥体为四方锥形，下部略粗，上部略收状，头部尖圆。上饰4个简化兽面纹. 中部有两条凸状棱起，其中四角抹边，下部一棱起上刻出4道弦纹。靠近锥体下部有两道切割痕。器体规整，打磨细腻。长2.5、中宽0.8厘米（图一○六：4；彩版七八：1、2）。

标本M11：22，鸡骨白色，玉质中带明显灰绿、黑色杂质及灰白、灰绿色结晶，并有少量黑褐色物质附着，出土时完整。长圆棒形，底部内收，呈榫头状，略残，平顶，上有一对穿孔，榫头上有旋切痕。

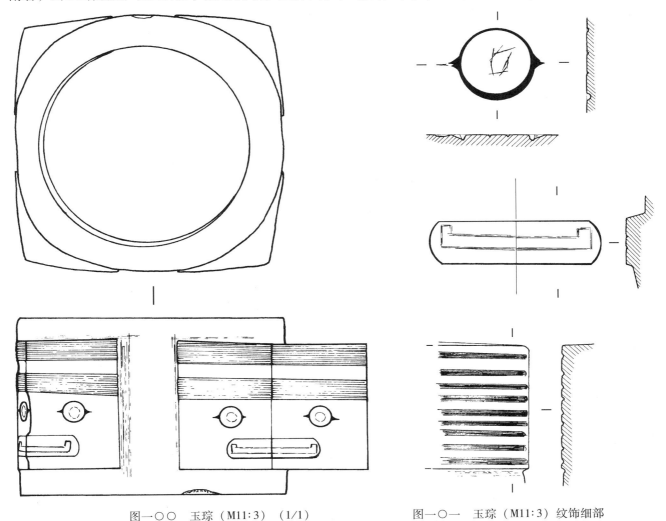

图一○○　玉琮（M11：3）（1/1）　　　　　　图一○一　玉琮（M11：3）纹饰细部

图一〇二　玉琮（M11：3）拓片（2/3）

锥体呈圆锥形，呈下部略粗、上部略收状，头部圆尖。器体较规整，打磨细腻。残长5.4、中宽0.7厘米（图一〇六：3；彩版七七：3）。

管、珠

共计23件，其中管5件、珠18件。

管　标本M11：1－1，鸡骨白色，玉质中带较多的游丝状绺裂，并附着有少量黑褐色物质，出土时完整。圆柱管形，上下等径，中部对钻有一孔，略偏于中部。靠近一端留有片切割短痕，器形较规整。直径0.7、长1.7厘米（图一〇七：1；彩版七八：3）。

管　标本M11：1－2，鸡骨白色，玉质中带较多灰白色结晶，并附着有少量的黑褐色物质，出土时完整。圆柱管形，上下等径，中部对钻有一孔，略偏于中部。器形较规整。直径0.86、长1.8厘米（图一〇七：2；彩版七八：4）。

珠　标本M11：1－3，鸡骨白色，风化严重，器表并有少量黑褐色物质附着，出土时完整。整体呈鼓形，中部钻一孔，器体一侧保留有切割痕迹。直径0.9、长0.95厘米（图一〇七：6；彩版七八：5）。

管　标本M11：1－4，鸡骨白色，玉质中带较多的游丝状绺裂及灰白色结晶体，并附着有少量黑褐色

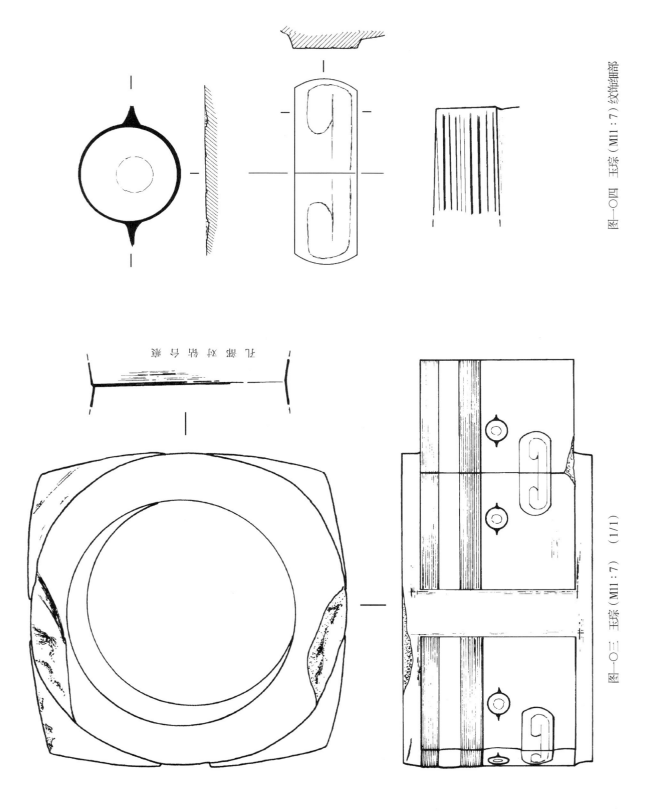

孔钮对称钻孔现象

图一〇四 玉琮（M11：7）纹饰细部

图一〇三 玉琮（M11：7）（1/1）

图一○五　玉琮（M11:7）拓片（3/5）

物质，出土时完整。圆柱管形，上下等径，中部对钻有一孔，略偏于中部，钻痕较明显。靠近一端顶部留有线切割短痕，器形规整。直径0.98、长2厘米（图一○七:3；彩版七八:6）。

　　珠　标本M11:1-5，鸡骨白色，风化严重，器表并有少量黑褐色物质附着，出土时完整。整体呈鼓形，中部钻一孔，器体一侧保留有线切割痕迹。直径1.1、长1.2厘米（图一○七:7；彩版七八:7）。

　　珠　标本M11:1-6，鸡骨白色，风化严重，器表并有少量黑褐色物质附着，出土时已破损。整体呈鼓形，中部钻一孔，器体一侧靠近一端处保留有切割痕迹。直径1、长1.3厘米（图一○七:8；彩版七八:8）。

　　管　标本M11:1-7，鸡骨白色，玉质中带少量灰白色结晶体，并附着有少量黑褐色物质，出土时完整。圆柱管形，上下等径。中部对钻有一孔，略偏于中部，靠近一端顶部留有线切割凹痕。器形规整，打磨精细。直径0.9、长1.85厘米（图一○七:4；彩版七八:9）。

　　珠　标本M11:1-8，鸡骨白色，风化严重，器表并有少量黑褐色物质附着，出土时已破损。整体呈鼓形，中部钻一孔。直径1.3、长1.4厘米（图一○七:9；彩版七八:10）。

　　珠　标本M11:1-9，鸡骨白色，风化严重，器表并有少量黑褐色物质附着，出土时完整。整体略呈长鼓形，中部钻一孔，略偏于中部，钻痕明显。直径1、长1.3厘米（图一○七:10；彩版七九:1）。

隧孔珠 标本 M11:4-1，鸡骨白色，风化严重，器表并有少量黑褐色物质附着，出土时完整。圆球形，在球体一侧相近处钻有两个斜孔，中部隧孔使之相通，钻痕明显。器形较规整。直径 0.9 厘米（图一〇七：11；彩版七九：2）。

隧孔珠 标本 M11:4-2，鸡骨白色，风化严重，器表并有少量黑褐色物质附着，出土时完整。圆球形，在球体一侧相近处钻有两个斜孔，中部隧孔使之相通，钻痕明显。器形较规整。直径 0.9 厘米（图一〇七：12；彩版七九：3）。

管 标本 M11:5，鸡骨白色，玉质中带较多的游丝状绺裂及少量灰色杂质，并附着有少量黑褐色物质，出土时完整。圆柱管形，上下等径，中部对钻有一孔。靠近一端顶部保留有未修整的破裂面，器体侧面有片切割及线切割痕，器形较规整。直径 0.92、长 1.82 厘米（图一〇七：5；彩版七九：4）。

隧孔珠 标本 M11:6-1，鸡骨白色，风化严重，器表并有少量黑褐色物质附着，出土时完整。圆球形，在球体一侧相近处钻有两个斜孔，中部隧孔使之相通。直径 0.5 厘米（图一〇七：13；彩版七九：5）。

珠 标本 M11:6-2，鸡骨白色，玉质中带游丝状少量灰色杂质，器表并有少量黑褐色物质附着，出土时完整。整体呈扁鼓形，中部钻一孔，器体一端顶部留有线切割痕。直径 0.65、长 0.75 厘米（图一〇七：14；彩版七九：6）。

珠 标本 M11:6-3，鸡骨白色，风化严重。

珠 标本 M11:8-2，鸡骨白色，风化严重，器表并有少量黑褐色物质附着，出土时完整。整体呈鼓形，中部钻一孔。直径 1.2、长 1.36 厘米（图一〇七：15；彩版七九：7）。

隧孔珠 标本 M11:9，鸡骨白色，玉质中带较多的游丝状绺裂，顶部有大块黄褐色沁斑，器表并有少量黑褐色物质附着，出土时完整。整体呈枣鼓形，在其顶部相近处钻有两个斜孔，中部隧孔使之相通，钻痕明显。通体精磨，造型规整。长 2.2 厘米（图一〇七：16；彩版七九：8、9）。

珠 标本 M11:10-3，鸡骨白色，风化严重，出土时位于"T"字形漆器上端。器表并有少量黑褐色物质附着，出土时完整。整体呈鼓形，中部钻一孔。直径 1.1、长 1.3 厘米（图一〇七：17；彩版七九：10）。

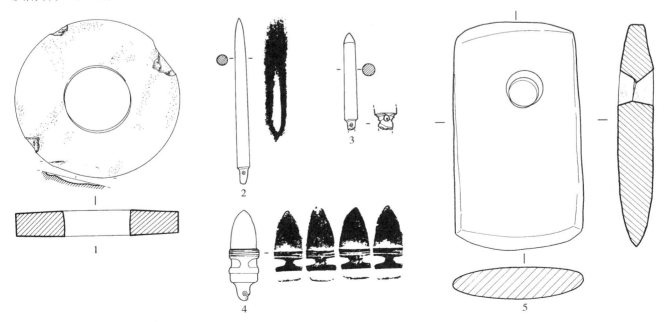

图一〇六 玉、石器

1. 玉璧（M11:2） 2～4. 玉锥形器（M11:10-1、22、10-2） 5. 石钺（M11:8-1） （4 为 1/2，余为 1/4）

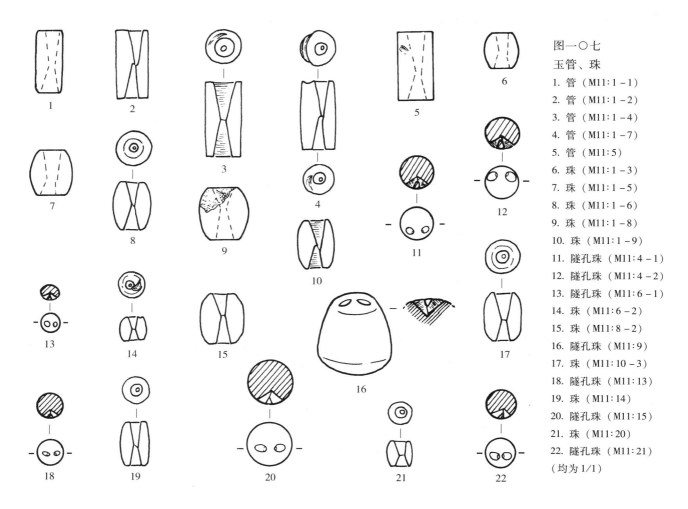

图一〇七
玉管、珠
1. 管（M11:1－1）
2. 管（M11:1－2）
3. 管（M11:1－4）
4. 管（M11:1－7）
5. 管（M11:5）
6. 珠（M11:1－3）
7. 珠（M11:1－5）
8. 珠（M11:1－6）
9. 珠（M11:1－8）
10. 珠（M11:1－9）
11. 隧孔珠（M11:4－1）
12. 隧孔珠（M11:4－2）
13. 隧孔珠（M11:6－1）
14. 珠（M11:6－2）
15. 珠（M11:8－2）
16. 隧孔珠（M11:9）
17. 珠（M11:10－3）
18. 隧孔珠（M11:13）
19. 珠（M11:14）
20. 隧孔珠（M11:15）
21. 珠（M11:20）
22. 隧孔珠（M11:21）
（均为1/1）

　　隧孔珠　标本 M11:13，鸡骨白色，风化严重，器表并有少量的黑褐色物质附着，出土时残破。圆球形，在球体一侧相近处钻有两个斜孔，中部隧孔使之相通，孔部已断裂，钻痕明显。直径 0.7 厘米（图一〇七:18；彩版七九:11）。

　　珠　标本 M11:14，鸡骨白色，风化严重，器表并有少量黑褐色物质附着，出土时完整。整体略呈长鼓形，中部钻一孔。直径 1、长 1.21 厘米（图一〇七:19；彩版七九:12）。

　　隧孔珠　标本 M11:15，鸡骨白色，风化严重，器表并有少量黑褐色物质附着，出土时残破。圆球形，在球体一侧相近处钻有两个斜孔，中部隧孔使之相通，孔部已断裂。直径 1.2 厘米（图一〇七:20；彩版七九:13）。

　　珠　标本 M11:20，鸡骨白色，玉质中带少量的游丝状绺裂，器表并有少量黑褐色物质附着，出土时完整。整体呈鼓形，中部钻一孔。直径 0.85、长 0.8 厘米（图一〇七:21；彩版七九:14）。

　　隧孔珠　标本 M11:21，鸡骨白色，风化严重，器表并有少量黑褐色物质附着，出土时完整。圆球形，在球体一侧相近处钻有两个斜孔，中部隧孔使之相通。直径 0.8 厘米（图一〇七:22；彩版七九:15）。

　　2、石器
　　仅石钺 1 件。
　　钺　1 件（M11:8－1）。青黑色，内夹灰黄色斑纹石质，磨制。整体呈扁平长条状，体较厚重，弧顶，斧体两侧略向外延展。斧体偏上处对钻有一孔，孔部有二次钻的痕迹，且略有错位，对钻台痕及钻

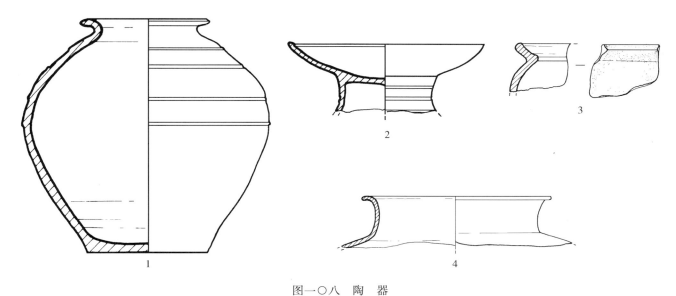

图一〇八 陶 器

1、4. 罐（M11:17、M11:19） 2. 豆（M11:11） 3. 鼎（M11:16）（1、2、4 为 1/4，3 为 1/1）

痕明显。弧刃，中锋，未开刃部。器体较规整，表面磨制光滑。长 12.7、孔径 2、顶宽 6.5、刃宽 6.7 厘米（图一〇六:5；彩版八〇）。

3、陶器

陶器 6 件. 火候较低，质地疏松，可辨识的有豆、鼎、壶、罐。

豆 1 件（M11:11）。泥质灰陶，轮制。由豆盘和豆柄两部分组成。豆盘大敞口，圆方唇，唇部内折，浅腹。豆柄已残断，仅能看出柄较宽，上部饰弦纹。器表施黑衣，磨光。盘径 20.8、残高 7.4 厘米（图一〇八:2；彩版八一:1）。

鼎 1 件（M11:16）。夹砂灰黑陶，轮制。仅存口沿部分。侈口，方圆唇，短束颈，鼓腹，下部已残。残长 3.1、宽 2.7 厘米（图一〇八:3）。

罐 2 件。

标本 M11:17，泥质红褐陶，轮制。侈口，平沿，圆方唇，短束颈，斜肩，鼓腹，下腹内收至平底。肩至腹部由上至下饰两组 4 周凸弦纹；通体施黑衣，磨光，脱落较甚。口径 14、底径 12.8、高 25.2 厘米（图一〇八:1；彩版八一:2）。

标本 M11:19，夹细砂红陶，轮制。侈口，卷沿，方圆唇，高领，长直颈，广肩，肩下部已残。通体施红色陶衣。复原口径 20 厘米（图一〇八:4）。

双鼻壶 1 件（M11:18）。泥质灰陶，轮制。破碎严重，不可修复。

陶器 1 件（M11:12）。夹砂灰褐陶，轮制。破碎严重，不可修复。

4、漆器

墓坑北部发现两处漆痕，一处位于墓坑内中部偏东北，另一处靠近墓坑内北部顶端。根据痕迹判断，北部顶端遗迹为棺椁残留漆痕的可能性较大。

标本 M11:10，位于墓坑内中部偏东北，距地表深 0.74 厘米。该漆器髹红色漆皮，整体呈"T"形，宽端向南，尖端向北。出土时尖端放置大小不一的锥形器 2 件（10-1、10-2），玉珠 1 件（10-3），推测与该漆器有关。南端宽 17.5、长 32.5 厘米，堆积厚度约 3 厘米。漆器因出土后风化严重，未能提取（图九九）。

表一一　　　　　　　　　　　　M11 出土器物登记表

编　号	名　　称	数　量	备　　注
1	玉管、珠	9	1－1、1－2、1－4、1－7 为玉管
2	玉璧	1	
3	玉琮	1	
4	隧孔玉珠	2	
5	玉管	1	
6	玉珠	3	其中 6－1 为隧孔珠，6－3 已粉化
7	玉琮	1	
8	玉珠、石钺	2	8－2 为玉珠
9	隧孔玉珠	1	
10	玉锥形器、玉珠、漆器	3	10－1、10－2 为锥形器，10－3 为玉珠
11	陶豆	1	
12	陶器	1	
13	隧孔玉珠	1	
14	玉珠	1	
15	隧孔玉珠	1	
16	陶鼎	1	
17	陶罐	1	
18	陶双鼻壶	1	
19	陶罐	1	
20	玉珠	1	
21	隧孔玉珠	1	
22	玉锥形器	1	

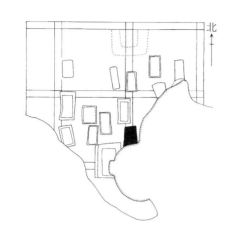

第十二节 十二号墓

一、墓葬形制

M12 横跨 T0305 西南部与 T0304 东隔梁，其东南为因窑厂取土而形成的断崖，西南紧靠 M13，北部紧靠 M5。1999 年 12 月 27 日，在离 M5 不远南部的第 4a 层下土层内，发现一座长方形墓葬，但墓葬南部已被砖窑破坏。墓葬开口平面未发现有葬具痕迹。12 月 28 日开始对墓内部进行清理，12 月 29 日发现有二层台、祭祀大口尊和葬具痕迹。此时在墓坑内的二层台西北端发现玉环一枚（M12:15），此时墓内器物尚未暴露，至 2000 年 1 月 18 日清理完毕。

M12 墓坑开口于第 4a 层下，打破第 4b、第 6c 层，距地表 1.1 米。为长方形土坑竖穴，墓口残长 2～2.5、宽 1.04～1.24 米，略显北窄南宽状。先对葬具内填土进行了清理，后将葬具与墓坑之间回填土清理后得知，墓底残长 2.15～2.58、宽 1～1.19 米，墓深 0.85 米。墓坑内板灰平面呈长方形，南部已被破坏，北端斜状外凸。棺外北端有一个二层台，台上放置陶大口尊。陶大口尊为葬具下埋后，再置于北端葬具与墓坑之间。现测得葬具板痕残长 0.5～1.32、宽 1.16、板厚 0.04、高 0.36 米。M12 由棺底至墓口深 0.8 米，墓向 178°。坑壁剥落自然，墓坑内填土黄褐泛青灰，夹杂棕色、黑褐色斑点，土内含有极少量的红烧土颗粒、零星的兽骨残片。土质坚硬，黏性较差。棺内未见有骨痕，从石钺、陶器的放置部位可知，墓主头向正南，而其面向、葬式、性别及年龄皆不明（图一○九；彩版八二）。

二、随葬器物

出土残存器物按质地划分包括玉器、石器、陶器三类，共 18 件随葬品，计玉环 1 件、玉管 2 件、玉珠 4 件、石钺 1 件、陶器 10 件（包括陶豆 3 件、陶匜 1 件、陶鼎 1 件、陶壶 2 件、陶罐 2 件、陶大口尊 1 件），参见表一二。随葬品中，一件石钺则放置于墓主腹部左侧手臂处，陶器置于墓坑北部，其间夹杂有零星的玉质管珠，陶大口尊与另一件陶罐则置于北部二层台上。

1、玉器

玉器共计 7 件，种类有环、管、珠。

环 1 件（M12:15）。出土于二层台棺外西北端，鸡骨白色，透光处呈湖绿色，玉质中带少量灰白色结晶体，并附着有少量的黑褐色物质，出土时完整。环形，中部钻有一孔，孔内壁修饰光洁，横断面呈半圆形。环体外侧部留有较深的线切割凹痕，器形较规整，打磨精细。孔径 1.8、环径 2.3 厘米（图一一○:6；彩版八三:1、2）。

管、珠

共计 6 件，其中管 2 件、珠 4 件。

图一〇九　M12平、剖面图

1. 陶豆　2. 石钺　3. 玉管　4. 玉珠　5. 陶豆　6. 陶双鼻壶　7. 玉管（1）、玉珠（1）　8. 玉珠　9. 陶鼎
10. 陶双鼻壶　11. 陶罐　12. 陶匜　13. 大口尊　14. 陶罐　15. 玉环　16. 玉珠　17. 陶豆

　　管　标本 M12∶3，鸡骨白色，透光处呈湖绿色，玉质中带少量的游丝状绺裂，并附着有少量黑褐色物
质，出土时完整。整体为圆柱扁管形，略显不规整。中部对钻有一孔，钻痕明显。靠近一端顶部保留有较多
的弦割痕迹，器体侧面有大长弧形的线切割痕。直径 1.5、长 5 厘米（图一一〇∶1；彩版八三∶4~7）。

　　珠　标本 M12∶4. 鸡骨白色，玉质中带灰白色结晶体，器表并有少量黑褐色物质附着，出土时完整。
整体呈鼓形，中部钻一孔。一段孔部附近留有明显的线切割痕迹，器体上也保留有两处片切割痕。直径
0.7、长 0.9 厘米（图一一〇∶2；彩版八四∶1）。

　　珠　标本 M12∶7-1，鸡骨白色，玉质中带少量游丝状绺裂，器表并有少量黑褐色物质附着，出土时

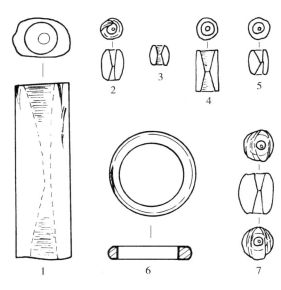

图一一〇 玉管、珠

1. 管（M12:3）　2. 珠（M12:4）　3. 珠（M12:7－1）
4. 管（M12:7－2）　5. 珠（M12:16）　6. 环（M12:15）
7. 珠（M12:8）　（均为1/1）

完整。整体呈鼓形，中部钻一孔，钻痕明显。直径0.55、长0.52厘米（图一一〇:3；彩版八四:2）。

管　标本M12:7－2，鸡骨白色，透光处呈湖绿色，玉质中带少量的游丝状绺裂及灰白色结晶体，并附着有少量黑褐色物质，出土时完整。整体为圆管形，上下等径，中部对钻有一孔，钻痕明显；器形较规整。直径0.6、长1.15厘米（图一一〇:4；彩版八三:3）。

珠　标本M12:8，鸡骨白色，器表并有少量的黑褐色物质附着，出土时完整。整体呈鼓形，中部钻有一孔。一段孔部附近留有明显的旋状线切割痕迹，器体上也保留有一处线切割痕。直径1、长1.2厘米（图一一〇:7；彩版八四:3）。

珠　标本M12:16，鸡骨白色，玉质中带少量游丝状绺裂，器表并有少量黑褐色物质附着，出土时完整。整体呈鼓形，中部钻一孔，钻痕明显。其侧面保留有一打磨平面。直径0.6、长0.7厘米（图一一〇:5；彩版八四:4）。

2、石器

石器仅石钺1件。

石钺　1件（M12:2）。灰色岩质，磨制。器表留有较多的黑褐色物质痕迹，出土时残断，现已修复。整体呈扁体方形，体较薄。平顶，略斜弧，并有破损，顶部保留有打磨粗痕。钺体两侧较直，钺体偏上处对钻有一孔，台痕明显。钺体一面靠近孔部处，有斜向孔部的捆绑磨痕。斜弧刃，略平，中锋，未开刃部。器体表面打磨光滑。长15.3、孔径2.2、顶宽12.2、刃宽13.7厘米（图一一一；彩版八五）。

3、陶器

陶器10件，火候较低，质地疏松。可辨识的有豆、双鼻壶、鼎、匜、罐、大口尊六类。

豆　3件。

标本M12:1，泥质灰陶，轮制，器表施黑衣磨光。破碎严重，不可修复。

标本M12:5，泥质灰陶，轮制。由豆盘和豆柄两部分组成。上部豆盘做大敞口，尖圆唇，斜弧腹。下部豆柄已残断，仅能看出柄较宽，略显外撇状。器表施黑衣，磨光。盘径18、残高4厘米（图一一二:2；彩版八四:5）。

标本M12:17，泥质灰陶，轮制，器形与M12:5相近。破碎严重，不可修复。

双鼻壶　2件。

标本M12:6，泥质灰陶，轮制，器表施黑衣，磨光。破碎严重，不可修复。

标本M12:10，泥质灰陶，轮制，器表施黑衣，磨光。破碎严重，不可修复。

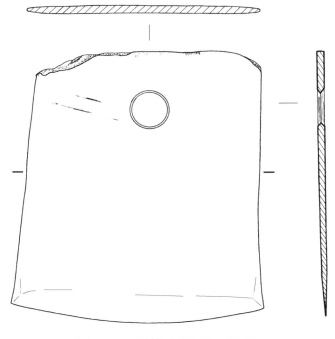

图一一一　石钺（M12:2）　（1/2）

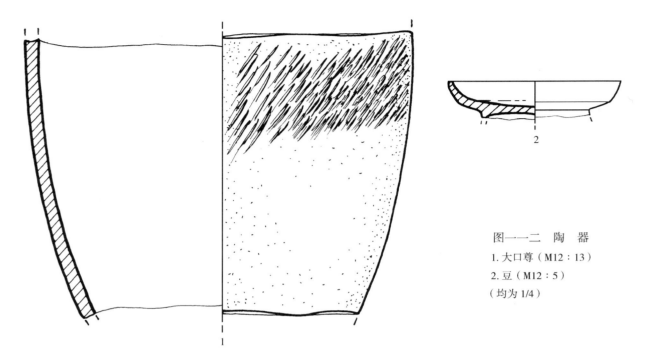

图一一二　陶　器

1. 大口尊（M12：13）

2. 豆（M12：5）

（均为1/4）

鼎　1件（M12：9）。夹砂红褐陶，轮制。破碎严重，不可修复。

匜　1件（M12：9）。夹砂灰陶，轮制。破碎严重，不可修复。可以看出为矮器身，阔把，三足。

罐　2件。

标本 M11：11，夹砂灰褐陶，轮制。破碎严重，不可修复。

标本 M11：14，泥质灰黄陶，轮制。破碎严重，不可修复。

大口尊　1件（M12：13）。夹粗砂橙红陶，轮制。器形较大，胎厚。口部已残，深腹，底部渐收成尖圜底。靠近上腹部装饰斜状篮纹。复原最大径约40、胎厚1.5厘米（图一一二：1）。

表一二　　　　　　　　　　　**M12 出土器物登记表**

编　号	名　称	数　量	备　注
1	陶豆	1	不可修复
2	石钺	1	
3	玉管	1	
4	玉珠	1	
5	陶豆	1	
6	陶双鼻壶	1	不可修复
7	玉管、玉珠	2	其中 7－1 为玉管
8	玉珠	1	
9	陶鼎	1	不可修复
10	陶双鼻壶	1	不可修复
11	陶罐	1	不可修复
12	陶匜	1	
13	陶大口尊	1	
14	陶罐	1	不可修复
15	玉环	1	
16	玉珠	1	
17	陶豆	1	不可修复

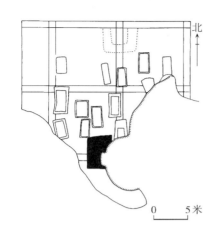

0　　5米

第十三节　十三号墓

一、墓葬形制

　　M13 位于 T0304 东南部，部分进入 T0303 东北部，且被 T0303 北部隔梁所叠压，其东北部被现代窑窑体打破，西北部紧靠 M6，北部为 M3，东北部为 M12。M13 南部无墓葬，是该高台墓葬中最偏南的一座。2000 年 1 月 3 日，在 T0304 东南第 4a 层下土层内发现墓坑线。1 月 5 日将部分被隔梁所叠压部分清理干净，将坑口完整揭露。在发掘过程中，先选取南半部分发掘，保留北部，1 月 18 日南半部分清理至底，至 20 日北半部清理完毕。

　　M13 墓坑开口于第 4a 层下，打破第 4b、第 6c 层，距地表 0.95 米。长方形土坑竖穴，墓坑开口长 4.6、宽 3.2 米，其下 0.8 米处时，于墓坑西、南边均留有长 4.6、宽 0.46 米的二层土台。二层台以东的墓坑长 4.4、宽 3.14 米。M13 由墓底至墓口，深 1.9 米，墓向 180°。

　　葬具置于墓坑中部偏东，坑内板灰开口层面距墓口 0.8 米。葬具平面呈长方形，测得顶部板痕长 3.9、宽 1.9、板厚 0.07 米。清理葬具顶部时，发现有宽近 0.2 米东西向横贯的板灰，随着发掘深度的增加，下部也见有零星的条状板灰。这说明，盖板由条状木板横向排列而成，且有部分早年坍塌。当清理至距墓口 1.8 米时，在葬具底部发现厚约 0.06 米的底板朽痕。在此后对底板进行清理时，又发现底板仍东西向往两侧延伸，分析底板应比盖板宽大。据此现象可知，该墓葬仅有 1 椁，椁长 3.6、宽 2、残高 1.1 米。椁底部以直径 0.2~0.3 米的原木拼成长方形木框，坑底放置横向原木，然后在其上铺设椁底板。

　　墓坑内填土黄褐泛青灰，夹杂棕色、黑褐色斑点，土内含有极少量的红烧土颗粒。土质坚硬，黏性较差。棺内中部、南部见有臂骨及腿骨骨痕，已朽甚，加之串饰及石钺的放置部位，可知墓主头向正南，而其面向、葬式、性别及年龄皆不明（图一一三、一一四；彩版八六、八七）。

二、随葬器物

　　出土器物按质地划分包括玉器、石器、陶器三类，共 40 件随葬品[1]，计玉琮 2 件、玉璧 1 件、玉钺 1 件、玉管和珠 28 件、石钺 4 件、石锛 1 件、陶器 3 件（包括豆 2 件、壶 1 件），参见表一三。随葬品中，墓主头部四周有玉串饰、玉璧、玉琮。玉、石钺各一件，放置于墓主腹部西侧手臂处，刃部朝向墓主。紧接石钺后端仍残留有长条形木质朽痕，应当为钺柲朽痕，朽痕处散落有玉珠、管。另两件石钺置于葬具内偏西北，石锛放置于墓主大腿处。陶器置于墓坑北部，附近有零散的小型珠饰。另在椁外北部填土中，还出土玉珠、管 5 件[2]。

---

①　常州市博物馆的两件玉琮（Yu:312、Yu:316）和一件玉璧（Yu:313）复原到 M13 中，重新编号为 M13:12~M13:14。
②　编号为 M13:15-1~M13:15-5。

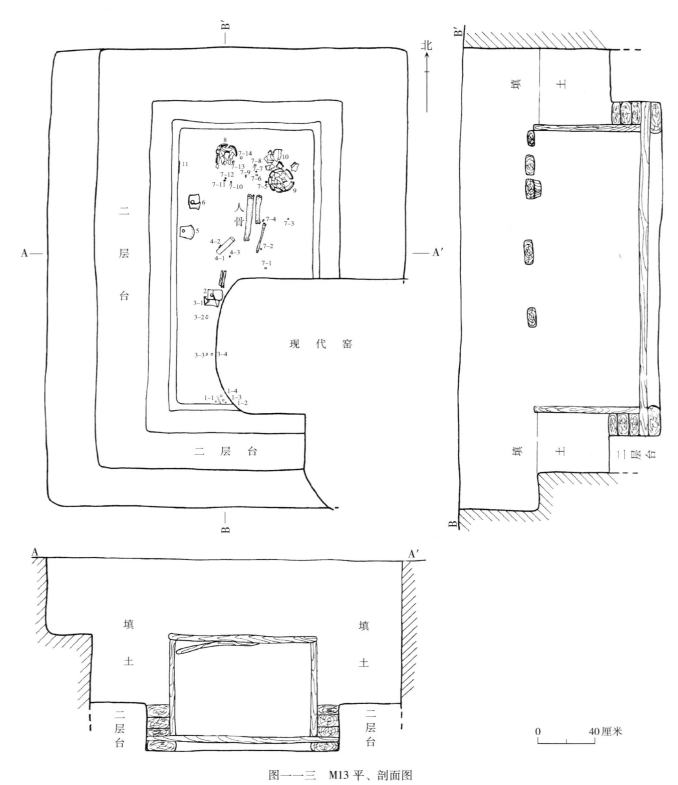

图一一三　M13 平、剖面图

1. 玉珠（4）　2. 玉钺　3. 石钺（1）、玉管（3）　4. 石锛（1）、玉管（1）、玉珠（1）　5. 石钺　6. 石钺　7. 玉管（5）、玉珠（9）　8. 陶豆　9. 陶豆　10. 陶双鼻壶　11. 石钺　12. 玉琮　13. 玉琮　14. 玉璧　15. 玉管（3）、珠（2）　（其中 12、13玉琮、14 玉璧为建窑时出土，15 玉管、珠出土于填土当中）

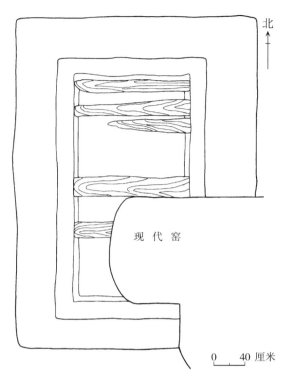

图——四　M13 椁盖板

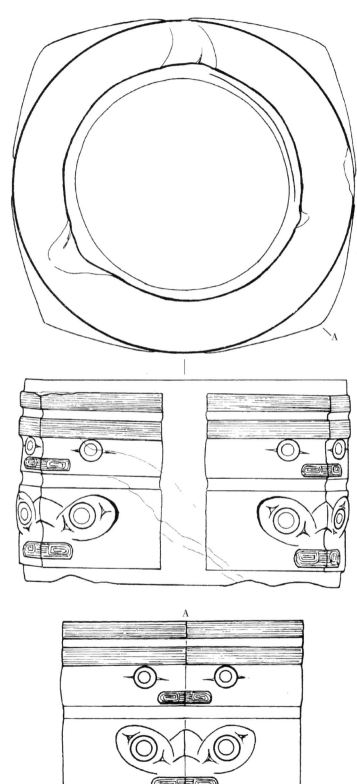

1、玉器

玉器共计 32 件，种类有琮、璧、钺、管、珠。

琮　2 件。

标本 M13：12（Yu：312），鸡骨白，玉质中带有较多的游丝状绺裂与少量白、灰绿色结晶体，靠近器身上部玉质内有橙黄色沁斑，器表附着有较多的黑褐色物质痕迹，出土时完整。整体呈方形四面，内壁打磨光滑，中部有一个对钻台痕。顶部台面有一处线割凹痕，经过修整。琮体四面射部转角大于 120°，琮体 2 节，四面共饰 8 幅兽面纹。其中上部 4 幅为简化兽面，下部兽面眼底为浅浮雕，兽面的四面凸起与琮体相交处，有较明显的打磨减底痕迹。上部兽面额部刻有 6～7 道紧密直线，线间距小于 0.1 厘米，四面转角交接处刻线不衔接。上部兽面眼部由管钻先钻出眼眶，再以尖状物刻划出眼睑，眼睑细长，有走刀的毛刺。内部眼珠也由管钻而成，但比眼

图——五　玉琮（M13：12）（1/1）

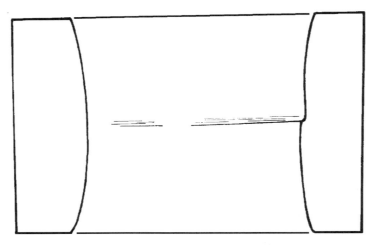

图一一六　玉琮（M13：12）剖面（1/1）

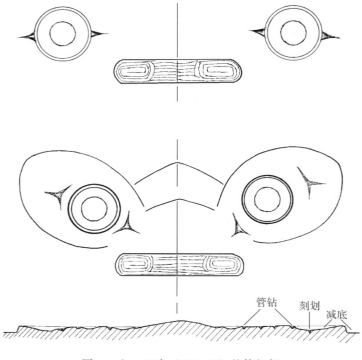

图一一七　玉琮（M13：12）纹饰细部

眶处管痕窄。下部眼部由管钻先钻出眼眶，再以尖状物刻划出眼睑，眼睑宽短，有走刀的毛刺。内部眼珠刻划而成，下部兽眼外有一周椭圆形的浅浮雕凸面眼底，两眼底以琮射面转角处的桥型凸面相连接。三角形尖状眼睑刻划于管钻眼圈外的凸面眼底上，与上部眼睑不同的是，下部眼睑与管钻眼圈不相连。鼻部为先打磨，将鼻部周围剔除，仅使转角处的鼻部凸起，再以尖状物于鼻部范围内刻出螺旋纹。琮底部台面有两处凹痕。该器内外均打磨精细，器表仍保留有近玻璃状光泽。上兽眼径0.7、眼珠径0.35、鼻长约1.62、下兽眼径0.7、眼珠径0.32、鼻长约1.92、射径9.7、孔径6.3、高6厘米（图一一五～一一七；彩版八八）。

标本 M13：13（Yu：316），鸡骨白，玉质中明显带有较多的游丝状绺裂，琮体一角有大块的红褐色结晶体，器身上部有零星的橙黄色沁斑，器表附着有较多的黑褐色物质痕迹，出土时完整。整体呈方形四面，内壁两端留有管钻台痕，内壁留有打磨时的竖条形磨痕。上部台面有两处凹痕，经修整光滑。琮体四面射部转角115°，上射转角台面上仍残留有由外向内的磨痕。琮体2节，四面共刻饰8幅兽面纹，皆刻出繁密的花纹作为兽面的底纹。兽面的四面凸起与琮体相交处，有较明显的打磨减底痕迹。上部兽面额部的两条凸棱上，刻划6～7道紧密直线，线间距皆小于0.1厘米，未见有叠压现象，四面转角交接处刻线不衔接。两条凸棱之间，刻有尖状三角

形、螺旋"S"形与束线纹繁复交绕的底纹，而在各转角处，以扁长方形纹取代。上部兽面眼部以尖状物刻出内、外眼圈及眼睑，眼睑宽短。鼻部为先打磨，将鼻部周围剔除，仅使转角处的鼻部凸起，再以尖状物于凸起鼻部范围内刻划螺旋纹。鼻部以下狭长部分处的底纹刻画有兽嘴，嘴部扁长，上、下并有獠牙，而其余部分皆以尖状三角形、螺旋"S"形纹与束线纹繁复交绕为底纹。下部兽面眼眶与眼珠皆由管钻，钻痕较深，且眼眶的管壁厚度明显要厚于眼珠。下部兽眼外有一周椭圆形打磨减底的浅浮雕凸面眼底，两眼底以琮射面转角处的桥型凸面相连接，桥型凸面上有类似羽冠形的刻画。三角形尖状眼睑刻于管钻眼圈外的凸面眼底上，与上部眼睑不同的是，下部眼睑与管钻眼圈不相连。下鼻部与上鼻部相同，鼻部以下狭长部分刻有带獠牙的兽嘴。凸面眼底及其余部分，皆以尖状三角形、螺旋"S"形纹与束线纹

相繁复交绕为底纹。底部射与琮体相接处有明显的线割切痕，琮底部台面有一处凹痕。该琮器内外均打磨精细，器表仍有玻璃状光泽。其中上兽眼径约0.5、眼珠径约0.38、鼻长约2厘米，下兽眼径0.7、眼珠径0.35、鼻长约2厘米，射径8、孔径6.7、高6.1厘米（图一一八～一二一；彩版八九～九一）。

　　璧　1件（M13：14），即Yu：313。鸡骨白色，整体略显黄绿色，玉质中带明显的黄绿色结晶斑块，并有褐红色大块沁斑。圆形，片状，缘薄，靠近中部孔略厚，稍显不均。中部有一穿，为对钻孔，对钻台痕及钻痕明显。器表一面留有一处线切割痕迹，切割方向由孔部一直延伸至璧缘部，痕迹较浅。璧缘两侧面保留有两处直线形的切割痕迹。器体较规整，打磨细腻，表面仍保留有强烈的玻璃状光泽。直径15.2、孔径5.3、厚1.1～1.5厘米（图一二二；彩版九二）。

　　钺　1件（M13：2）。淡灰绿色，不透光，玉质中带有较多的灰黑色斑状及黑色点状杂质，器身部分风化较严重，器表附着有较多的黑褐色物质痕迹。在孔部捆绑处留有明显的两道朱砂痕，出土时破裂，现已修复。器体呈宽扁平"风"字形。顶部保留有片状对切割痕，中部有一道毛状断口。靠近器身上部对钻一孔，

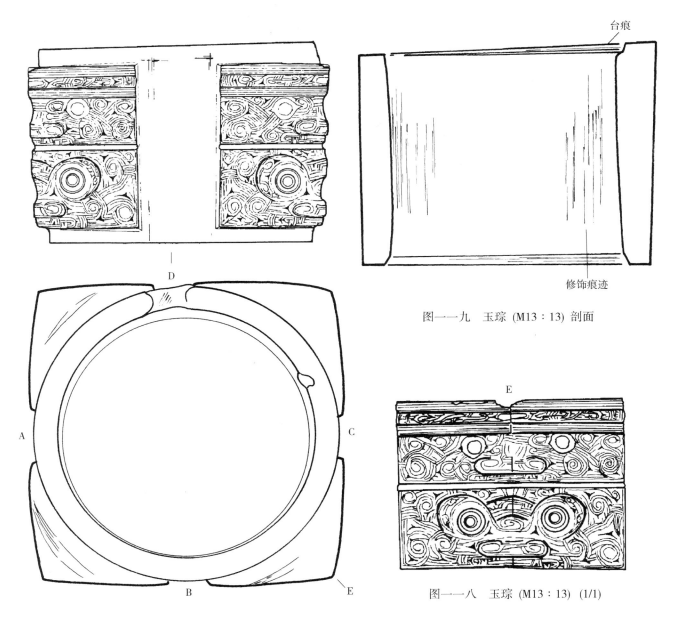

图一一九　玉琮（M13：13）剖面

图一一八　玉琮（M13：13）（1/1）

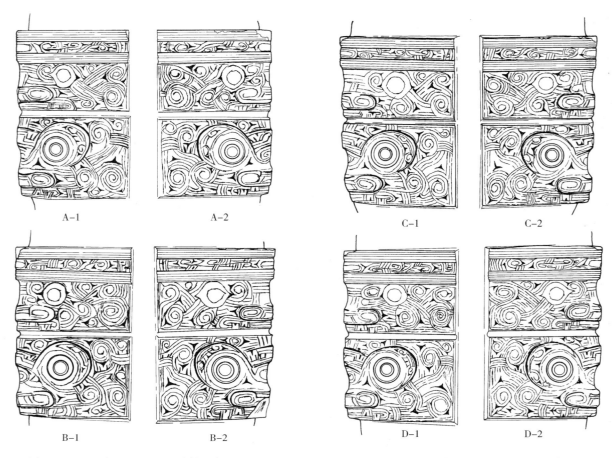

图一二〇　玉琮（M13:13）纹饰局部（1/1）　　　图一二一　玉琮（M13:13）纹饰局部（1/1）

钻孔略有错位，钻痕及台痕明显。靠近顶部稍打磨粗糙，痕迹不甚明显。靠近孔部两侧，有为增加斜拉捆绑摩擦力的粗磨条痕，且与朱砂痕迹保持一致。弧刃中锋，刃口较钝。通体无使用痕迹，打磨精细，未风化处呈现出耀眼的玻璃状光泽。孔径1.9、顶宽7.2、刃宽9、长14.2厘米（图一二三；彩版九三:1~4）。

管、珠

共计28件，其中管12件、珠16件。

珠　标本M13:1-1，鸡骨白色，玉质中带少量游丝状绺裂，一端有大面积黄褐色沁斑，器表并有少量黑褐色物质附着，出土时完整。整体呈鼓形，中部钻一孔，一端的孔部上留有线切割痕，器体一侧保留两处较明显的片状切割痕。直径0.9、长0.92厘米（图一二四:1；彩版九三:5）。

珠　标本M13:1-2，鸡骨白色，玉质中带少量灰白色结晶体，器表并有少量黑褐色物质附着，出土时完整。整体呈扁鼓形，中部钻一孔，一端孔部上留有较深的线切割痕。直径0.7、长0.55厘米（图一二四:2；彩版九三:6）。

珠　标本M13:1-3，鸡骨白色，玉质纯净，器表并有少量黑褐色物质附着，出土时完整。整体呈扁鼓形，中部钻一孔，一端孔部上留有较深的线切割痕。直径0.8、长0.5厘米（图一二四:3；彩版九四:1）。

珠　标本M13:1-4，鸡骨白色，玉质中带少量灰白、灰绿色结晶体，器表并有少量黑褐色物质附着，出土时完整。整体呈扁鼓形，中部钻一孔。直径1、长0.7厘米（图一二四:4；彩版九四:2）。

管　标本M13:3-2，鸡骨白色，玉质中带少量的游丝状绺裂及灰白色结晶体，并附着有少量黑褐色

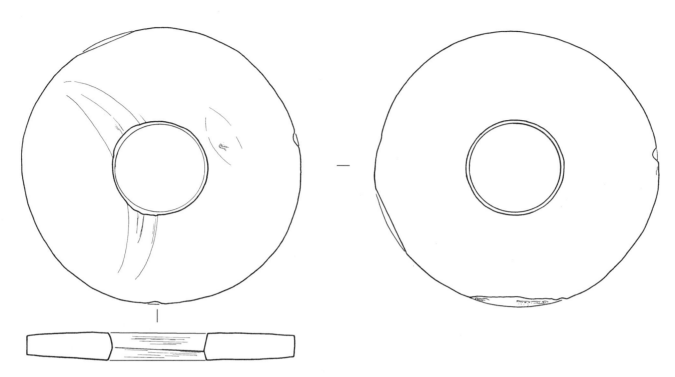

图一二二　玉璧（M13:14）（1/2）

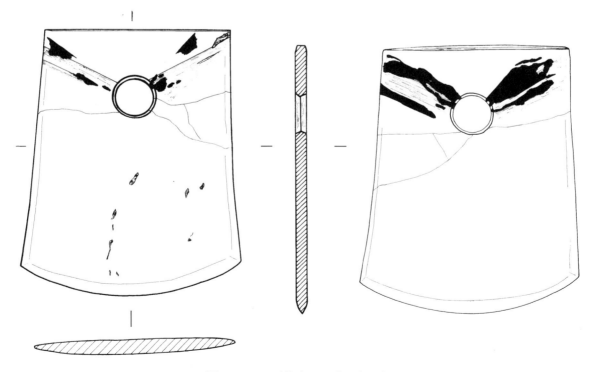

图一二三　玉钺（M13:2）（1/2）

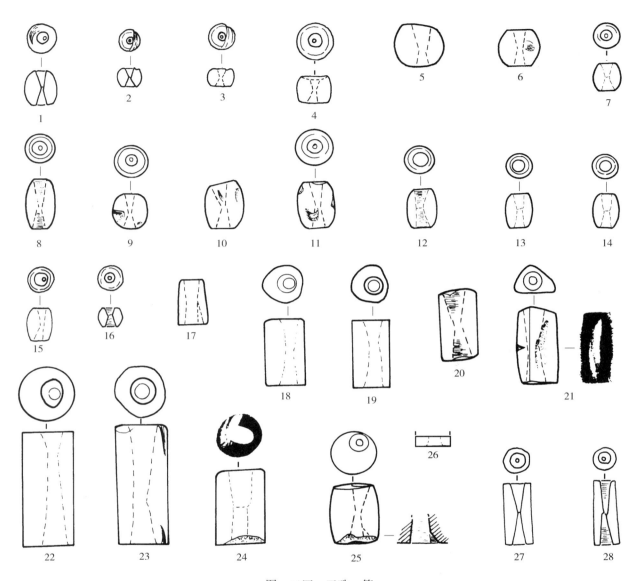

图一二四　玉珠、管

1. 珠（M13:1-1）　2. 珠（M13:1-2）　3. 珠（M13:1-3）　4. 珠（M13:1-4）　5. 珠（M13:4-3）

6. 珠（M13:7-2）　7. 珠（M13:7-3）　8. 珠（M13:7-4）　9. 珠（M13:7-5）　10. 珠（M13:7-6）

11. 珠（M13:7-7）　12. 珠（M13:7-10）　13. 珠（M13:7-11）　14. 珠（M13:7-12）　15. 珠（M13:15-2）

16. 珠（M13:15-3）　17. 管（M13:7-1）　18. 管（M13:3-4）　19. 管（M13:3-3）　20. 管（M13:7-8）

21. 管（M13:7-9）　22. 管（M13:3-2）　23. 管（M13:4-2）24. 管（M13:7-13）　25. 管（M13:7-14）

26. 管（M13:15-4）　27. 管（M13:15-1）　28. 管（M13:15-5）　（均为1/1）

物质，出土时完整。整体为圆管形，上下等径。中部对钻有一孔，孔部不规整，似经过二次钻。器形规整。直径1.38、长3.16厘米（图一二四:22；彩版九四:5）。

　　管　标本M13:3-3，鸡骨白色，玉质中带大量的黄褐色游丝状绺裂及灰白色结晶体，并附着有少量黑褐色物质，出土时完整。大体为圆管形，上下等径，中部对钻有一孔。器形规整。直径1、长1.8厘米（图一二四:9；彩版九四:6）。

　　管　标本M13:3-4，鸡骨白色，玉质中带少量的黄褐色游丝状绺裂及褐黄色结晶体，并附着有少量黑褐色物质，出土时完整。大体为圆管形，略扁，上下等径，中部对钻有一孔，钻孔偏于正中。器形较规整。直径1.1、长1.8厘米（图一二四:18；彩版九四:7）。

管　标本 M13:4-2，鸡骨白色，玉质中带较多的黄褐色游丝状绺裂及褐黄色结晶体，并附着有少量黑褐色物质，出土时完整。整体为圆管形，上下等径。中部对钻有一孔，钻孔略偏于正中，两端各保留有线切割痕迹。磨制精细，器形规整。直径1.4、长3.3厘米（图一二四:23；彩版九四:8）。

珠　标本 M13:4-3，鸡骨白色，玉质中带较多的灰白色结晶体，器表并有少量的黑褐色物质附着，出土时完整。整体呈扁鼓形，中部钻一孔，体侧留有较深的线切割痕。直径1.3、长1.2厘米（图一二四:5；彩版九四:3）。

管　标本 M13:7-1，鸡骨白色，玉质中带少量的黄褐色游丝状绺裂，并附着有少量黑褐色物质，出土时完整。大体为圆管形，一端略窄，窄端靠近孔部有旋状线切割痕迹，另一端略宽。中部对钻有一孔，保留有二次钻。器形较规整。窄径0.6、宽径0.8、长1.2厘米（图一二四:17；彩版九四:9、10）。

珠　标本 M13:7-2，鸡骨白色，玉质中带较多黄褐色游丝状绺裂，器表并有少量黑褐色物质附着，出土时完整。整体呈鼓形，中部钻一孔，体侧留有切割痕迹。直径1.1、长1厘米（图一二四:6；彩版九四:4）。

珠　标本 M13:7-3，鸡骨白色，玉质中带有黄褐色游丝状绺裂，器表并有少量黑褐色物质附着，出土时完整。整体呈鼓形，中部钻一孔，体侧留有切割痕迹。直径0.75、长0.8厘米（图一二四:7；彩版九四:11）。

珠　标本 M13:7-4，鸡骨白色，玉质中带有黄褐色游丝状绺裂及灰白色结晶体，器表并有少量黑褐色物质附着，出土时完整。整体呈长鼓形，中部钻一孔，略偏于中部，钻痕明显。直径0.8、长1.4厘米（图一二四:8；彩版九五:1、2）。

珠　标本 M13:7-5，鸡骨白色，玉质中带有少量黄褐色游丝状绺裂，器表并有少量黑褐色物质附着，出土时完整。整体呈鼓形，中部钻一孔，体侧留有两处切割痕迹。直径0.91、长1厘米（图一二四:9；彩版九四:12）。

珠　标本 M13:7-6，鸡骨白色，玉质中带有少量黄褐色游丝状绺裂，一端孔部有黄褐色沁斑，器表并有少量黑褐色物质附着，出土时完整。整体呈鼓形，中部钻一孔，孔部、体侧留有4处线切割痕迹。直径1.2、长1.3厘米（图一二四:10；彩版九五:3）。

珠　标本 M13:7-7，鸡骨白色，玉质中带有少量黄褐色游丝状绺裂，器表并有少量黑褐色物质附着，出土时完整。整体呈鼓形，中部钻一孔，孔部、体侧留有3处线、片状切割痕迹。直径1、长1.3厘米（图一二四:11；彩版九五:4）。

管　标本 M13:7-8，鸡骨白色，玉质中带少量的黄褐色游丝状绺裂及灰白色结晶体，并附着有少量黑褐色物质，出土时完整。整体为圆管形，上下等径。中部对钻有一孔，钻痕明显，孔部略偏于正中，一端保留二次钻痕迹。器体上保留有两处线切割痕迹，器形较规整。直径1、长2厘米（图一二四:20；彩版九五:5、6）。

管　标本 M13:7-9，鸡骨白色，玉质中带少量的黄褐色游丝状绺裂及灰白色结晶体，并附着有少量黑褐色物质，出土时完整。整体为三棱柱形，中部对钻有一孔，钻痕明显。器体上保留有多处清晰的线、片状切割痕迹，其中位于中部的一道片状切痕，可能是将此管一分为二的工艺痕迹。直径1.1、长2.1厘米（图一二四:21；彩版九五:7~9）。

珠　标本 M13:7-10，鸡骨白色，玉质中带有少量黄褐色游丝状绺裂，器表并有少量的黑褐色物质附着，出土时完整。整体呈鼓形，中部钻一孔，钻痕明显。器形较规整。直径0.8、长1.1厘米（图一二四:12；彩版九五:10）。

珠　标本 M13:7-11，鸡骨白色，玉质中带有较多的黄褐色游丝状绺裂，器表并有少量黑褐色物质附着，出土时完整。整体呈鼓形，中部钻一孔。器形较规整。直径 0.71、长 0.95 厘米（图一二四:13；彩版九五:11）。

珠　标本 M13:7-12，鸡骨白色，玉质中带有较多的黄褐色游丝状绺裂，器表并有少量黑褐色物质附着，出土时完整。整体呈鼓形，中部钻一孔。器体一侧保留有一线切割痕迹，器形较规整。直径 0.7、长 0.95 厘米（图一二四:14；彩版九五:12）。

管　标本 M13:7-13，鸡骨白色，透光处呈湖绿色，玉质较纯净，器表并附着有少量黑褐色物质，出土时完整。整体为圆柱形，上下等径，一端有破损，经修饰打磨。中部对钻有一孔，顶部保留有一处线切割痕迹。器形规整，打磨精细，呈现玻璃状光泽。直径 1.3、长 2.1 厘米（图一二四:24；彩版九六:1）。

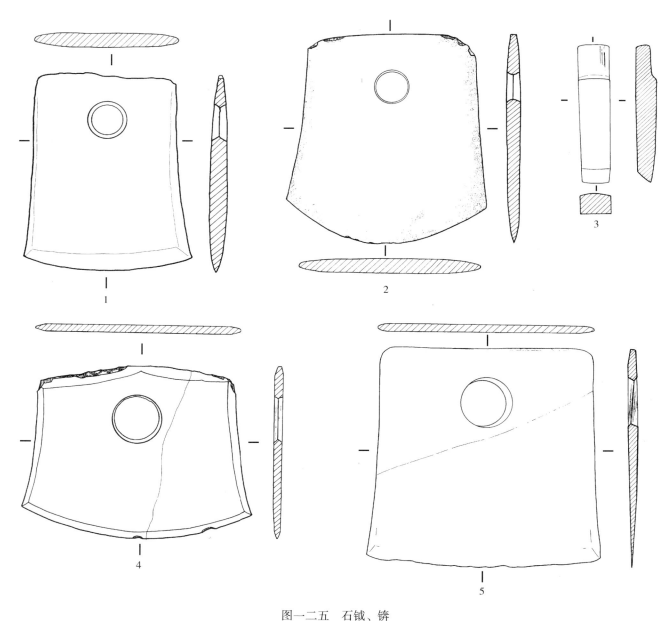

图一二五　石钺、锛
1. 钺（M13:3-1）　2. 钺（M13:5）　3. 锛（M13:4-1）　4. 钺（M13:6）　5. 钺（M13:11）（3 为 1/5，余为 2/5）

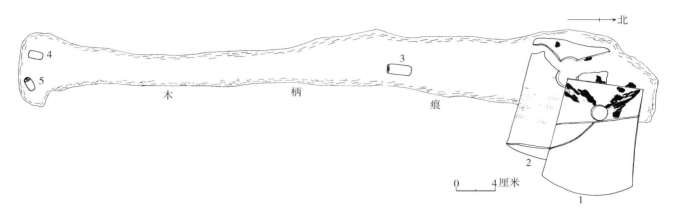

图一二六　玉、石钺及玉管出土情况
1. 玉钺（M13:2）　2. 石钺（M13:3-1）　3. 玉管（M13:3-2）　4. 玉管（M13:3-3）　5. 玉管（M13:3-4）

管　标本M13:7-14，鸡骨白色，透光处呈湖绿色，玉质中带少量的游丝状绺裂及灰白色结晶体，器表并附着有少量黑褐色物质，出土时完整。整体为圆柱形，上下等径，两端有破损，经修饰打磨。中部对钻有一孔，一端保留有二次钻痕迹，顶部保留有一处线切割痕；器形较规整。直径1.3、长1.7厘米（图一二四:25；彩版九六:2、3）。

管　标本M13:15-1，鸡骨白色，玉质中带少量的游丝状绺裂，器表并附着有少量黑褐色物质，出土时完整。整体为圆柱形，上下等径。中部对钻有一孔，侧面保留有3处片、线切割痕迹，器形较规整。直径1.3、长1.7厘米（图一二四:27；彩版九六:8）。

珠　标本M13:15-2，鸡骨白色，玉质中带有较多的黄褐色游丝状绺裂，器表并有少量黑褐色物质附着，出土时完整。整体呈鼓形，中部钻一孔。侧面保留有切割痕，器形较规整。直径0.7、长0.9厘米（图一二四:15；彩版九六:4）。

珠　标本M13:15-3，鸡骨白色，玉质中带有少量黄褐色游丝状绺裂，器表并有少量黑褐色物质附着，出土时完整。整体呈扁鼓形，中部钻一孔，钻痕明显。侧面保留有较深的切割痕，器形较规整。直径0.7、长0.5厘米（图一二四:16；彩版九六:5、6）。

管　标本M13:15-4，鸡骨白色，玉质中带少量的游丝状绺裂，器表并附着有少量黑褐色物质，出土时已残断。直径1、残长0.3厘米（图一二四:26；彩版九六:7）。

管　标本M13:15-5，鸡骨白色，玉质中带较多的灰白、褐色结晶块，器表并附着有少量黑褐色物质，出土时完整。整体为圆柱形，上下等径，中部对钻有一孔，钻痕明显。器形较规整。直径0.62、长1.8厘米（图一二四:28；彩版九六:9、10）。

2、石器

石器有石钺4件，石锛1件。

钺　4件。

标本M13:3-1，灰白色岩质，磨制。器表附着有较多的黑褐色物质痕迹，器身风化较严重，器表附着有较多的有机质痕迹，器身上有一道木秘朽痕。出土时破裂，现已修复。器体呈宽扁平"风"字形，顶部不甚平整，靠近顶部稍打磨粗糙，痕迹不甚明显。靠近器身上部对钻一孔，钻孔略有错位，钻痕及台痕明显。弧刃中锋，刃口较钝。通体无使用痕迹，打磨精细，未风化处呈现出耀眼的玻璃状光泽。孔径2.7、顶宽9.4、刃宽11.4、长14.1厘米（图一二五:1；彩版九七:2）。该器出土时有较明显的木秘痕迹，长约72厘米，器体前、后饰3颗玉管、珠（M13:3-2、M13:3-3、M13:3-4）（图一二六）。

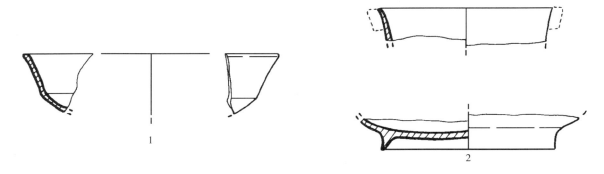

图一二七　陶　器

1. 豆（M13:9）　2. 双鼻壶（M13:10）　（1/2）

标本 M13:5，灰绿色岩质，磨制，器表附着有较多的黑褐色物质痕迹。器体呈宽扁平"风"字形，顶部保留打片时残留的疤痕。靠近器身上部对钻一孔，钻孔略有错位，钻痕及台痕明显。靠近顶部稍打磨粗糙，痕迹不甚明显。弧刃中锋，刃口较钝。通体无使用痕迹，打磨精细。孔径 2.4、顶宽 9.3、刃宽 13.5、长 14.6 厘米（图一二五:2；彩版九七:3、4）。

标本 M13:6，灰白色岩质，磨制，器表附着有较多的黑褐色物质痕迹。出土时破裂，现已修复。器体呈宽扁平"风"字形，体较薄，顶部呈"介"字形，仍保留打片的毛状断口。靠近器身上部对钻一孔，钻孔错位明显，孔内保留有朱砂痕迹，钻痕及台痕明显。弧刃中锋，刃口较钝。通体没有使用痕迹，打磨精细，呈现出耀眼的玻璃状光泽。孔径 3.4、顶宽 13、刃宽 15.6、长 12.1 厘米（图一二五:4；彩版九八:1、3）。

标本 M13:11，灰白色石质，磨制，器表附着有较多的黑褐色物质痕迹，出土时破裂，现已修复。器体呈宽扁平"风"字形，体薄，顶部平直，顶部稍打磨粗糙，痕迹明显。靠近器身上部对钻一孔，钻孔错位明显，钻痕及台痕明显。弧刃中锋，刃口较钝。通体无使用痕迹，打磨精细。孔径 3.5、顶宽 14.5、刃宽 15.7、长 15.2 厘米（图一二五:5；彩版九八:2、4）。

锛　1 件（M13:4－1）。灰绿色岩质，磨制，风化严重，保存较差，现已修复。整体呈长条形，平顶略弧，顶部与锛体间有段。两侧边笔直至刃，刃部平直，偏锋。宽 4.2、厚 2.7、长 19.4 厘米（图一二五:3；彩版九七:1）。

3、陶器

陶器 3 件，火候较低，质地疏松。可辨识的有豆、双鼻壶两类。

豆　2 件。

标本 M13:8，泥质灰陶，轮制。破碎严重，不可修复。

标本 M13:9，泥质灰陶，轮制，素面。仅存口沿及部分豆盘，为敞口，圆唇，折腹，下腹部内弧收，柄部已残。复原口径 14 厘米（图一二七:1）。

双鼻壶　1 件（M13:10）。泥质灰陶，轮制。敞口，尖圆唇，双鼻已残失，腹部残甚，仅存矮圈足底。器表施黑衣，磨光。复原口径 11、复原底径 9 厘米（图一二七:2）。

表一三 　　　　　　　　　　　M13 出土器物登记表

编　号	名　　　称	数　量	备　　　注
1	玉珠	4	
2	玉钺	1	
3	石钺、玉管	4	3－1 为石钺
4	石锛、玉管、玉珠	3	4－2 为玉管，4－3 为玉珠
5	石钺	1	
6	石钺	1	
7	玉管、玉珠	14	7－1、7－8、7－9、7－13、7－14 为玉管
8	陶豆	1	不可修复
9	陶豆	1	
10	陶双鼻壶	1	
11	石钺	1	
12	玉琮	1	
13	玉琮	1	
14	玉璧	1	
15	玉珠、管	5	15－1、15－4、15－5 为玉管

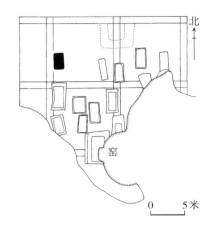

北

窑

0 　 5米

第十四节　十四号墓

一、墓葬形制

M14 位于 T0305 中部，其东部为 M4，正南部有 M8。该墓是整个高台墓地最靠西北部的一座墓葬。2000 年 1 月 19 日，在 T0305 西北部第 4a 层下土层内发现墓坑线，同日开始清理，至 20 日清理完毕。

M14 墓坑开口于第 4a 层下，打破第 4b、第 6c 层，距地表 0.6 米。为长方形土坑竖穴式，墓坑口长 2.45、宽 1.62～1.7 米，墓坑底长 2.3、宽 1.55～1.6 米。M9 由底至墓口深 0.48 米，墓向 180°。墓坑内填土黄褐泛青灰，夹杂棕色、黑褐色斑点，含有极少量的陶片、块状黄土和红烧土颗粒。土质坚硬，黏性较差。墓内未见棺椁及人骨，石钺的出土位置说明，墓主头向应该朝南，而其葬具、面向、葬式、性别及年龄皆不明（图一二八；彩版九九：1）。

二、随葬器物

出土器物按质地划分仅有玉器、石器两类，共 3 件随葬品，计玉管 1 件、玉珠 1 件、石钺 1 件（参见表一四）。随葬品中，石钺放置于墓坑中部，刃部朝向墓内，2 件玉器置于石钺附近。

1、玉器

2 件，仅管、珠两类。

管　1 件（M14:2）。鸡骨白色，玉质中带少量的黑色杂质，器表并附着有少量的黑褐色物质，出土时完整。整体为圆柱形，上下等径。中部对钻有一孔，孔部较大，钻痕明显，其中一端孔部保留有旋切痕迹及破裂面。器体侧面保留有两处切割痕迹，器形打磨光滑，而且较规整。直径 0.91、长 1.4 厘米（图一二九：1；彩版九九：2～4）。

隧孔珠　1 件（M14:3）。鸡骨白色，风化严重，器表并有少量黑褐色物质附着，出土时已破损。圆球形，在球体一侧相近处钻有两个斜孔，已残破。直径 0.81 厘米（图一二九：2）。

2、石器

仅石钺 1 件。

石钺　1 件（M14:1）。灰绿色石质，磨制。平顶，其上保留有打片疤痕。靠近器体上部对钻一孔，孔部台痕、钻痕清晰。两边平直，直至刃部，弧刃近平，中锋。器形规整，打磨精细，呈现玻璃状光泽。孔径 2.1、顶宽 7.1、刃宽 7.6、长 15.4 厘米（图一三〇；彩版一〇〇）。该器体出土时，前、后各饰一颗玉管、珠（M14:2、M14:3），推测玉饰为钺柲上的装饰物。

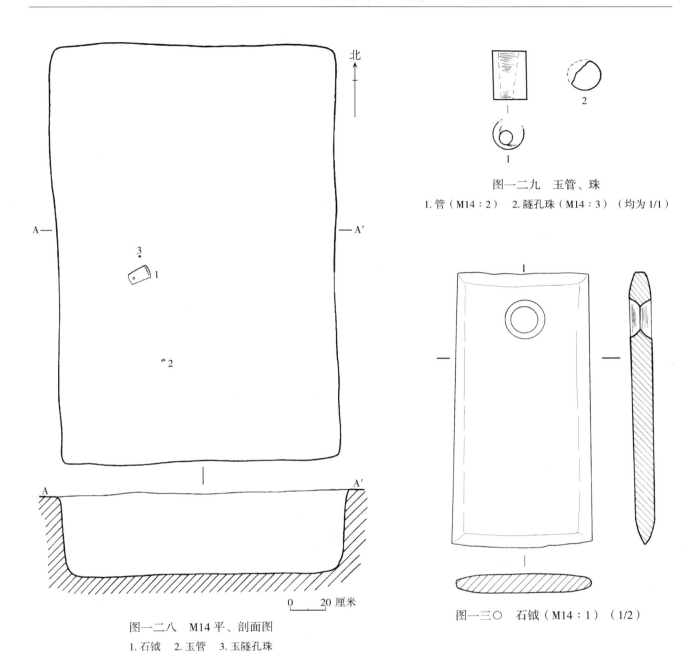

图一二九　玉管、珠
1.管（M14∶2）　2.隧孔珠（M14∶3）（均为1/1）

图一二八　M14平、剖面图
1.石钺　2.玉管　3.玉隧孔珠

图一三○　石钺（M14∶1）（1/2）

表一四　　　　　　　M14 出土器物登记表

编　号	名　称	数　量	备　注
1	石钺	1	
2	玉管	1	
3	玉隧孔珠	1	

第四章 研 究

第一节 高城墩高台墓地的特点

一、葬俗研究

（一）墓坑

墓葬是组成墓地的基本单元，而各墓坑规模的大小在同一墓地当中与墓葬间的等级、性质有一定程度上的关联。高城墩良渚墓葬中，除 M1、M2、M12 南端有残损以外，其余墓圹保存完好，而规模又以 M13 最大，其余墓葬开口长度多在 2 ~ 3 米、宽约 2 米间，墓坑皆为南北方向长方形土坑竖穴（表一五）。从发掘情况来看，墓坑之间未见有打破或叠压关系[1]。由此我们可以推测，在建筑墓坑以前，整个墓地应该进行了严格的规划，或在墓坑上部做有特定的标示[2]，由此才能使不同时间段内的墓坑间保持了一定的空间距离，也使得整个墓地在长时间的使用过程中，显现出紧凑而不零乱的排列格局[3]。

表一五 高城墩墓葬墓圹及墓向统计表

编号	长（m）		宽（m）		深（m）	开口面积（m²）	墓向
	墓口长[4]	墓底长	墓口宽	墓底宽			
M1*	2.2	2.2	1.92	1.92	残 0.2	4.224	190°
M2*	2.98	2.98	1.26 ~ 1.4	1.26 ~ 1.4	残 0.16	4.172	171°
M3	3.5	3.3	1.4	1.25	1.7	4.97	171°
M4*	3.1	3.1	1	1	残 0.3	3.1	170°
M5	3.72	3.5	1.72 ~ 1.81	1.65	0.97	6.733	180°
M6	2.99	2.8	1.23 ~ 1.43	1.2	0.9	4.276	180°

---

[1] M13、M6、M9 三座墓葬的最小间距仅为 0.05 米。

[2] 在高城墩墓葬上部普遍存在良渚时期的第 4a 层，其纯净而且坚硬（详见第二章《地层与遗迹》）。我们推测，该层的作用是在整个高台墓地使用完毕后，覆盖于整个墓地之上的土层，表明该墓地已规划使用完毕（详见本节《高台墓地研究》）。所以，这种紧凑的墓葬格局的形成，与墓地使用过程当中在各墓上做有临时标示物有关，但同时也要考虑到墓葬埋葬时间的早晚关系（见本章第三节《墓葬的相对年代》）。在桐乡普安桥遗址部分良渚墓葬的墓坑上端，发现完整单座墓葬的封土痕迹（浙江省文物考古研究所、北京大学考古学系、日本上智大学联合考古队：《浙江桐乡普安桥遗址发掘简报》，《文物》1998 年第 4 期）。在上海广富林良渚墓地上发现的石块，一部分作为墓的边界，一部分作为墓上标志物（见上海博物馆考古研究部：《上海松江广富林遗址 1999 ~ 2000 年发掘简报》，《考古》2002 年第 10 期）。

[3] 在更高等级墓地如瑶山、反山当中，同一墓地内墓间的打破也十分罕见，其中瑶山 M11 打破 M7，从墓地整体规划性来看，更多的是"明确 M7 位置的无意打破，与一般含义上的年代跨度不一定成正比，是墓地原先就已计划好的反映"（方向明：《瑶山的墓葬和出土玉器》，杨伯达主编：《中国玉文化玉学论丛·四编（上）》第 296 页，紫禁城出版社，2006 年）。

[4] 墓葬开口长、宽均指所发现墓葬时的长宽尺寸，下同。

续表一五

编号	长（m）		宽（m）		深（m）	开口面积（㎡）	墓向
	墓口长	墓底长	墓口宽	墓底宽			
M7	2.9	2.8	1.52	1.43	0.7	4.408	168°
M8	4.12	3.95	1.95~2.15	1.9	0.7	8.858	180°
M9	2.2	2.1	1.62~1.7	1.6	0.58	3.74	180°
M10	3.2	3.15	1.4	1.3	0.7	4.48	176°
M11	2.82	2.78	1.42~1.6	1.38	0.8	4.48	180°
M12*	2~2.5	2.15~2.58	1.04~1.24	1~1.19	0.85	3.1	178°
M13	4.6	4.4①	3.2	3.14	1.9	14.72	180°
M14	2.45	2.3	1.62~1.7	1.55~1.6	0.48	4.16	180°

* 表明该墓葬发现时，墓圹的长、宽已被破坏

南部两座墓葬（M13、M12）保留有清晰的二层台。M13 在现已发掘的所有良渚墓葬中，不仅规模最大②，其形制也较为特殊。M13 的长方形开口下近 1 米处，墓坑西、南边均留有同墓坑开口等长、宽半米的生土二层土台，呈曲尺形环绕 M13 墓坑的南、西两面。东部大半已被近代窑室破坏，从现存东北墓坑的开口来看，二层台仅设于墓坑的西、南两边。此类曲尺形二层台的功用，以 M13 深达 2 米的墓坑及其内所置的大型葬具来看，主要目的是为营建超大型墓坑时，起到由墓坑底到墓口间传递取土方便而置。M12 二层台位于墓坑北部，立于棺外，部分已挤压塌落至朽烂棺木南端。该二层台上部置有两件夹砂红陶大口尊，其功用应与 M13 内二层土台的功用截然不同③。

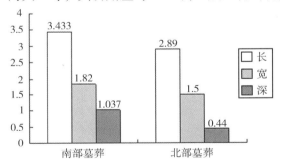

图一三一　高城墩墓葬长、宽、深均值柱状图④

该墓地中，南部的墓坑明显深，而且大于北部的墓葬，以墓群中大致在一条线上的 M13—M3—M5—M11 为例，深度分别为 1.9（M13）、1.7（M3）、0.97（M5）、0.8（M11）米。同时我们也发现，南北部墓坑的面积（长、宽）也在逐渐减小。我们以 T0204、T0304、T0404 北隔梁为南、北分界，取南、北墓葬深、长、宽的均值，可以得到以下趋势（图一三一）。

以往发掘有清晰的高台墓地的遗址有余杭瑶山、反山、汇观山、卢村⑤、青浦福泉山、海宁荷叶地⑥、大坟

① M13 墓坑内保留有二层台面，故墓底尺寸当以墓坑底部尺寸为准。

② 该数据收录截止于 2008 年。

③ 这是基于对墓葬营建和埋墓时祭祀这两种不同功用来分析，其中陶大口尊的情况较为复杂，孙国平先生认为，大口尊（孙文中称为"陶缸"）"是陶臼礼器后的称呼"，并指出大口尊在不同时期，其所附加礼仪化程度也有所变化。参见孙国平：《良渚文化陶缸观察与分析》，引自浙江省文物考古研究所编：《纪念浙江省文物考古研究所建所二十周年论文集》第 70 页，西泠印社，1999 年。《新地里》报告中认为："（大口尊）还有针对某一特定墓主举行的祭祀活动"的性质，参见浙江省文物考古研究所、桐乡市文物管理委员会：《新地里》第 322 页，文物出版社，2006 年。

④ 长、宽已残损的墓葬未列入统计。

⑤ 刘斌：《余杭卢村遗址的发掘及聚落考察》，《浙江省文物考古研究所学刊（第三辑）》第 113 页，长征出版社，1997 年。

⑥ 浙江省文物考古研究所：《海宁荷叶地遗址》，引自嘉兴市文化局编：《崧泽·良渚文化在嘉兴》第 67 页，浙江摄影出版社，2005 年。

墩①、海盐周家浜②、桐乡姚家山③等，其中瑶山、反山、汇观山、荷叶地都揭露出较深的墓坑④。有鉴于此，我们在发掘工作中始终将良渚墓葬墓坑深度的完整揭露作为发掘的重点，因此，该墓地墓坑深度的较完整揭露，也为今后本地区内良渚墓葬的纵向深度发掘提供了良好的可行经验。

（二）葬具

由于在发掘过程中较早地发现了墓葬开口，使墓葬的原始深度在最大程度上得到了保护，完整、全面地揭露出多座完整葬具痕迹。墓地北部 M1、M2、M4 墓坑较浅，未发现明显木质葬具痕迹⑤，而较深的 M14 中也未见葬具痕迹，原因尚不明。南部墓葬的葬具则均痕迹明显（表一六）。

表一六　　　　　　　　　　　　　　高城墩墓葬葬具长、宽统计表

编号	棺				椁				深⑥（m）
	长（m）	宽（m）	高（m）	板厚（m）	长（m）	宽（m）	高（m）	板厚（m）	
M1	—	—	—	—	—	—	—	—	—
M2	—	—	—	—	—	—	—	—	—
M3	3.05	1.15	0.8	0.05～0.06	—	—	—	—	1.6
M4	—	—	—	—	—	—	—	—	—
M5	<2.55	<0.84	<0.8	0.06	2.55～2.63	0.84～1.13	0.8	0.026～0.07	0.9
M6	2.7	1～1.2	0.8	0.06	—	—	—	—	0.8
M7	2.3	0.87	0.6	0.06	—	—	—	—	0.6
M8	<3.04	<1.46	<0.4	0.01	3.04～3.18	1.46～1.53	0.4	0.04～0.08	0.55
M9	<2.2	<1.62	<0.58	—	—	—	—	—	—
M10	2.85	1.17	0.5	0.05～0.06	—	—	—	—	0.55
M11	<2.4	<1.1	<0.5	0.04～0.11	2.4	0.84～1.1	0.5	0.04～0.11	0.7～0.78
M12*	0.5～1.32	1.16	0.36	0.04	—	—	—	—	0.8
M13	—	—	—	—	3.6	2	1.1	0.06	1.9
M14	—	—	—	—	—	—	—	—	—

＊ 表明葬具已被破坏

---

① 浙江省文物考古研究所、海宁市博物馆：《浙江省海宁市大坟墩遗址的发掘》，引自浙江省文物考古研究所编：《浙江省文物考古研究所学刊（第七辑）》第 117 页，杭州出版社，2005 年。

② 浙江省文物考古研究所、海盐县博物馆：《海盐周家浜遗址发掘概况》，《崧泽·良渚文化在嘉兴》第 183 页。

③ 王宁远、周伟明、朱宏中：《桐乡姚家山发现良渚文化高等贵族墓地》，《崧泽·良渚文化在嘉兴》第 253 页。

④ 相当长一段时间内，国内考古学者大多倾向南方墓葬"平地掩埋"，而首次确定良渚墓坑的是 1978 年海宁徐步桥遗址的发掘。参见浙江省文物考古研究所：《浙江北部地区良渚文化墓葬的发掘（1978—1986）》，引自浙江省文物考古研究所编：《浙江省文物考古研究所学刊（第二辑）——建所十周年纪念（1980—1990）》第 98 页，科学出版社，1993 年。

⑤ M1、M2 墓葬上部被现代池塘严重扰乱，而从其出土器物及墓坑规模来判断，原先应当有葬具。

⑥ 此处深度即是指现存墓口至葬具底部的距离。

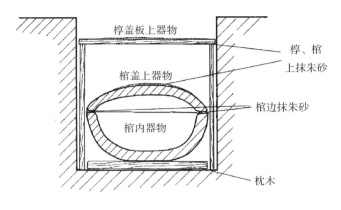

图一三二　葬具结构复原示意图

（图中标注）
椁盖板上器物
棺内器物
棺盖上器物
椁、棺上抹朱砂
棺边抹朱砂
枕木

在发现葬具的墓葬中，M3、M6、M7、M9、M10、M12 六座墓葬仅发现有棺痕，M5、M8、M11 三座墓葬中棺外另发现有外套的木椁痕迹，而 M13 仅发现有大型木椁。墓坑内木棺大多受回填土的挤压，而使棺中段略显内凹，多数墓葬棺顶部已坍塌，仅存起伏覆盖于棺内器物上的板灰痕迹。而在发掘时，首先暴露的即是葬具四面侧板的灰痕，多呈长方形。在 M8 当中木棺顶部已塌落至棺内，但仍然呈微弧凸状。板灰清理后，墓底部呈明显的下凹弧状。M5、M6、M11 葬具底部南、北两端各发现有横向枕木。以上情况说明，该墓地木棺应为弧底形独木棺①，棺盖呈弧形，与棺体相扣，两弧面之间的中空部位形成棺室，可放置墓主及部分随葬品。葬具中饰朱砂的情况也相当普遍，痕迹保存较好的有 M5、M8、M11，而部位多发现于棺外表面②，另在棺口沿与盖板相扣处也有发现。

在众多墓葬中，葬具的腐朽倒塌导致木椁紧贴于棺外，这使棺椁结构极不易辨识，发现明显椁痕的墓葬占墓葬总数的 25.6%。在清理 M5 发现在南、北板立面内侧仍有两层木板朽痕，外侧即是椁板痕。椁的形状大致同棺相近，可能是直接套于弧底形木棺的四周，其底板尚不清晰（图一三二）③。M13 墓椁结构与前者不同，在宽大的墓坑内用原木横向组成椁底框，底框上铺设底板，其上罩上箱式椁框，形成较大空间范围的椁室。比较特殊的是，M13 箱式木椁的盖板在发掘过程中，部分横向条形盖板痕迹完好地架于椁框上部，剩余部分已断裂不见。可见，在 M13 椁室内没有经历过侧板及椁框的坍塌，由于椁室盖板承受不了顶部回填土的积压，早于侧板先部分断裂，大量回填土的涌入填埋了椁室，从另一面支撑了两侧立面椁框的向内塌陷。

使用复杂、体量较大葬具的墓葬中，随葬品都远远超过单层葬具的墓葬，绝大部分单体随葬品数量都超过 30 件，并且还使用琮、璧、钺、镯的玉器组合，由此来看葬具已成为同一墓地中区分不同阶层、身份的等级标尺之一。

（三）葬式及随葬品

高城墩 14 座良渚文化墓葬中墓主尸骨，仅 M1、M13 存有少量粉状肢骨，M7、M8、M11 于墓坑南部发现零星牙痕，发现骨殖痕迹的占全部墓葬的 35.7%。再结合小型玉质串饰、玉（石）钺及陶器所致位置判断，葬式以仰身直肢为主，墓葬方向大都南向，各墓葬之间的角度略有偏差（图一三三）。通过统计我们可知，正南北向墓葬占总数的 61%，这同时也是大部分良渚文化墓葬的一类共性④。

随葬品不仅与葬式关系密切，与墓葬的大小、葬具也具有一定的关联⑤。在高城墩墓葬中，棺椁葬具

---

① 保留较清晰的单件葬具曾发现于福泉山、庙前、亭林等中、小型墓地中，余杭上口山一批小型墓葬发现有保存清晰的棺木痕迹，发掘者根据此类葬具的厚度，推测所谓的弧底形木棺也可能是由薄木板拼凑而成，也可列为一说。见浙江省文物考古研究所：《浙江余杭上口山遗址发掘简报》，《文物》2002 年第 10 期。

② 另外在 M11 坍塌的葬具堆积中发现相互叠压的朱砂层，说明棺、椁表面也饰有部分朱砂。

③ 由于大型墓葬内架构起的空间较大，一旦葬具腐朽后造成的坍塌不仅严重损坏随葬品，往往也在清理葬具时呈现十分复杂的堆积现象，如反山大型墓葬在发掘时，同样存在如何解决棺与椁室的问题。1995 年～1997 年浙江桐乡普安桥 M8 的发掘，证明了良渚墓葬椁室无底板现象的存在。有关该类葬具的营建过程可参考《反山》第 24 页注释第 26。

④ 在经过统计的良渚墓地中，新地里墓地墓葬方向在 155°～180°间，瑶山、反山及周围遗址群墓葬多在 180°～200°间；高城墩墓葬方向与余杭良渚遗址群墓葬方向近似。

⑤ M2∶1 石料与 M6∶13 残石镞应当是回填土中的包含物，其位置在以下分析中不予考虑。

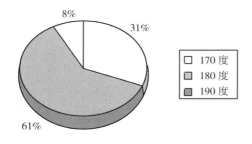

图一三三　高城墩墓葬方向
角度统计饼状图

顶部北端常放有玉珠（M6、M10）、玉管（M3、M5、M8）或玉环（M12）。其他小型管、珠发现时分散在棺内、外前后或两端，如 M8、M10、M12 中，零散管、珠在棺内的出土层位较高，所以我们推测，这极有可能是覆盖在葬具上部的装饰①。随葬品陶器部分均置于棺、椁间脚端的盖板之上②，当盖板坍塌后，陶器也随之向棺内坍塌。

棺内出土器物以各类玉饰、玉（石）钺为主。出土玉器以小型管、珠类数量最多，其中成组的玉串饰出土时位于葬具内南端，如 M3、M8、M10、M11、M13 南端的管、珠与玉坠饰大都呈环状分布。特别在 M8、M11 玉串饰范围内发现有明显的牙痕，表明此类为墓主颈、项部的串饰。坠饰多与串饰相配伍（如 M3）。玉琮的出土位置除 M13 两件玉琮具体部位不清楚以外③，其余如 M3 出土玉琮放置墓主右手④。M5 两件玉琮出土时，上、下叠压放置于墓主头部，M8 玉琮残片也散置于墓主头部四周。M11 两件玉琮一件放置于墓主头端，另一件放置于墓主右手。M5 玉璧放置在头端，M8 两块玉璧放置于头、脚两端，M11 则放置一件于头端，M1、M10 则将玉璧放在躯干部位。玉（石）钺、锛类，一般放在身体腹部偏上左、右两旁⑤，刃部皆朝向墓主身体一侧。钺柄四周大都发现有零星的管、珠，从痕迹判断，应为钺柲两端的装饰⑥。M5、M1 玉镯明显套在两臂之上，而 M10 玉镯则放在墓主头部。考虑到 M5、M11 头端放置玉琮的现象，我们认为，该玉镯可能是玉琮替代品，或为一种特有的葬俗⑦。墓葬中锥形器出土的数量不多，粗短者与串饰相配伍（如 M5），细长锥形饰在墓中的位置，则固定发现在脚端和右下侧（如 M1、M2、M8、M10、M11）。两件漆器发现于葬具内东北角，腐朽严重，不可提取。其中 M11∶10 上部镶嵌有锥形器及玉珠。棺内出土陶器除 M6 陶罐置于墓坑中部外，其他陶器多集中放在葬具内北部脚端。以现有叠压层位来看（陶器上有玉珠、管），陶器也应该有部分置于棺内。

① M5（M5∶33－1～M5∶33－7）七件、M13（M13∶15－1～M13∶15－5）五件玉管珠出于棺外北端填土中，距离墓主身体较远；而瑶山 M11、反山 M16 出土的缝缀片也是管珠杂，发掘者认为这类管珠"可能也有串系和缝缀的功能，而不只是有穿挂的功能"，见《反山》第 167 页注释第 73。
② 在 M5、M11 两墓陶器均被椁板上朱砂所叠压，而其又压在在棺木坍塌后的朱砂层之上，所以我们判断，两墓陶器的放置层应在高于棺盖板与低于椁盖板之间的空间内。
③ M13 两件玉琮出土于破坏处，从而后的清理情况来看，极有可能是放置于头端或右手部位。另外，关于玉琮的放置可分为三类情况。第一，置于墓主头端附近；第二，放置在墓主腹部、脚部（包括手腕部附近）；第三，放置于墓主体外或棺外四周。参见赵晔：《良渚玉琮新探》，引自浙江省文物考古研究所：《纪念浙江省文物考古研究所建所二十周年论文集》第 59 页。另有学者认为，玉琮是"'神徽'的物质载体，功能在于镇墓，之后被赋予了财富和权力的象征意义"（段渝：《良渚文化玉琮的功能和象征系统》，《考古》2007 年第 12 期）。
④ 单件大孔玉琮大多放置在墓主右手腕部，如瑶山 M7、M9、M10，反山 M18，汇观山 M2，福泉山 M65，花厅 M18。而桐乡新地里 M137 玉琮则套于女性墓主左手腕骨上，同样情况见于福泉山 M9（墓主右手为一件玉镯）。多件位于手腕上端部位的大孔玉琮，则可能套于墓主两臂，如反山 M12、M17。
⑤ M13、M8 等墓葬残留有木质柲痕迹。钺体在南端、柲尾端向北正好位于手部，即应握在墓主手中。同样较明显的柲痕，也见于常熟罗墩遗址 M7（《江苏常熟罗墩遗址发掘简报》图八）、反山 M17（《反山（上）》第 187 页图一五〇）等。其中 M5 棺底两侧南、北两端各立置有两件石钺。此类葬具两侧立钺现象还见于山西临汾陶寺遗址 IIM22，见中国社会科学院考古研究所山西队、山西省考古研究所、临汾市文物局：《陶寺城址发现陶寺文化中期墓葬》，《考古》2003 年第 9 期。
⑥ 研究者认为，诸如钺柄两端的珠、管可能与"缨"的性质近似，见《反山》第 65 页注释第 43。同样装饰也见于潜山薛家岗遗址 M47，见安徽省文物考古研究所：《潜山薛家岗》第 139 页，文物出版社，2004 年。
⑦ 头端放置环状器的情况也见于凌家滩 87M6（安徽省考古研究所：《凌家滩——田野考古发掘报告之一》第 71 页，图四二，文物出版社，2006 年）、瑶山 M7（《瑶山》第 74 页图八五）、罗墩 M3（《江苏常熟罗墩遗址发掘简报》图六）等。

二、高台墓地研究

（一）高台墓地、祭台与红烧土祭祀区

在环太湖苏南平原地区，除少量零星山地、丘陵以外，有相当多由人工堆积而成的土丘，其远低矮于真实的山岭，此地区的人们一般称作"墩"或"山"①。现江、浙、沪地区所发现的高等级良渚文化墓地，多位于这些人工土台之上。苏秉琦先生曾经形象地将良渚文化高台墓地比喻成为"土筑金字塔"，迄今所发现的"金字塔"多方形或长方形。高城墩则有别于余杭地区良渚遗址群中立体呈多层阶梯复合结构，从现有钻探及发掘情况来看，整个高台呈东—西向长条方形，四边有倾斜堆积的坡面，台面平整，南部已受窑厂取土破坏严重，但从之后的调查情况来看，南部推测也应存在类似于北部的坡形台面。

大型高台墓地上往往发现类似祭台的附加建筑②，高城墩祭台位于整个高台墓地的西北部的坡面上，这在同时期发现的祭台位置来看，是比较特殊的一例③。与良渚遗址群中带灰土围沟的二重祭台（如瑶山、汇观山）相比，形制略显简朴，但两重土色祭台与卢村、大坟墩祭台类似，即是利用天然土色形成的不同色差，来表达共同的宗教理念。以纵向的地层关系来看，祭台往往要早于墓地的形成年代，或者说时代相接近④。从平面来看，早中期高台墓地墓葬当中大多集中位于祭台（高台墓地）的西南或南部⑤，如瑶山、反山、福泉山、邱承墩、汇观山、卢村等。高城墩墓地墓葬由南向北依次排列在祭台西南部，M10离祭台最近处不足半米，表明虽然经过了长时间的埋葬过程，但人们了解高台上的形制结构，并且对于高台格局进行了长时间的规划。由此我们可以知道，祭台不仅对于高台建筑伊始起到主持祭祀的功用，并且在墓地的长时间形成过程当中担当了整个墓地祭祀及坐标性的功能。

在祭台下的东北坡面上，发现长 35 米、宽度超过 4.6 米的斜向红烧土堆积，这无疑是在建成的高台北坡上进行长时间大规模焚烧而形成的。类似的祭祀情况在赵陵山、福泉山、荷叶地⑥也有发现。高城墩红烧土堆积的形成是对营建之初的高台进行祭祀的遗存，而层位关系表明，在高台上墓葬埋入时期内，人们可能已不知或无视高台下部曾经进行过大规模的祭祀活动，致使少量墓葬（M2、M10）打破了红烧土堆积层。此类红烧土堆积上部或者附近常发现成组的器物祭祀，如福泉山积灰坑下部，发现一组以大

---

① 苏南东、西两地的称呼有所差别，其中靠近西部多称为"墩"，如高城墩、寺墩、圩墩、乌墩等。东部则称为"山"，如赵陵山、张陵山、草鞋山、福泉山。这种情况可能与西部较东部多零星低山丘陵有关。

② 瑶山、汇观山、大坟墩等发表的资料中，则称该类立于高土台上部的小型土台为"祭坛"。牟永抗先生又澄清，将高台定性为"排除在当时人们衣食住行等物质生活以外的营建工程"，"仅是此类工程一个暂时性的代号"。参见牟永抗：《长江下游地区文明起源考古学研究的回顾与思考》，引自上海博物馆编：《长江下游地区文明化进程学术研讨会论文集》第 18 页，上海书画出版社，2004 年。

③ 虽然北部坡面较平缓，但祭台是斜向附属其上，考虑到祭台平面应该是与高台平行，故祭台北坡较陡直。推测可能存在登上祭台的阶梯，这与先前学者关于高台墓地平面布局推测情况相符。参见陆建芳：《良渚文化墓葬研究》，《东方文明之光》第 176 页，海南国际新闻出版社，1996 年。

④ 《瑶山》作者"联想到较为平整的中心区域及其以南宽阔的漫坡台面"推测，"祭坛"在高台建筑及埋墓前后都存在祭祀，参见《瑶山》第 207 页。《反山》著者也认为，"土台上的墓葬与土台是同一时期的产物"，参见《反山》第 365 页。吴汝祚先生认为，瑶山与反山中"墓穴的位置与死亡时间的早晚关系不大"，是与各人生前的身份、地位有关，"这坛应是与墓地有关的祭坛"。参见吴汝祚：《试析浙江余杭反山、瑶山两良渚文化墓地的几个问题》，《华夏考古》1991 年第 4 期。

⑤ 这种统一方位的埋葬习俗应该包含有特定的宗教意义，但少数地点存在高台北部或偏于祭台北部发现墓葬，如罗墩、大坟墩等。但同时要考虑遗址被破坏的面积、墓葬与祭台的时代间隔及不同区域内文化上的差异等诸多因素。

⑥ 赵陵山高台面上同样发现大片红烧土的"燎祭"祭祀遗存。福泉山除大量红烧土以外，还发现焚烧后残留的大量草木灰与介壳堆积（《福泉山》第 64～69 页）。荷叶地高台除每层边缘发现红烧土外，土台上还发现填满红烧土、草木灰的沟状遗迹（参见《海宁荷叶地遗址》，《崧泽·良渚文化在嘉兴》第 68～69 页）。

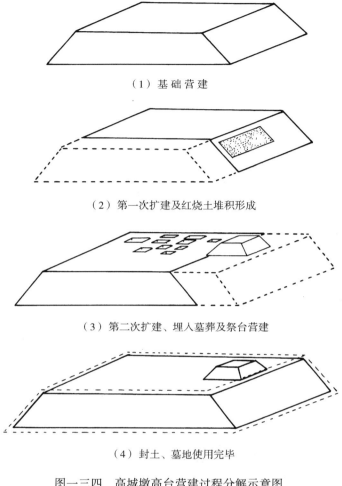

（1）基础营建

（2）第一次扩建及红烧土堆积形成

（3）第二次扩建、埋入墓葬及祭台营建

（4）封土、墓地使用完毕

图一三四　高城墩高台营建过程分解示意图

口缸（尊）为中心的陶器群，邱承墩在一号祭台顶部烧土堆积上放置 2 件横截的陶器（瓮）[①]。高城墩烧土堆积面上有 3 处相隔均约 15 米的陶器堆（被第 4b 层——黄褐色土所包裹），在陶器周围还发现明显的草木灰痕，从 3 处陶器堆中复原出一件体形庞大的泥质弦纹陶瓮（T0605⑥a：5）。这表明，该烧土面上部在对高台基础或对高台上部重新覆土时，进行过相当规模的祭祀活动[②]。

（二）高台墓地的营建

我们依据高台墓地的层位堆积、叠压关系，对高台墓地的营建及使用过程做以下复原：

高城墩依照前期的钻探数据，可以复原为长宽各 60 米、高近 6 米的高台墓地。纵向堆积剖面说明，高台的形成经过两次大规模的营建。第一次营建是在经过平整后的早期地面上，覆土层层夯筑后形成高台的基础（第 6c 层），之后又对土台覆土进行扩建。墓地的祭祀活动由此开始，在祭台东部的坡面上进行大规模的燎祭活动，形成厚达半米的红烧土堆积（第 6a、6b 层）。而仅分布在高台东北角的第 5a～5e 层，反映出可能存在短时期对高台东北部的扩建工程。第二次大规模的扩建是在整个台面上普遍铺筑厚达 1 米的土层（第 4b 层），并将土台整体向北扩建，发掘墓葬皆开口于该层面，说明了该层铺垫的目的和功用[③]。墓地内墓葬按规划陆续埋葬，同时可能构筑了祭台，之后又在高台上平整地覆盖了一层封土（第 4a 层），表明该墓地已使用完毕（图一三四）。

① 张敏、李则斌、朱国平、田名利、邹忆军：《江苏无锡邱承墩遗址发现良渚文化高台墓地双祭台》，《中国文物报》2006 年 4 月 19 日。
② 福泉山器物群出土在黄土层内，同样属于高台形成的早期阶段。
③ 有学者认为，瑶山、汇观山也专门为埋设墓葬而进行过二次覆土加高，参见蒋卫东：《良渚文化高土台及其相关问题的思考与探讨》，引自浙江省文物考古研究所编：《纪念浙江省文物考古研究所建所二十周年论文集》第 96 页。其他有关良渚文化祭坛的文章，主要有赵晔：《良渚文化祭坛、墓地及其反映的社会形态初探》，引自《良渚文化研究——纪念良渚文化发现六十周年国际学术讨论会文集》第 291 页，科学出版社，1999 年。

第二节　随葬器物的类型学研究

高城墩墓地 14 座墓葬共出土随葬品 397 件，按质地可分为陶器、玉器、石器、漆器等四类（图一三五），参见附表二。

一、陶　器

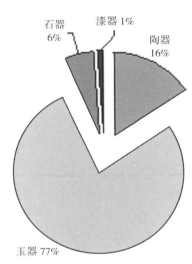

图一三五　高城墩墓葬出土玉、石、陶、漆器比例饼状图

高城墩 14 座墓葬中，除 M14 未发现陶器外，剩余 13 座墓葬共出土陶器 63 件，墓葬中随葬陶器 1～10 件不等，出土陶器的墓葬占墓葬总数的 93%。随葬陶器多放置于墓坑北部，受葬具塌陷等原因，多保存不佳，破碎十分严重，其中可以辨别出器形的共计 55 件。从现有的器形可看出，高城墩陶器组合以豆、双鼻壶（M13），鼎、豆、双鼻壶、罐（M12、M7），双鼻壶、杯（M9），鼎、豆、罐、甗（M8）为主要组合方式。

陶器的陶质可分泥质和夹砂两种。其中泥质陶共 42 件，占陶器总数的 66.7%，器形常见的有双鼻壶、杯、豆、罐、匜等。泥质陶中以黑皮陶双鼻壶为主要器形，此外还有灰、灰褐等。黑皮陶因火候及长时间的掩埋，导致其表面的磨光黑衣大面积脱落，暴露出内部灰黄、红黄的胎质。泥质红陶、红褐陶器形以罐为主。夹砂陶共 21 件，占陶器总数的 33.3%，多见鼎、罐、甗、大口尊等。其中夹砂红陶见于罐、大口尊两类，夹砂灰褐、灰黑陶的器形以鼎、甗为主。

陶器以轮制为主，器物内壁常见有拉坯的抹痕。双鼻、鼎足多以手制。另外，陶器的特殊部位如鼎足与器腹、豆柄与豆盘、壶耳与颈壁相接处，先分体制作、而后再手工接附的痕迹较明显。陶器表面以素面为主，部分陶器如豆、双鼻壶、杯、罐、鼎、甗，其柄、圈足、腹部装饰有弦纹。少量豆、双鼻壶所饰弦纹上，还饰有短条形镂孔。此外，在大口尊及鼎足内两侧边上，都饰有斜向形（篮纹）或斜竖条形刻划（参见附表十）。现将可以分出型式变化的陶器种类介绍如下：

豆　由上部豆盘与下部柄构成。16 件，为出土数量最多的陶器种类，占陶器总数的 24.2%。修复完整者仅有 2 件，大多豆柄部缺失，豆盘完整、柄部残失共 5 件，另有 2 件豆柄、豆盘尚保留部分，其余破碎严重，不可修复。7 件较完整的豆，依据豆把的粗细程度可分成两型（图一三六、表一七）。

A 型　5 件。柄部较粗，上部饰有弦纹或者镂孔。以泥质灰陶为主，上多施磨光黑衣。其中 1 件完整（M4:9），其余 4 件豆柄部位都已不同程度残失。依据口部变化又可分为两个亚型。

Aa 型　2 件。大敞口，豆盘下部有一道明显折棱。可分 2 式。

Ⅰ 式　1 件（M12:5）。豆盘下部横折，折棱明显，豆盘较浅。

Ⅱ 式　1 件（M7:5）。豆盘下部斜折，豆盘较深。

Ab 型　3 件。上部豆盘为大敞口，唇内折，豆盘下部斜弧内收。可分 2 式。

Ⅰ 式　1 件（M8:10）。豆盘下部斜弧较陡直，豆盘较深。

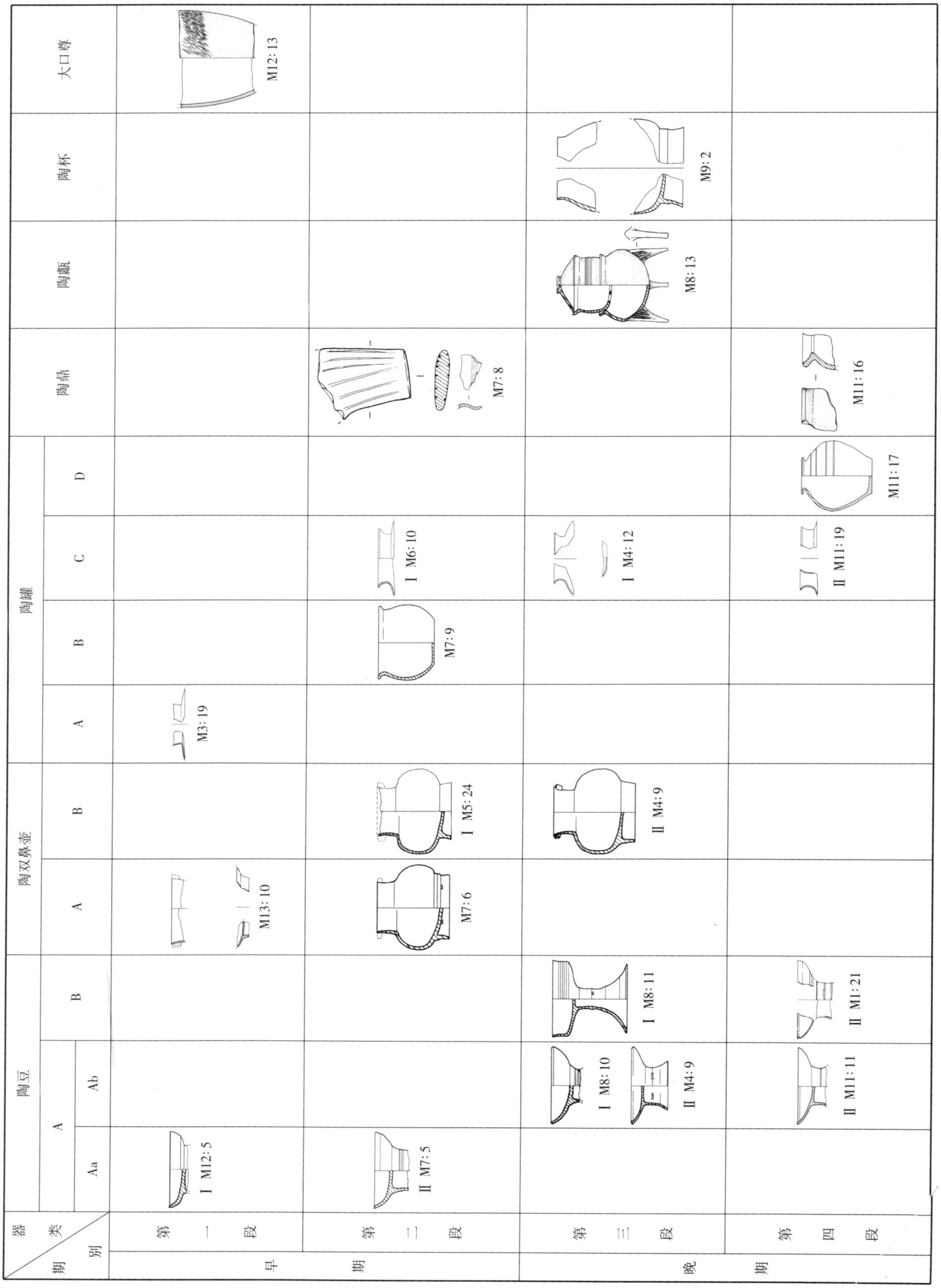

图一三六　高城墩墓葬出土陶器分期图

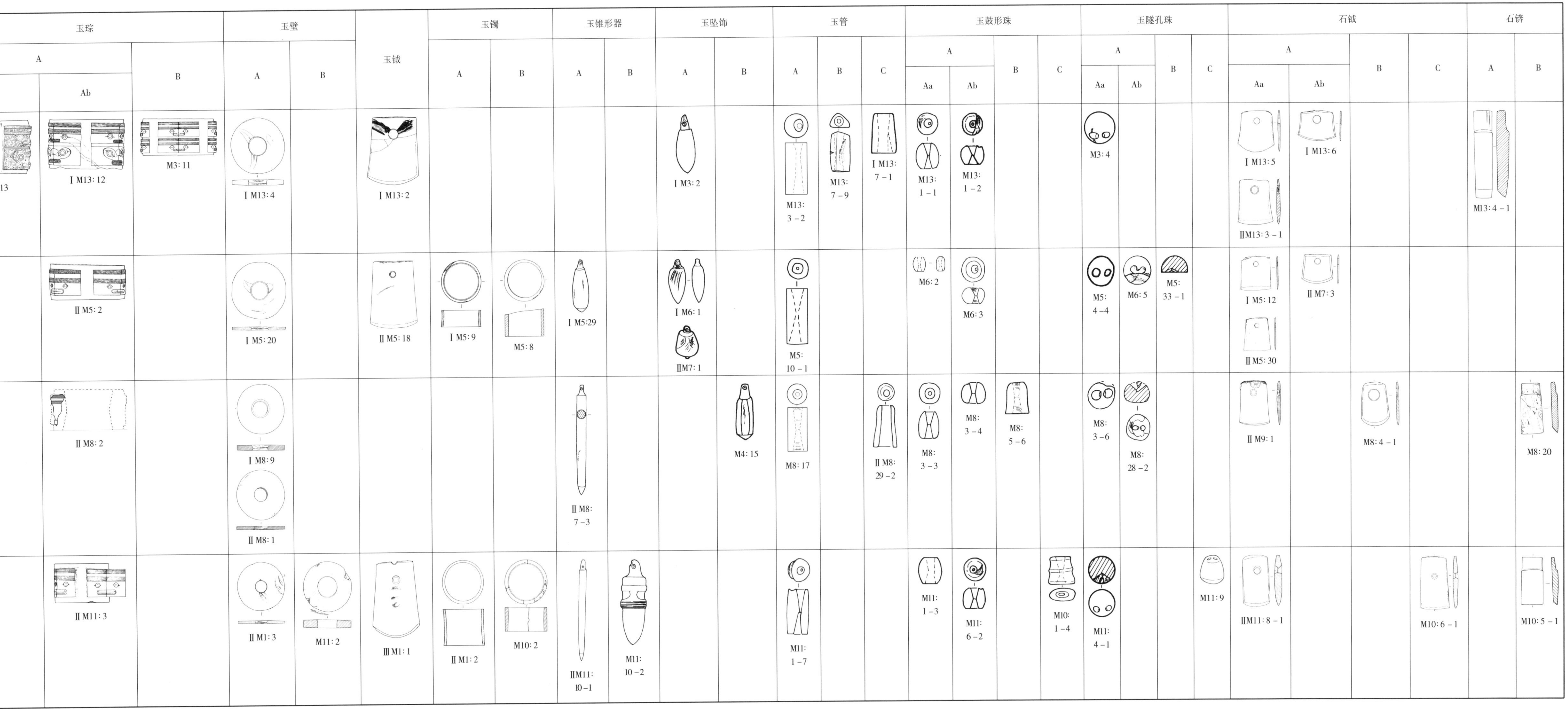

图一三七 高城墩墓葬出土玉、石器分期图

Ⅱ式　2件。标本 M4:9、M11:11，豆盘下部斜弧，豆盘腹内较平浅。

B型　2件。豆柄部较细，呈竹节状，上部有横向短镂孔。以泥质灰陶为主，上部施黑衣磨光。依据口沿的变化可分2式。

Ⅰ式　1件（M8:11）。豆盘直口，微敞，圆方唇，斜折腹。

Ⅱ式　1件（M1:21）。豆盘圆方唇内敛，盘口上部略呈内直，斜弧腹。标本 M10:11-1似可划分到此式。

表一七　　　　　　　　　　　　　　　陶豆型式划分

型式 器物编号	A				B	
	Aa		Ab			
	Ⅰ	Ⅱ	Ⅰ	Ⅱ	Ⅰ	Ⅱ
M12:5	√					
M7:5		√				
M8　M8:10			√			
M8:11					√	
M4:9				√		
M11:11				√		
M10:11-1						√（?）
M1:21						√

双鼻壶　器口沿外对饰双耳，高领，鼓腹，圈足。12件，占陶器总数18.2%。皆为泥质灰陶，上多施磨光黑衣。修复完整者仅有3件，壶的颈下部、腹部缺失，仅存口及底部的壶共3件，其余的破碎严重，不可修复。3件较完整的双鼻壶腹部下垂的程度，可分成两型（表一八）。

表一八　　　　　　　　　　　　　　陶双鼻壶类型划分

分型 器物编号	A	B	
		Ⅰ	Ⅱ
M13:10	√（?）		
M7:6	√		
M5:24		√	
M9:2		√（?）	
M4:9			√
M10:12		√（?）	

A型　1件（M7:6）。直口，微侈，鼓腹下垂，圈足较矮，圈足上饰弦纹、镂孔。标本 M13:10似可划分到此型。

B型　2件。直口，微侈，鼓腹圆鼓。依据圈足的变化可分2式。

Ⅰ式　1件（M5:24）。圈足成喇叭状，微显外撇。标本 M9:2、M10:12似可划分到此式。

Ⅱ式　1件（M4:9）。圈足高直。

罐　侈口，束颈，深鼓腹。15件，数量仅次于豆，占陶器总数22.7%。有泥质和夹砂两种陶质，泥质以红陶为主，夹砂陶以夹砂红、灰褐陶为主。修复完整者仅有3件，尚残留口沿或底部的有5件，其余破碎严重，不可修复。3件较完整者，依据颈部、口沿的不同，可分成4型（表一九）。

A 型　1 件（M3：19）。夹砂红陶，高直领，微束颈，广肩近平。

B 型　1 件（M7：9）。泥质褐灰陶，施黑衣磨光，侈口，方圆唇，束颈，垂鼓腹，下腹收至平底。

C 型　3 件。泥质红或红褐陶，侈口，领部加高，微束颈，肩部下弧。依据口沿唇部的变化可分 3 式。

　Ⅰ式　3 件。标本 M6：10、M4：12、M8：16，侈口，圆方唇，高领，微束颈。

　Ⅱ式　2 件。标本 M11：19、M1：28，侈口，卷沿，高领，微束颈。

D 型　1 件（M11：17）。侈口，平沿，圆方唇，短束颈，斜肩，鼓腹，肩至腹部由上至下饰两组 4 周凸弦纹，下腹内收至平底。

表一九　　　　　　　　　　　　　　　　　陶罐类型划分

分型 器物编号	A	B	C		D
			Ⅰ	Ⅱ	
M3：19	√				
M7：9		√			
M6：10			√		
M4：12			√		
M8：16			√		
M11　M11：17					√
M11：19				√	
M1：28				√	

二、玉　器

该墓地墓葬中出土玉器的墓葬共 13 座，随葬玉器从 2 件（M14）到 69 件（M8）不等。仅 1 座墓葬（M9）未发现玉器，随葬玉器墓葬占墓葬总数的 93%。其中随葬琮、璧、钺组合的墓葬共 4 座（M5、M8、M11、M13），占墓葬总数的 28.6%。还有 3 座墓葬（M1 为残墓）单独以璧随葬，占墓葬总数的 21.4%。有 3 座墓（M1、M5、M10）发现了玉镯，占墓葬总数的 21.4%。同时随葬有琮、璧、钺组合的墓葬相对于墓地内其他墓葬，无论从其墓坑大小、葬具结构、在墓地所处位置，而且从随葬品数量之多、制作精美程度也是首屈一指（图一三七、一三八）。特别是从中透露出良渚墓葬当中玉质礼器数量承担了划分墓葬等级的尺度，充分显示玉器在良渚先民心中崇高的权势及财富地位。

高城墩墓葬中出土玉器料质从肉眼观察以青黄、湖绿色为主，部分玉料内含灰白、灰绿色结晶及墨绿、黑色点状杂质。玉料经长期的受沁风化后，大多呈现出鸡骨白、橙黄、红褐色及游丝状绺裂，部分风化严重的已呈粉末状（表三〇、三一）。经测定该墓地玉器质料主

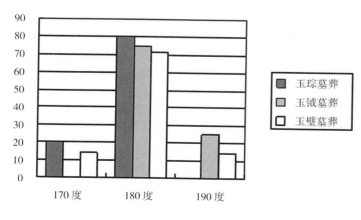

图一三八　高城墩随葬玉琮、璧、钺的墓葬与
墓葬方向的关系柱状图

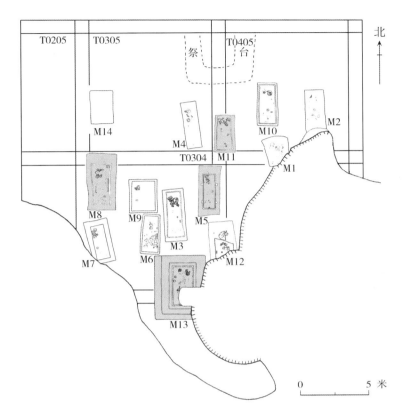

图一三九　高城墩随葬玉琮、璧、钺组合的墓葬

要是透闪石类，并夹杂蛇纹石类（参见附录）。

　　玉料的采集利用，除少量使用大块原料进行制作外，大多采用边角料加工小型器物。制作技术中可能采取线、片切割结合的方法分割大块玉料①，从残留的制作痕迹可以看出，工艺流程中普遍采用线切割、片切割、管钻（砥钻）、细磨、抛光等严密工序，其中钻孔内呈喇叭形壁斜直，不少孔内壁上留有明显的钻痕（参见附表六）。玉器表面都经过细致的抛光，从而最大程度地呈现出玉质内部的莹润。

　　13 座出土玉器的墓葬中，出土玉器共计 308 件，器形有琮、璧、钺、镯、锥形器、坠饰、环、管、鼓形珠、隧孔珠等 10 种，未发现良渚文化墓葬中常见的冠状器、三叉形器②。从数量上看，管、珠类占绝大部分，除此之外，锥形器数量也占有一定比例。现分别介绍如下：

　　琮　完整的出土 5 件，加上 M8 出土残碎者及 M13 早年出土的 2 件，总共 8 件。器形多呈内圆外方

①　线切割工艺的提出参见周晓陆、张敏：《治玉说——长江下游新石器时代三件玉制品弃余物的研究》，《南京博物院集刊》第 7 期，1984 年。另外牟永抗先生认为，片状工具的切割可以分成两种：一为长边为刃切割狭窄的加工对象；二为片状工具的短端作刃切割宽厚玉料，会出现不同的切割痕迹。参见牟永抗：《玉器时代续议》，引自《海峡两岸古玉学会议论文集》第 25 页，2001 年。
②　出现这种现象的可能性有两种。第一，存在有机质地的器具，经长时间朽烂而未见。第二，秦岭女士认为，地处太湖西北区域的良渚文化"在服饰及埋葬习俗上保留着地方性的特点"，参见秦岭：《良渚玉器纹饰的比较研究——从刻纹玉器看良渚社会的关系网络》，引自浙江省文物考古研究所编：《浙江省文物考古研究所学刊（第八辑）》第 49 页，科学出版社，2006 年。另外，江苏境内所出土的两件冠形饰，一是吴县草鞋山 M199：2（图见浙江省文物考古研究所、上海市文物管理委员会、南京博物院：《良渚文化玉器》第 89 页，图版 116、117，文物出版社、两木出版社，1989 年），另一件冠形饰是南京昝庙的采集品（图见《良渚文化玉器》第 87 页，图版 113、114），背后有插孔。方向明先生认为，（这两件冠形饰）"可以反映冠状器和三叉形器至少在良渚文化晚期阶段可能存在一定联系"。参见方向明：《反山 M14 相关问题的补充和研究》，引自浙江省文物考古研究所编：《浙江省文物考古研究所学刊（第八辑）》第 534 页，科学出版社，2006 年。

形，部分琮体分节，每节皆刻划有纹饰。其中 M13、M5、M11 各出土 2 件，占总数的 75%；M3、M8 各出土 1 件，占总数的 25%。出土玉琮墓葬占墓葬总数的 35.7%，其中出土 2 件琮的墓葬占墓葬总数的 21.4%，出土一件琮的墓葬则占 14%。玉料除受沁呈现鸡骨白色以外，玉质内大多含墨绿、黑色点状杂质与结晶体。依据转角贴近琮体的程度可分 A、B 二型（图一三七、表二〇）（参见附表六）。

表二〇　　　　　　　　　　　　　　　　　**玉琮型式划分**

型式 / 器物编号		Aa	A		B
			Ab		
			I	II	
M13	M13：12		√		
	M13：13	√			
M3：11					√
M5	M5：1			√	
	M5：2			√	
M8：2（残）				√（？）	
M11	M11：3			√	
	M11：7			√	

A 型　共 7 件。转角伸出琮体较多，转角明显，俯视大致为外方内圆形。根据每节上纹饰是否刻有底纹，分为 2 个亚型。

Aa 型　1 件（M13：13）。琮四面共刻饰 8 幅兽面纹，皆刻划出繁密的花纹作为兽面的底纹，两条凸棱间也刻划有以尖状三角形、螺旋形"S"形与束线纹繁复交绕的底纹。鼻部范围内刻划螺旋纹，鼻部以下狭长部分处的底纹刻划有兽嘴，嘴部扁长，上、下并有獠牙，而其余部分皆以尖状三角形、螺旋形"S"形纹与束线纹相繁复交绕，成为底纹的主体。连接眼部的桥形凸面上，有类似羽冠形的刻划，鼻部以下狭长部分刻有带獠牙的兽嘴。凸面眼底及其余部分皆以尖状三角形、螺旋形"S"形纹与束线纹相繁复交绕，成为主体的底纹。

Ab 型　6 件。根据琮面上眼底是否减地和兽鼻刻纹从繁到简的变化，可分 2 式。

I 式　1 件（M13：12）。琮体四面共饰 8 幅兽面纹，其中上部 4 幅为简化兽面，下部兽面眼底做浅浮雕。下部兽眼外有一周椭圆形打磨减底的浅浮雕凸面眼底，两眼底以琮射面转角处的桥形凸面相连接，突起的鼻部范围内刻有螺旋纹。

II 式 5 件。标本 M5：1、M5：2、M11：3、M11：7、M8：2 似可划分到此式。整体呈四面共饰 4 幅简化兽面纹，四面凸起。鼻部范围内刻划简化螺旋纹或曲尺形纹。

B 型　1 件（M3：11）。整体呈镯式，四面共饰 8 幅简化兽面纹，四面射部转角不明显，仅略显凸出于体外。鼻上刻有简化螺旋纹。

璧　8 件。扁平圆形，中部有穿孔。出土 2 件玉璧的墓葬仅 M8 一座，其玉璧数量占总数的 25%。出土玉璧的墓葬的数量占墓葬总数的 50%，其中 M2：10、M11：2 两件玉璧风化严重，其余保存尚好。以玉璧的直径与厚度比值大小，可以分为 A 型（>6）和 B 型（<6）（图一四〇、表二一、二二），参见附表七 – 2。

表二一　　　　　　　　　　　　　　　　玉璧型式划分

型式\器物编号	A		B
	I	II	
M13：14	√		
M5：20	√		
M8　M8：9	√		
M8　M8：1		√	
M11：2			√
M1：3		√	
M10：7		√	
M2：10		√	

表二二　　　　　　　　　　　　高城墩出土玉璧直径与孔径比值

直径与孔径\器物编号	直径	孔径	厚度	比值	
				直径与孔径	直径与厚度
M13：14	15	5	1.5	3	10
M5：20	14.5	4.9	1.2	2.96	12.1
M8　M8：9	13.3	4.8	1.8	2.77	7.4
M8　M8：1	14	4	1	3.5	14
M11：2	8.8	3.9	1.6	2.26	5.5
M1：3	15.5	4.1	0.9	3.78	17.2
M10：7	18.1	4.4	1.1	4.11	16.5
M2：10	16	4.5	1.6	3.56	10

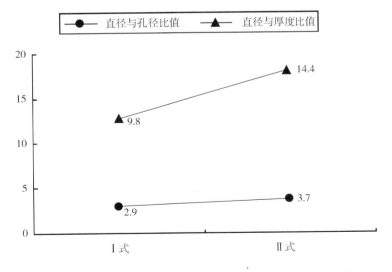

图一四〇　高城墩出土 I 、II 式玉璧直径与孔径、直径与厚度比值变化

A 型　7 件。根据璧径与孔径的比值大小变化，又可分为 2 式。

Ⅰ 式　3 件。标本 M13：14、M5：20、M8：9，璧径小于 14 厘米，中部孔径占璧面比例较大，璧径与孔径的比值皆小于 3。这 3 件璧玉质呈现鸡骨白色，其中 2 件（M13：14、M8：9）上有黄褐色沁斑。

Ⅱ 式　4 件。标本 M8：1、M1：3、M10：7、M2：10，璧径大于或等于 14 厘米，中部孔径占璧面比例较小，璧径与孔径的比值皆大于 3。除 1 件（M1：3）呈现鸡骨白色以外，其余玉料都呈现深绿色，玉质内含有较多墨绿、黑色点状杂质。

B 型　1 件（M11：2）。体形较小，孔部及厚度较大，玉料受风化严重。

钺　3 件。近扁平长方体，下部有刃，靠近顶部有穿孔。共有 3 座墓出土玉钺，每座仅出土 1 件，占墓葬总数的 21.4%。依据钺体的长、宽比例以及穿孔大小的变化。可分为 3 式（图一四一、表二三），参见附表九 - 1。

Ⅰ 式　1 件（M13：2）。器体呈宽扁平，靠近下部两边刃端略显上翘，平面呈扁"风"字形，孔部较大。

Ⅱ 式　1 件（M5：18）。器体呈宽扁平，两边斜直，呈铲形，体较 Ⅰ 式加长。

Ⅲ 式　1 件（M1：1）。器体扁平修长，靠近下部两边刃端略显上翘，呈"风"字形，顶部原先对钻有一孔，后因断裂等原因，将切割修饰后于靠下部为又新钻一孔。

表二三　　　　　　　　　　　　　　　　　玉钺型式划分

器物编号＼式	Ⅰ	Ⅱ	Ⅲ
M13：2	√		
M5：18		√	
M1：1			√

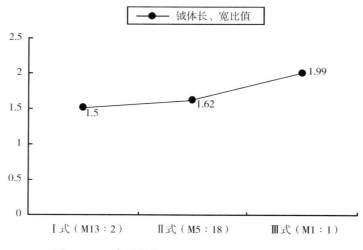

图一四一　高城墩出土玉钺的长、宽比值变化

镯　4 件。圆箍形，器壁薄，中部穿孔较大。有 3 座墓出土玉镯，其中 M5 出土 2 件，占出土镯墓葬的 66.7%。M1、M11 各出土 1 件，占出土镯墓葬的 33.3%。M5、M1 玉镯出土时位于墓主两臂方位，这为玉镯的使用部位提供了难得的资料。玉料除 1 件（M10：2）风化严重外，其余皆呈鸡骨白色。根据镯体中部是否呈亚腰状，可分为 A、B 二型（图一三七、表二四），参见附表七 - 3。

A型　2件。镯体中部呈亚腰状。又分2式。

Ⅰ式1件（M5∶9）。整体呈矮筒状，中部略显亚腰。

Ⅱ式1件（M1∶2）。整体呈高筒状，器壁较薄，中部略显亚腰。

B型　2件。标本M5∶8、M10∶2，整体呈直筒状。

表二四　　　　　　　　　　　　　　　　玉镯型式划分

器物编号	型式	A		B
		Ⅰ	Ⅱ	
M5	M5∶8			√
	M5∶9	√		
M1∶2		√		
M10∶2			√	

锥形器　15件。呈长条棒状，头部尖，尾部常内收，留有短小的榫头，上部有钻孔，器形整体呈锥形。该墓地出土锥形器的墓葬共6座（M5、M8、M11、M1、M10、M2），占墓葬总数的43%。其中后4座各出土3件，占锥形器总数的80%。玉料除部分呈鸡骨白、青绿内含有较多墨绿、黑色点状杂质外，其余皆风化严重。以锥形器横截面的不同，可分为二型（图一三七、表二五），参见附表七－4。

A型　14件。长条圆棒状，头尖，尾部留有短小的榫头，上部有钻孔，整体呈圆锥形。又分2式。

Ⅰ式　1件（M5∶29）。锥体粗短，呈上粗下细状。

Ⅱ式　13件。标本M8∶6、M8∶7－3、M11∶10－1、M11∶22、M1∶9、M1∶11、M1∶27、M10∶9、M10∶10－1、M10∶14、M2∶13、M2∶15、M2∶17，锥体细长，最大径往往在锥体的中部偏下。

B型　1件（M11∶10－2）。四面方锥形，呈底部略粗，上部略收状，头部尖，体上饰4个简化兽面纹。

表二五　　　　　　　　　　　　　　　玉锥形器型式划分

器物编号	型式	A		B
		Ⅰ	Ⅱ	
M5∶29		√		
M8	M8∶6		√	
	M8∶7－3		√	
M11	M11∶10－1		√	
	M11∶10－2			√
	M11∶22		√	
M1	M1∶9		√	
	M1∶11（残）		√	
	M1∶27		√	
M10	M10∶9（残）		√	
	M10∶10－1		√	
	M10∶14（残）		√	
M2	M2∶13		√	
	M2∶15（残）		√	
	M2∶17（残）		√	

坠饰　4件。形制上类似于锥形器，但从出土位置来看，多位于管、珠等串饰附近。出土坠饰的墓葬共4座，占墓葬总数的28.6%。玉料为湖绿色，受沁后为鸡骨白色。分为二型（图一三七、表二六）。

A型　3件。整体呈水滴形，体形较小，尾部留有短小的榫头，上部有钻孔。又分2式。

Ⅰ式　2件。标本M3：2、M6：1，体呈顶粗尾细的水滴形。

Ⅱ式　1件（M7：1）。体浑圆，顶端磨出一个乳凸状饰。

B型　1件（M4：15）。整体呈长条扁五棱形，尾部留有短小的榫头，上部有钻孔，形似锥形器。

表二六　　　　　　　　　　　　　　　**玉坠饰型式划分**

器物编号 ＼ 型式	A		B
	Ⅰ	Ⅱ	
M3：2	√		
M6：1	√		
M7：1		√	
M4：15			√

环　1件（M12：15）。环形，中部钻有一孔，横断面呈半圆形（图一三七）。

管　53件。多呈圆柱体，中部穿孔。其多与坠饰、珠共同穿缀组合。除2座墓（M7、M9）中未发现以外，其余墓葬发现1～12件不等，占墓葬总数的85.7%。玉料有湖绿、深绿，玉质内除含墨绿、黑色点状杂质外，大多肉眼可见灰白色结晶，受沁后为鸡骨白色，部分风化严重。可分为3型（图一三七、表二七），参见附表八－1。

表二七　　　　　　　　　　　　　　　**玉管型式划分**

器物编号 ＼ 型式	A	B	C	
			Ⅰ	Ⅱ
M13　M13：3－2	√			
M13：3－3	√			
M13：3－4	√			
M13：4－2	√			
M13：7－1			√	
M13：7－8	√			
M13：7－9		√		
M13：7－13	√			
M13：7－14（残）				
M13：15－1	√			
M13：15－4	√			
M13：15－5	√			
M12　M12：3	√			
M12：7－2	√			
M3　M3：3	√			
M3：12	√			
M3：14	√			
M3：22	√			

续表二七

器物编号	型式	A	B	C	
				I	II
M6	M6：4	√			
	M6：9			√	
M5	M5：7	√			
	M5：10－1	√			
	M5：10－2	√			
	M5：13	√			
	M5：31	√			
	M5：33－4	√			
	M5：33－7	√			
M4	M4：17	√			
M8	M8：3－8	√			
	M8：17	√			
	M8：19	√			
	M8：21	√			
	M8：28－4	√			
	M8：29－2				√
M14	M14：2	√			
M11	M11：1－1	√			
	M11：1－2	√			
	M11：1－4	√			
	M11：1－7	√			
	M11：5	√			
M1	M1：5－1	√			
	M1：5－2	√			
	M1：6	√			
	M1：7	√			
	M1：12	√			
	M1：14	√			
	M1：24－1	√			
	M1：29	√			
M10	M10：3－1	√			
	M10：3－2	√			
	M10：10－3	√			
M2	M2：2	√			
	M2：16	√			

A 型　48 件。圆柱形，中部有一穿孔。包括标本 M13：3 - 2、M13：3 - 3、M13：3 - 4、M13：4 - 2、M13：7 - 8、M13：7 - 13、M13：15 - 1、M13：15 - 4、M13：15 - 5、M12：3、M12：7 - 2、M3：3、M3：12、M3：14、M3：22、M6：4、M5：7、M5：10 - 1、M5：10 - 2、M5：13、M5：31、M5：33 - 4、M5：33 - 7、M4：17、M8：3 - 8、M8：17、M8：19、M8：21、M8：28 - 4、M14：2、M11：1 - 1、M11：1 - 2、M11：1 - 4、M11：1 - 7、M11：5、M1：5 - 1、M1：5 - 2、M1：6、M1：7、M1：12、M1：14、M1：24 - 1、M1：29、M10：3 - 1、M10：3 - 2、M10：10 - 3、M2：2、M2：16。

B 型　1 件（M13：7 - 9）。三棱柱形，中部有穿孔。

C 型　3 件。整体呈上窄下宽形，中部穿孔。可分 2 式。

Ⅰ式　2 件。标本 M13：7 - 1、M6：9，上窄下宽，外壁斜直。

Ⅱ式　1 件（M8：29 - 2）。上窄下宽，中部亚腰内收。

鼓形珠　是高城墩墓葬中发现数量最多的一类玉器，计 172 件。其多与坠饰、管共同穿饰组合。除 2 座墓（M9、M14）中未发现以外，其余墓葬发现 3 ~ 42 件不等，占墓葬总数的 85.7%。玉料有湖绿、深绿，玉质内除含墨绿、黑色点状杂质外，大多肉眼可见灰白色结晶，受沁后为鸡骨白色，部分风化（11 件）严重。保存完好者依据形态可分 3 型（图一三七、表二八），参见附表八 - 2。

表二八   玉鼓形珠型式划分

器物编号	型式	A		B	C
		Aa	Ab		
M13	M13：1 - 1	√			
	M13：1 - 2		√		
	M13：1 - 3		√		
	M13：1 - 4		√		
	M13：4 - 3		√		
	M13：7 - 2	√			
	M13：7 - 3	√			
	M13：7 - 4	√			
	M13：7 - 5	√			
	M13：7 - 6	√			
	M13：7 - 7	√			
	M13：7 - 10	√			
	M13：7 - 11	√			
	M13：7 - 12	√			
	M13：15 - 2	√			
	M13：15 - 3		√		
M12	M12：4	√			
	M12：7 - 1	√			
	M12：8	√			
	M12：16	√			
M3	M3：1		√		
	M3：6		√		
	M3：13	√			
	M3：20	√			
	M3：21		√		

续表二八

器物编号	型式	A		B	C
		Aa	Ab		
M6	M6:2	√			
	M6:3		√		
	M6:6	√			
	M6:7		√		
	M6:8		√		
M7	M7:2		√		
	M7:4	√			
	M7:10		√		
M5	M5:3－1		√		
	M5:3－2		√		
	M5:4－1	√			
	M5:4－2	√			
	M5:4－3		√		
	M5:5		√		
	M5:11	√			
	M5:15	√			
	M5:16－1	√			
	M5:16－2		√		
	M5:17		√		
	M5:19		√		
	M5:21	√			
	M5:22	√			
	M5:28－1	√			
	M5:28－2	√			
	M5:33－2	√			
	M5:33－3	√			
	M5:33－5	√			
	M5:33－6	√			
M4	M4:1（风化）	——	——	——	——
	M4:2		√		
	M4:3（风化）	——	——	——	——
	M4:5（风化）	——	——	——	——
	M4:6	√			
	M4:7	√			
	M4:8	√			
	M4:14		√		

续表二八

器物编号	型式	A		B	C
		Aa	Ab		
M8	M8:3 - 1 （风化）	——	——	——	——
	M8:3 - 2	√			
	M8:3 - 3	√			
	M8:3 - 4		√		
	M8:3 - 5	√			
	M8:3 - 7 （风化）	——	——	——	——
	M8:3 - 9	√			
	M8:3 - 10		√		
	M8:4 - 2	√			
	M8:4 - 3	√			
	M8:5 - 1	√			
	M8:5 - 2	√			
	M8:5 - 3	√			
	M8:5 - 4	√			
	M8:5 - 5	√			
	M8:5 - 6			√	
	M8:5 - 7			√	
	M8:7 - 1	√			
	M8:7 - 2	√			
	M8:7 - 4	√			
	M8:7 - 5	√			
	M8:8 - 1	√			
	M8:8 - 2	√			
	M8:8 - 3	√			
	M8:8 - 4		√		
	M8:8 - 5	√			
	M8:8 - 8	√			
	M8:18		√		
	M8:22 - 1	√			
	M8:22 - 2	√			
	M8:23	√			
	M8:24 - 1	√			
	M8:24 - 2	√			
	M8:25 - 1	√			
	M8:26	√			
	M8:27	√			
	M8:28 - 1	√			
	M8:28 - 3	√			
	M8:28 - 5	√			
	M8:28 - 6	√			
	M8:28 - 7	√			

续表二八

器物编号	型式	A		B	C
		Aa	Ab		
M11	M11:1－3	√			
	M11:1－5	√			
	M11:1－6	√			
	M11:1－8	√			
	M11:1－9	√			
	M11:6－2		√		
	M11:6－3（风化）	——	——	——	——
	M11:8－2	√			
	M11:10－3	√			
	M11:14	√			
	M11:20	√			
M1	M1:4	√			
	M1:8	√			
	M1:10－1	√			
	M1:10－2	√			
	M1:10－3	√			
	M1:13（风化）	——	——	——	——
	M1:15－1	√			
	M1:15－2	√			
	M1:16－1	√			
	M1:16－2	√			
	M1:17－1	√			
	M1:17－2（风化）	——	——	——	——
	M1:18－1	√			
	M1:18－2	√			
	M1:18－3		√		
	M1:24－2	√			
	M1:26－1	√			
	M1:26－2	√			
	M1:30	√			
	M1:34－1	√			
	M1:34－2	√			
	M1:35－1	√			
	M1:35－2	√			
	M1:35－3	√			
	M1:35－4	√			

续表二八

器物编号	型式	A		B	C
		Aa	Ab		
M10	M10：1－1	√			
	M10：1－2	√			
	M10：1－3	√			
	M10：1－4				√
	M10：1－5	√			
	M10：1－6（风化）	——	——	——	——
	M10：1－7（风化）	——	——	——	——
	M10：1－8	√			
	M10：6－3	√			
	M10：11－2（风化）	——	——	——	——
	M10：11－3		√		
	M10：11－4	√			
	M10：12－2	√			
	M10：12－3（风化）	——	——	——	——
	M10：12－4（风化）	——	——	——	——
	M10：12－5（风化）	——	——	——	——
	M10：12－6	√			
	M10：12－8	√			
	M10：13（风化）	——	——	——	——
M2	M2：3	√			
	M2：4（风化）	——	——	——	——
	M2：7（风化）	——	——	——	——
	M2：8－2		√		
	M2：8－3		√		
	M2：8－4	√			
	M2：9	√			
	M2：12（风化）	——	——	——	——
	M2：14（风化）	——	——	——	——

A 型　152 件。鼓形，中部有穿孔。可分两个亚型。

Aa 型　119 件。长度大于最大径，呈长鼓状。包括标本 M13：1－1、M13：7－2、M13：7－3、M13：7－4、M13：7－5、M13：7－6、M13：7－7、M13：7－10、M13：7－11、M13：7－12、M13：15－2、M12：4、M12：7－1、M12：8、M12：16、M3：13、M3：20、M6：2、M6：6、M7：4、M5：4－1、M5：4－2、M5：11、M5：15、M5：16－1、M5：21、M5：22、M5：28－1、M5：28－2、M5：33－2、M5：33－3、M5：33－5、M5：33－6、M4：6、M4：7、M4：8、M8：3－2、M8：3－3、M8：3－5、M8：3－9、M8：4－2、M8：4－3、M8：5－1、M8：5－2、M8：5－3、M8：5－4、M8：5－5、M8：7－1、M8：7－2、M8：7－4、

M8：7－5、M8：8－1、M8：8－2、M8：8－3、M8：8－5、M8：8－8、M8：22－1、M8：22－2、M8：23、M8：24－1、M8：24－2、M8：25－1、M8：26、M8：27、M8：28－1、M8：28－3、M11：1－3、M11：1－5、M11：1－6、M11：1－8、M11：1－9、M11：8－2、M11：10－3、M11：14、M11：20、M1：4、M1：8、M1：10－1、M1：10－2、M1：10－3、M1：15－1、M1：15－2、M1：16－1、M1：16－2、M1：17－1、M1：18－1、M1：18－2、M1：24－2、M1：26－1、M1：26－2、M1：30、M1：34－1、M1：34－2、M1：35－1、M1：35－2、M1：35－3、M1：35－4、M10：1－1、M10：1－2、M10：1－3、M10：1－5、M10：1－8、M10：6－3、M10：11－4、M10：12－2、M10：12－6、M10：12－8、M2：3、M2：8－4、M2：9。

Ab 型　31 件。长度小于或等于最大径，呈扁鼓状。包括标本 M13：1－2、M13：1－3、M13：1－4、M13：4－3、M13：15－3、M3：1、M3：6、M3：21、M6：3、M6：7、M6：8、M7：2、M7：10、M5：3－1、M5：3－2、M5：4－3、M5：5、M5：16－2、M5：17、M5：19、M4：2、M4：14、M8：3－4、M8：3－10、M8：8－4、M8：18、M8：28－5、M8：28－6、M8：28－7、M11：6－2、M1：18－3、M10：11－3、M2：8－2、M2：8－3。

B 型　2 件。标本 M8：5－6、M8：5－7，亚腰钟形，中部穿孔。

C 型　1 件（M10：1－4）。一端较窄，另一端较宽，体扁，周身有两道凹槽，中部钻一孔。

隧孔珠　39 件。平面多呈近圆形，邻近处钻有牛鼻孔。14 座墓中有 10 座发现，占墓葬总数的 71.4%，数量在 1～9 件不等。玉料有湖绿、深绿，少部分玉质内灰白色结晶，受沁后为鸡骨白色，少量见红褐黄色沁斑，部分风化严重。保存完好者依据形态可分 3 型（图一三七、表二九），参见附表八－3。

A 型　37 件。整体呈球形，又可分为两个亚型。

Aa 型　32 件。圆球形。包括标本 M3：4、M3：5、M3：7、M3：8、M5：4－4、M5：4－5、M5：14、M4：16、M8：3－6、M8：7－6、M8：8－6、M8：8－7、M8：25－2、M8：29－1、M11：4－1、M11：4－2、M11：6－1、M11：13、M11：15、M11：21、M1：25、M10：4－1、M10：4－2、M10：4－3、M10：4－4、M10：5－2、M10：6－2、M10：8、M10：10－2、M10：12－7、M2：5、M2：8－5。

Ab 型　5 件。标本 M6：5、M5：6、M5：28－3、M5：28－4、M8：28－2，扁球形。

B 型　1 件（M5：33－1）。半球形。

C 型　1 件（M11：9）。枣鼓形。

表二九　　　　　　　　　　　玉隧孔珠型式划分

型式 器物编号		A		B	C
		Aa	Ab		
M3	M3：4	√			
	M3：5	√			
	M3：7	√			
	M3：8	√			
	M6：5		√		
M5	M5：4－4	√			
	M5：4－5	√			
	M5：6		√		
	M5：14	√			
	M5：28－3		√		
	M5：28－4		√		
	M5：33－1			√	

续表二九

型式　器物编号	A		B	C
	Aa	Ab		
M4：16	√			
M8　M8：3 – 6	√			
M8：7 – 6	√			
M8：8 – 6	√			
M8：8 – 7	√			
M8：25 – 2	√			
M8：28 – 2		√		
M8：29 – 1	√			
M11　M11：4 – 1	√			
M11：4 – 2	√			
M11：6 – 1	√			
M11：9				√
M11：13	√			
M11：15	√			
M11：21	√			
M1　M1：25	√			
M10　M10：4 – 1	√			
M10：4 – 2	√			
M10：4 – 3	√			
M10：4 – 4	√			
M10：5 – 2	√			
M10：6 – 2	√			
M10：8	√			
M10：10 – 2	√			
M10：12 – 7	√			
M2　M2：5	√			
M2：8 – 5	√			

表三〇　　　　　　　　　　高城墩各墓葬随葬玉器保存情况统计表

编号	出土情况	琮	钺	璧	镯	锥形器	坠饰	环	管	珠 鼓形珠	珠 隧孔珠	总计 未风化	总计 已风化	占出土玉器比例
M1*	未风化		1	1	1	2			6	19		30		71%
	已风化					1			2	8	1		12	29%
M2*	未风化					1			1		1	3		15.8%
	已风化			1		2			1	11	1		16	84.2%
M3	未风化	1					1		4	6	4	16		100%
	已风化												0	0%
M4	未风化						1		1	3		5		45%
	已风化									5	1		6	55%
M5	未风化	2	1	1	2	1			7	20	7	41		100%
	已风化												0	0%
M6	未风化						1		2	5	1	9		100%
	已风化												0	0%
M7	未风化						1			3		4		100%
	已风化												0	0%
M8	未风化	1		2		1			1		6	11		18.3%
	已风化					1			5	42	1		49	81.7%
M9	未风化											0		0%
	已风化												0	0%
M10	未风化			1		1			1			3		8.3%
	已风化				1	2			2	19	9		33	91.7%
M11	未风化	2				3			5	1		11		38%
	已风化			1						10	7		18	62%
M12*	未风化							1	2	4		7		100%
	已风化												0	0%
M13*	未风化	2	1	1					12	16		32		100%
	已风化												0	0%
M14	未风化									1		1		50%
	已风化										1		1	50%
总计	未风化	8	3	6	3	9	4	1	43	77	19	173		
	已风化	0	0	2	1	6	0	0	10	95	21		135	
未风化所占出土玉器比例		2.59%	0.97%	19.5%	0.97%	29.2%	12.9%	0.32%	13.9%	25%	0.62%	56.2%		
已风化所占出土玉器比例		0%	0%	0.65%	0.32%	19.45%	0%	0%	32.5%	30.8%	6.8%		43.8%	

* 表明墓葬部分已被破坏

表三一　　　　高城墩各墓葬风化玉器所占随葬玉器统计表①

墓号 \ 玉器情况	风化玉器数量	随葬玉器总数	所占比例
M1 *	12	42	28.6%
M2 *	16	19	84.2%
M3	0	16	0%
M4	6	11	54.5%
M5	0	41	0%
M6	0	9	0%
M7	0	4	0%
M8	49	60	81.7%
M10	33	36	91.7%
M11	18	29	62.1%
M12 *	0	7	0%
M13 *	0	32	0%
M14	1	2	50%
总计	135	308	43.8%

＊　表明墓葬部分已被破坏

三、石　器

　　高城墩良渚墓葬中出土石器共计23件，器类中以钺②的数量最多，其次有锛、多孔刀、镞、石料等。其中出土石钺的墓共11座（M2、M4、M5、M7、M8、M9、M10、M11、M12、M13、M14），占墓葬总数的78.6%。出土石锛的墓葬仅3座（M8、M10、M13），占墓葬总数的21.4%。石器一般放在身体腹部偏上左、右两旁，刃部皆朝向墓主身体一侧，从部分墓葬中所残留木柲的位置来看，原先应当握于墓主手部。石器往往未开刃，未见使用痕迹。在不少钺的穿孔到其肩部表面，常常有斜向的长短不等的磨痕，同钺体顶部绑缚的绳索方向一致。

　　石料肉眼观察多呈灰、青灰、灰绿，大多颜色均匀，少部分内带灰黄带青灰色斑（M8:4－1）、青黑色内夹灰黄色斑（M11:8－1）。石器料质经鉴定，以石英型、叶蜡石型和基性辉长岩等为主（参见附录）。一般情况下，同一种器形的选料材质比较一致。

　　石器制作技术中，除用打片成坯形的初级手法以外，普遍采用片切割、管钻（砥钻）、粗磨、细磨、抛光等一系列严密工序，特别是大多器物钻孔规整，孔内壁斜直，少见严重错位的现象。由于抛光技术娴熟，在一些特定岩质的石钺表面至今还能见到类似镜面般的玻璃状光泽。当然，不同石器的器形以及组合、数量上的变化也反映出墓葬的等级差别（附表九－1）。现分别介绍如下：

　　钺　共计17件，占石器总数的73.9%。近方形，上部有穿孔，下部有刃。在保存完好的墓葬中，一

---

①　M9中未发现玉器，故未将其列入。
②　早期报告中常将此类近方扁平、带孔的玉（石）器称为斧、铲或钺，由于大部分此类器物都未见使用痕迹，其质料与摆放位置同墓葬等级有很大的关系，反映出它已脱离出了生产活动。我们在这暂且将此类制作精美、未使用过的扁平穿孔器统称为钺。

般仅随葬1件石钺，而M13、M8两座墓中各出土4件石钺，各占随葬石钺总数的23.5%，显示出较特殊的等级。依据外形不同，可分3型（图一四二、表三二）。

A型　14件。整体呈方梯形，靠近顶部有穿孔，下部有刃。可分两个亚型。

Aa型　12件。体呈扁方形，钺体两侧圆弧。又分2式。

Ⅰ式　6件。标本M13:5、M13:11、M12:2、M5:12、M5:23、M4:4，平面呈扁梯形，长、宽值相近。

Ⅱ式　6件。标本M13:3-1、M5:30、M5:32、M9:1、M14:1、M11:81，呈长梯形，长大于宽。

Ab型　2件。体呈扁方形，钺体两侧折边起棱。可分2式。

Ⅰ式　1件（M13:6）。钺体较薄，两侧边上翘，呈"风"字形。

Ⅱ式　1件（M7:3）。体变厚，两侧边斜直。

B型　1件（标本M8:4-1）。呈扁平舌形，孔部较大。

C型　2件。标本M10:6-1、M2:8-1，整体略呈梯形，体厚重。

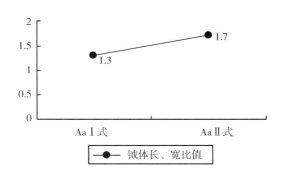

图一四二　高城墩出土Aa型石钺长、宽比的均值变化

表三二　　　　　　　　　　　　**石钺型式划分**

型式 器物编号		A				B	C
		Aa		Ab			
		Ⅰ	Ⅱ	Ⅰ	Ⅱ		
M13	M13:3-1		√				
	M13:5	√					
	M13:6			√			
	M13:11	√					
M12:2		√					
M7:3					√		
M5	M5:12	√					
	M5:23	√					
	M5:30		√				
	M5:32		√				
M4:4		√					
M8:4-1						√	
M9:1			√				
M14:1			√				
M11:8-1			√				
M10:6-1							√
M2:8-1							√

　　锛　3件。扁平长方形，有段，刃部在下。仅在3座墓葬（M13、M10、M8）中发现，占墓葬总数的21.4%。其中M13所出石锛风化较严重，其余2件保存完好，表面尚可见玻璃状光泽。可分二型（图一三七、表三三）。

　　A型　1件（M13:4-1）。扁宽平长方形，体较厚长。

　　B型　2件。标本M8:20、M10:5-1，短扁长条形，体较薄。

表三三　　　　　　　　　　　　　　　　**石锛类型划分**

器物编号＼型式	A	B
M13:4-1	√	
M8:20		√
M10:5-1		√

四、漆　器

　　共发现3件，皆腐朽严重，仅存漆皮痕迹及部分镶嵌玉器。

第三节　遗址时代

一、高台的相对年代

（一）高台以下堆积年代

从发掘的 TG1 可知，高台下部的平整面下部堆积内，有大面积的硬土面及灰坑等早期生活遗存，故我们推测，该区域为早期人类居住的房屋建筑类活动面。其中在地层、灰坑内发现有少量的器物残片，陶质多夹砂及泥质黑陶，器形以各类鼎口沿为主。地层中出土夹砂灰褐陶鼎口沿（TG1②：1），折沿方唇内凹，而且腹部装饰弦纹。同类器见于丹阳王家山第二文化层[①]、句容城头山一至第三文化层[②]等。带刻划纹扁凿形足（TG1③：3）与刻划"凸"字形扁足（TG1③：2）[③] 同样见于句容城头山第三文化层，具有明显的崧泽文化晚期的特征。H3 开口于 TG1 第 1 层下，其中除发现有"凸"字形扁足外，还有一类陶杯口沿（H3：1），磨光施黑衣，侈口，短束颈。相同器类在周边诸如吴江龙南 88M1[④]、赵陵山 M58[⑤]、青浦福泉山（T39⑤：5、M24：10）、太湖南岸的余杭庙前 M10[⑥] 都有发现。其中龙南 88M1、赵陵山墓地的年代大致在良渚文化早期，福泉山第五层、M24 与庙前 M10 年代与其大致相当[⑦]。综合以上分析，我们认为，高城墩高台之下早期文化层堆积的年代大致在良渚文化早期。

（二）高台堆积年代

高城墩遗址良渚文化高台的堆积可以分成两个主要营建时期，而从不同时期堆积的包含物中，我们可以具体地了解到高台形成各阶段的相对年代（图一四三、一四四）。

高台主体部分、红烧土祭祀区的形成与高台东部的扩建属于堆积的第一时期。其中高台主体部分的堆积（第 6c 层）可以细划分为 50 多层。我们推测，营建时采取干湿相间的构筑方法，虽未见夯筑痕迹，但土质十分坚硬，极有可能对土料经过细致的磨碎、筛选。所以，在所揭露的范围和深度内发现的包含物极少。其中一件侧扁鱼鳍形残鼎足（T0705⑥c：9）外边略显内弧，下边外撇，特征明显，相同的器足见于吴江龙南第一期（T4509⑥：6）。红烧土堆积层下部包含纯净，均为结构紧密的烧土块堆积，而陶器主要出土于 T0505 与 T0605 红烧土上的陶片集中区，以夹砂大口尊的残片为主（如 T0605⑥a：8、T0605⑥a：9），器形均不可辨。大口尊普遍刻划斜向或交叉篮纹，同样纹饰的大口尊也在青浦福泉山墓葬（如 M126：5、M139：37）、海盐龙潭港[⑧]（M127：1）中发现。另外，折沿鼓腹鼎（T0505⑥a：11）见于龙南第二期（如

① 镇江市博物馆：《江苏丹阳王家山遗址发掘简报》，《考古》1985 年第 5 期。
② 此类扁足足凸起处相对不明显，某些凸起面上还有内凹，明显有别于典型的"T"字形足，或称之为"丁"字形足。我们认为，用"凸"字形足形容更为准切，其发现范围仅限于宁镇山脉及以东的周边地区。
③ 镇江市博物馆：《江苏句容城头山遗址试掘报告》，《考古》1985 年第 4 期。
④ 苏州博物馆、吴江县文物管理委员会：《江苏吴江龙南新石器时代村落遗址第一、二次发掘简报》，《文物》1997 年第 7 期。
⑤ 江苏省赵陵山考古队：《江苏昆山赵陵山遗址第一、二次发掘简报》，见《东方文明之光》第 30 页，图十一：9，海南国际新闻出版社，1996 年。
⑥ 属庙前第一、二次发掘，见浙江省文物考古研究所：《庙前》第 72 页，图四一，文物出版社，2006 年。
⑦ 《福泉山》报告中将第 5 层和 M24 列在崧泽文化晚期阶段，器物特征应为良渚文化早期。
⑧ 浙江省文物考古研究所、海盐县博物馆：《浙江海盐龙潭港良渚文化墓地》，《考古》2001 年第 10 期。

88H22：28），直口广肩罐（T0505⑥a：8）在王家山第二文化层（T1②：79）中也有发现。依据前文中对陶器堆祭祀性质的分析，出土的弦纹瓮（T0605⑥a：5），其年代最接近高台主体部分的形成。弦纹装饰盛行于该地区良渚文化的早、中期，如王家山第二文化层、龙南二期，而嘉兴双桥遗址良渚早期文化遗物中也发现有大型弦纹陶器①。在东部扩建的第5a～5e层土质纯净，包含物较少，除发现一件马家浜晚期的錾手（T0705⑤e：6）以外，仅见鼎口沿1件（T0705⑤c：5）。该类鼎口沿束颈、大敞口，同庙前一、二期中发现的口沿相同②。另外，第6a、5e层内发现的刻绳索纹陶片，在江阴南楼③、龙南第一期、王家山等诸多遗址中都有发现。综上所述，高台堆积的主体年代应当为良渚文化的早期。

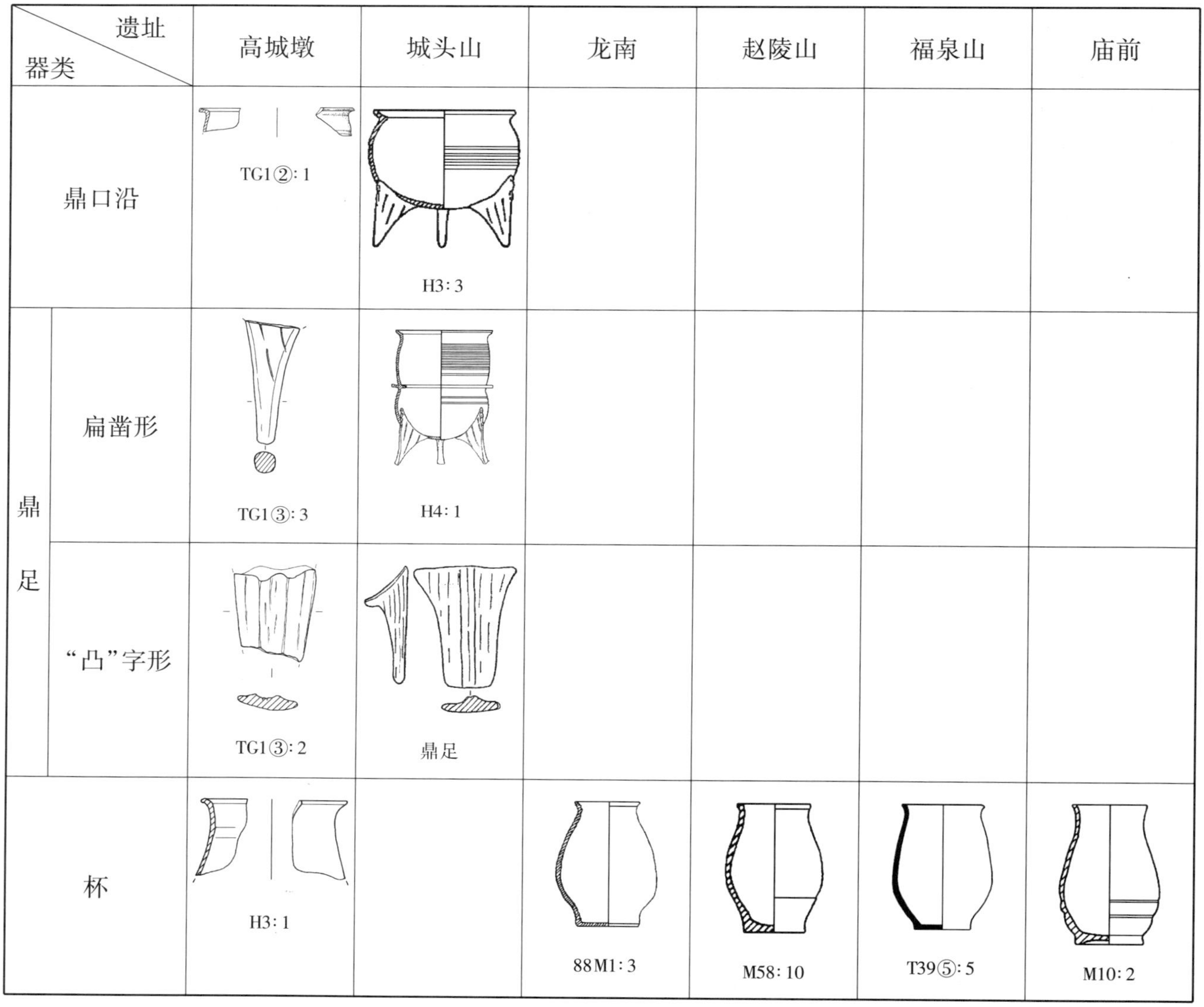

器类＼遗址	高城墩	城头山	龙南	赵陵山	福泉山	庙前
鼎口沿	TG1②：1	H3：3				
鼎足 扁凿形	TG1③：3	H4：1				
鼎足 "凸"字形	TG1③：2	鼎足				
杯	H3：1		88M1：3	M58：10	T39⑤：5	M10：2

图一四三　TG1 与周边遗址出土陶器对比图

---

① 浙江省文物考古研究所：《嘉兴双桥遗址发掘简报》，引自《浙江省文物考古研究所学刊（第二辑）》第38页。
② 其中属于庙前第一期的有T517②：1，参见《庙前》第41页图二〇：4。属于庙前第二期的有 M4：4、M3：3、M9：2，参见《庙前》第88页图六八：1、2、7。
③ 江苏江阴南楼遗址联合考古队：《江苏江阴南楼新石器时代遗址发掘简报》图一五：4，《文物》2007年第7期。

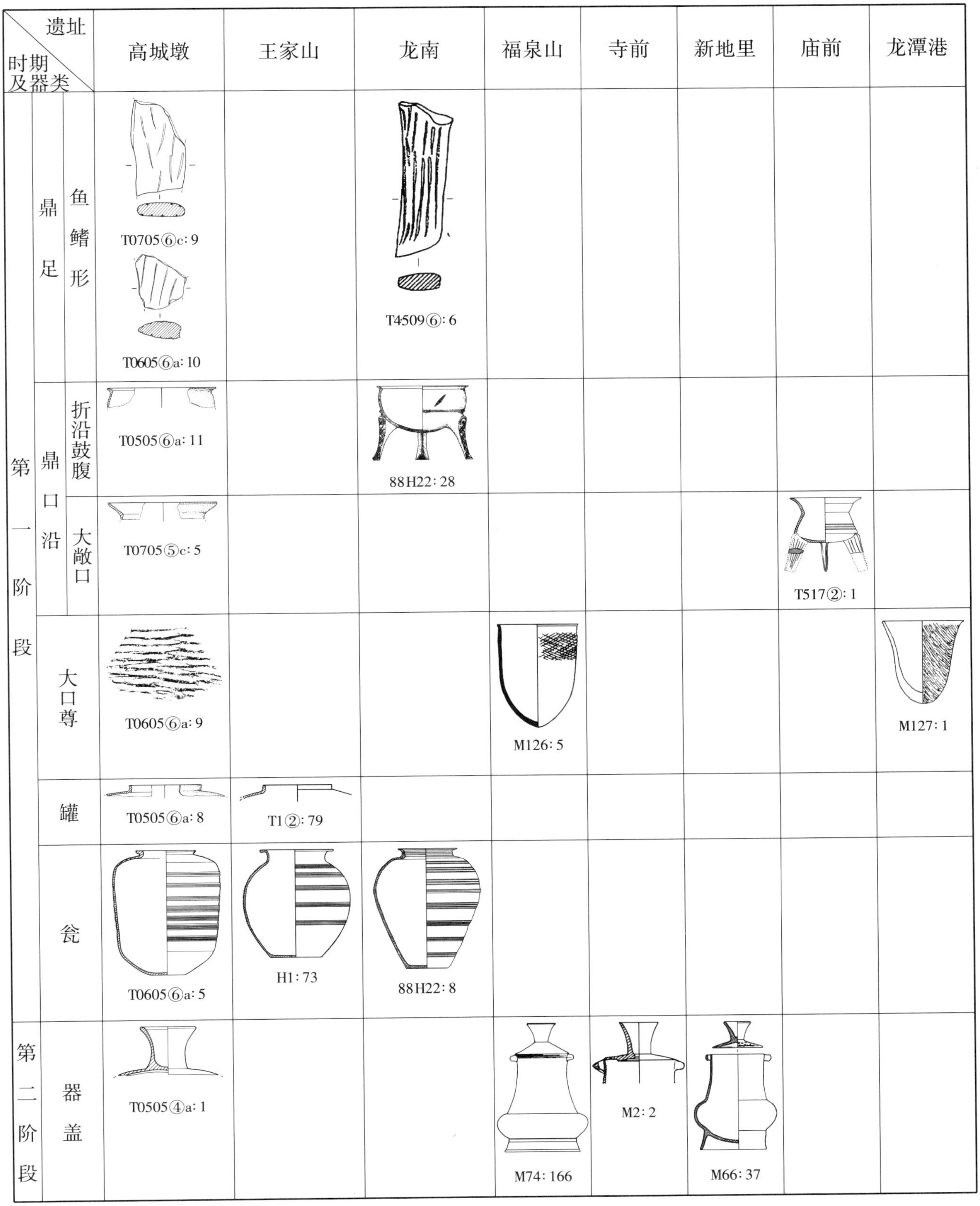

图一四四 高台堆积与周边遗址出土陶器对比图

第二次大规模扩建的第 4a～4b 层内，土质纯净，包含物极少，仅在第 4a 层中发现器盖一件（T0505 ④a：1）。器盖的纽部做束腰喇叭形，盖面鼓起，胎体较薄。同类器物还见于福泉山墓葬（标本 M74：166、M65：1）、桐乡新地里（标本 M66：37、M69：2）、青浦寺前（标本 M2：2）等，它们是良渚文化晚期偏早的典型器。所以，高城墩良渚高台墓地使用完毕的年代应当略早于该时期，或与之相当。

二、墓葬的年代

（一）墓葬的分期

本章的第一节中对高城墩良渚文化高台墓地的形成过程的推测，从相对年代上揭示出高台的形成与墓地形成的关系。在高台墓地的使用过程中，墓葬的陆续埋入占了相当长的一段时间，特点有二：第一，墓葬统一开口于同一层位之下；第二，墓葬间并未存在明显的叠压、打破关系。地层学依据墓葬的开口层位及叠压、打破关系，来作为墓葬分期的基础和标准。而仅从以上两点来看，并不能直接地揭露出该墓地墓葬间年代的早晚关系。但墓葬中随葬品的型式及组合关系会随时间的变化而存在明显的差异，这就为各墓间的早晚联系提供了相对准确的坐标单位。本章第二节中，我们已对墓葬所出土的随葬品进行过系统的类型学划分，现依据陶器、玉器、石器等若干质地随葬品型式的划分结果，可以得到各类器物明显的演化序列。

陶器破碎较多，但在可分辨出器形的八类陶器当中，发现有豆、双鼻壶、罐，三类形制变化较显著。

豆　分为两种形态。粗柄 A 型豆是主要形制①。在大部分墓葬中皆有体现，按照敞口、折敛口可分出 Aa、Ab 两个亚型。其中 Aa 型演变体现在豆盘下部的折棱，由近乎横折演变成斜折，进而豆盘也随着浅盘转变成深盘；Ab 型豆盘则是由深斜弧腹演变成平浅弧腹。B 型豆柄部较细，豆盘由侈口直壁变成折敛口。

双鼻壶　分为两种形态。变化的 B 型双鼻壶呈圆鼓腹，其圈足部变化明显。从微显外撇喇叭状，变成高直状。

罐　分为 4 种形态。C 型罐侈口，高领微束颈，肩部下弧，其变化规律是口部由圆方唇演变为卷沿，领部有所加高。D 型罐平沿，短束颈，鼓腹。

玉器中变化明显的有琮、璧、钺三类。

琮　分为两种形态。A 型为主要的形制，而演化则体现在 Ab 型琮由减地和兽鼻处刻有螺旋纹到平面管钻眼和简化兽鼻上的变化。

璧　分为两种形态。其中体现变化的是 Ab 型玉璧，由短径、大孔、厚缘，向长径、小孔、薄缘演变。

钺　演变规律为器形由大孔、宽扁平状"风"字形，逐渐变化成小孔、扁平修长"风"字形。

石器中仅石钺变化明显。

钺　分为 3 种形态。A 型占主体部分，其中 Aa 型由平面呈扁梯形，演变成长梯形状；Ab 型钺则是由扁薄"风"字形，变化成厚扁斜直边形。

通过以上对具有明显特征变化的器物进行排列后，我们将高城墩 14 座良渚文化墓葬划分成两期四段。早期第一段包括墓葬 M13、M12、M3，出土器物组合以 Aa I 式豆，A 型双鼻壶，A 型罐，Aa 型、Ab I 式、B 型琮，A I 式玉璧，I 式玉钺，A I 式玉坠，Aa I 式、Aa II 式、Ab I 式石钺，A 型石锛为代表。早期第二段包括墓葬 M7、M6、M5，其中墓葬出土的主要器物组合为 Aa II 式豆，A 型、B I 式双鼻壶，B

---

① 此类器物或称之为"圈足盘"。

型、C I 式罐，Ab II 式琮，II 式玉钺，Aa I 式、B 型玉镯，A I 式锥形器，A I 式、A II 式玉坠，Aa I 式、Aa II 式、Ab II 式石钺。晚期第三段包括墓葬 M4、M8、M9，器物组合主要是 Ab II、B I 式豆，B I 式、B II 式双鼻壶，C I 式罐，Ab II 式琮，A I 式、A II 式玉璧，A II 式锥形器，B 型玉坠，Aa I 式、Aa II 式、B 型石钺，B 型石锛。晚期第四段包括墓葬 M11、M1、M10、M2，主要器物是 Ab I 式、B II 式豆，B I 式双鼻壶，C II 式、D 型罐，Ab II 式琮，A II 式、B 型玉璧，III 式玉钺，Aa II 式、B 型玉镯，A II 式、B 型锥形器，Aa II 式、C 型石钺，B 型石锛（图一三七）。M14 根据出土石钺形制可划分于晚期，但由于出土器型单一，无法作更加细致的阶段归属。

（二）墓葬的相对年代

高城墩地处良渚文化五区类型中的常州—无锡地区的核心地带[1]。由于它在早期远离良渚文化中心地带，受典型良渚文化的影响较弱势。而在区域内，遗址及墓葬中所显现出的是基本沿承本地区早期文化面貌[2]。通过上文对高城墩墓葬中出土主要器物的类型学分析和分期，我们在讨论高城墩整体相对年代时，更加注意的是整合同区域及邻近区域内相同年代的文化遗存，再以大的文化圈内所包含的文化特性统一校验，这样不仅在小区类型上解决本区内该段时间内文化发展序列，而且能将小区和整个文化圈内的各小区以时空交叉的形式紧密结合到一起。

1、早期

包含第一和第二两个阶段。

（1）第一阶段墓葬是高城墩良渚墓地现存最早的墓葬组合。出土陶器以双鼻壶、豆、罐为主体的组合，同时还见有匜、鼎、大口尊等。其中 M13 所发现的豆（M13：9）虽因仅存口沿部分而未做型式划分，但敞口、斜折腹的特点显著，具有同类口沿豆盘有青浦寺前 M3：5[3]、海盐龙潭港 M9：36、42、44[4]、嘉兴凤桥高墩 M1：22、25、26[5]、余杭上口山 M7：4[6]、反山 M22：61[7] 等处。双鼻壶仅 M13：10 一件，矮圈足，虽腹部至中颈部残损严重，但以残留于圈足上的部分和壶口推测，整体器形比较扁矮，而且腹部圆鼓。相似的器形有福泉山 M120：2[8]、新地里 M98：27[9]。Aa I 式折腹豆（M12：5），以及青浦福泉山 M120：9[10]，松江广富林 M21：1、M8：1[11]。此外，同类器形在太湖东南区的桐乡新地里 M50：1、M118：1[12]，平湖平丘墩

---

① 5 个区域包括：a. 太湖以南以余杭良渚遗址群为中心的杭州地区；b. 太湖东北一隅以草鞋山—赵陵山—张陵山—福泉山一线为核心的苏南—沪西地区；c. 太湖东南包括嘉兴、桐乡、海宁、海盐、平湖等在内的嘉兴—沪南地区；d. 太湖以北高城墩—寺墩为核心的常州—无锡地区；e. 太湖西部的湖州—宜兴地区（参见《新地里（上）》第 596~597 页）。另有学者将江淮东部具有良渚文化因素的遗存同样囊括到良渚文化的分区当中，即增加至 6 个区域，见栾丰实：《良渚文化分区与分期》，《东方文明之光》第 271 页。

② 丁品先生曾认为，太湖东、北区传统文化沉淀较深，所以，从崧泽向良渚文化的转变不同于太湖东南区，参见丁品：《论崧泽文化向良渚文化的两个转变类型》，浙江省文物考古研究所编：《良渚文化研究——纪念良渚文化发现 60 周年国际学术讨论会文集》第 264 页。方向明先生也曾撰文，将所谓的"崧泽文化"划分成太湖东、东南、南、北四块类型区域，并提出，"传统意义上所谓的崧泽文化是否可以作为良渚文化早期发展阶段"的设想，参见方向明：《马家浜——良渚文化若干问题探讨》，《纪念浙江省文物考古研究所建所二十周年论文集》第 33 页。

③ 上海博物馆考古研究部：《上海青浦区寺前史前遗址的发掘》图一五：9，《考古》2002 年第 10 期。

④ 浙江省文物考古研究所、海盐县博物馆：《浙江海盐龙潭港良渚文化墓地》图七：7、9、10，《考古》2001 年第 10 期。

⑤ 浙江省文物考古研究所、嘉兴市博物馆：《嘉兴凤桥高墩遗址的发掘》，引自《崧泽·良渚文化在嘉兴》第 182 页，图十一，浙江摄影出版社，2005 年。

⑥ 浙江省文物考古研究所：《浙江余杭上口山遗址发掘简报》第 63 页，图一三：9，《文物》2002 年第 10 期。

⑦ 浙江省文物考古研究所：《反山》第 295 页，图二四一：5，文物出版社，2005 年。

⑧ 上海市文物管理委员会：《福泉山》第 58 页，图四五：2，文物出版社，2000 年。

⑨ 浙江省文物考古研究所：《新地里》第 218 页，图一〇九，B：27，文物出版社，2006 年。

⑩ 同⑧，第 58 页，图四五：9。

⑪ 上海博物馆考古研究部：《上海松江广富林遗址 1999~2000 年发掘简报》图一九：4、16，《考古》2002 年第 11 期。

⑫ 同⑨，第 118 页，图六一：1；第 267 页，图一二九：1。

M24:9①，良渚遗址群的余杭上口山 M4:5② 等地也有发现。厚胎刻划斜状篮纹大口尊同样见于福泉山 M132:57③，龙潭港 M9:1、M27:1④。M3 出土夹砂红陶高直领广肩罐，同类器见于福泉山 M120:12⑤、雀幕桥 M3:17⑥、上口山 M7:5⑦、新地里 M98:13⑧、反山 M18:28⑨ 等。

　　玉器中以刻有底纹的玉琮最为精美，其中 Aa 型满底纹琮（M13:13）与余杭瑶山墓地出土的一件饰底纹两节琮（M10:19）极为相似⑩。而高城墩出土的刻纹玉琮纹饰更加细腻，并且在琮顶两组平行弦纹之间还填饰有底纹⑪。AbⅠ式琮同样见于瑶山（采集 2787、2841）⑫、反山（标本 M17:1、2，M18:6）⑬墓地，B 型琮（镯形琮）与反山 M23 出土的一件（标本 M23:22）一致⑭。M13 出土的玉璧同反山墓地所出土的玉璧特征近似。皆为孔部相对较大，靠近璧孔部较缘部厚⑮。高城墩出土垢宽扁"风"字形玉钺（标本 M13:2），在瑶山 M3、M9（标本 M3:12、M9:14）⑯、反山 M17（标本 M17:22）⑰、荷叶地 M9（标本 M9:19）⑱、普安桥标本 M11（标本 M11:2）⑲ 等处均见有形制相同者。类似短锥形器的 AⅠ式坠饰（M3:4），同样器形见于瑶山 M2（标本 M2:26）⑳、反山 M17（标本 M17:45）㉑。出土石器当中，以厚体多孔石刀（M3:9）形制最为特殊，福泉山 M120㉒ 出土的一件石刀（标本 M120:7）几乎与之完全相同，同类器还见于常熟嘉菱荡（嘉2）㉓、海盐周家浜（标本 M12:17）㉔、桐乡新地里等遗址。

　　（2）第二阶段中随葬陶器组合主体为双鼻壶、豆、罐、鼎。福泉山 M120:2、新地里 M98:27 与高城墩 A 型双鼻壶的形制相同，其中圈足部分的弦纹、小方形镂孔样式的双鼻壶还见于新地里 M82（标本 M82:7）㉕。AaⅡ式豆比 AaⅠ式豆盘深，折腹处也偏于上部，相似器形也见于亭林 M1:13㉖。而与 B 型陶

① 《浙江北部地区良渚文化墓葬的发掘（1978～1986）》图一〇:7，引自《浙江省文物考古研究所学刊（第二辑）——建所十周年纪念（1980～1990）》，科学出版社，1993 年。
② 浙江省文物考古研究所：《浙江余杭上口山遗址发掘简报》，图一三:4，《文物》2002 年第 10 期。
③ 上海市文物管理委员会：《福泉山》第 61 页，图四八:57，文物出版社，2000 年。
④ 《浙江海盐龙潭港良渚文化墓地》第 32 页，图七:19；第 35 页，图一〇:15，《考古》2001 年第 10 期。
⑤ 同③，第 58 页，图四五:12。
⑥ 同①，图一一:12。
⑦ 同②，图一三:11。
⑧ 浙江省文物考古研究所：《新地里》第 218 页，图一〇九，B:13，文物出版社，2006 年。
⑨ 浙江省文物考古研究所：《反山》第 214 页，图一七一:3，文物出版社，2005 年。
⑩ 浙江省文物考古研究所：《瑶山》第 137 页，图一六九，文物出版社，2003 年。
⑪ 该琮是迄今于良渚中心区以外所发现的早期刻底纹玉琮中最为精美的一件。
⑫ 同⑩，第 181 页，图二三〇；第 192 页，图二四五。
⑬ 同⑨，第 194～195 页，图一五六、一五七；第 212 页，图一六九。
⑭ 同⑨，第 304 页，图二四七。
⑮ 反山南北两排墓葬中，出土类似玉璧的墓葬有 M12、M14、M20、M22、M23。
⑯ 同⑩，第 55 页，图五六；第 80 页，图九五；第 117 页，图一四四。
⑰ 同⑨，第 196 页，图一五八。
⑱ 《海宁荷叶地遗址》图六，《崧泽·良渚文化在嘉兴》第 68 页。
⑲ 参见《浙江桐乡普安桥遗址发掘简报》图二十九，《崧泽·良渚文化在嘉兴》第 123 页。
⑳ 同⑩，第 45 页，图四三:2。
㉑ 同⑨，第 190 页，图一五二:9。
㉒ 同③，第 58 页，图四五:7。
㉓ 常熟市文物管理委员会：《江苏常熟良渚文化遗址》，图三:8，《文物》1984 年第 2 期。
㉔ 浙江省文物考古研究所、海盐县博物馆：《海盐周家浜遗址发掘概况》，图十:17，《崧泽·良渚文化在嘉兴》第 185 页。
㉕ 同⑧，第 187 页，图九三:7。
㉖ 上海博物馆考古研究部：《上海金山区亭林遗址 1988、1990 年良渚文化墓葬的发掘》，图一三:14，《考古》2002 年第 10 期。

罐器形相同者见于徐步桥 M11:8①、亭林 M1:19②、新地里 M115:15③，其中亭林、新地里两地所出的罐腹部较前两地罐腹扁浅，反映在时代上或略有早晚之分。在 M7 中，短鱼鳍形的扁足与反山 M17:59 鼎足、M22:66 甗鼎④足相近。C I 式罐（M6:10）与亭林 M1 罐（M1:8）⑤ 的口、颈部分相同。玉琮在该段已不见刻划底纹，眼眶周围与鼻凸上部以三角形眼睑与简化螺旋纹代替复杂的底纹。此类琮在环太湖周边区域内出土较多，是良渚文化玉琮的主要形式。另外，以小孔、宽扁"风"字形为特征的玉钺（M5:18）与瑶山玉钺 M7:32⑥ 相似；浑圆的 A II 式坠饰（M7:2）则与福泉山（标本 M124:7）⑦、新地里（标本 M82:1）⑧、反山（标本 M12:141）⑨ 的坠饰近同。

早期 6 座墓葬中表现年代最早的器物，即是 M13 中发现的刻底纹玉琮，比较瑶山墓地以及出土相似玉琮墓葬（瑶山 M10）的年代，M13 刻底纹玉琮的上限年代为良渚文化中期偏早⑩。敞口、斜折腹（?）则表现出其墓葬时代与反山所处的良渚文化中期相近。但该组墓葬中的豆、鼎、罐组合与瑶山、反山等良渚遗址中心墓葬不同，更相近于太湖东区的嘉兴、上海良渚文化墓葬的随葬品组合。

以随葬品的特征和墓坑序列来看，墓地中最早营建的无疑是 M13。M3、M12 出土夹砂红陶高直领广肩罐⑪、折腹豆，表明两墓的时代相近，同属墓地年代早段。高城墩第一段出土双鼻壶、折腹豆、夹砂红陶高直领广肩罐、多孔石刀的墓葬，与福泉山二期、新地里早期及浙北良渚墓葬三期第一段⑫出土的同类器时代相当，为良渚文化中期。第二阶段墓葬中，M7 的鱼鳍形足鼎同折腹豆、圆腹罐组合。从墓葬序列上来看，M7 晚于 M3，M3 出土的夹砂红陶高直领广肩罐在良渚文化诸多遗址中与鱼鳍形足共存⑬。这说明，M7 的时代与 M3 相衔接。M6 是高城墩墓地中唯一未见随葬石钺的墓葬，我们推测，墓主可能是女性。该墓葬同 M13 关系紧密，在墓葬排列中，由于 M3 紧靠 M13 北部，M12 又紧靠 M13 东部，致使 M6 在想要显示它与 M13 的关系，同时又要保持墓葬间特定距离的要求下，只能局促地紧靠地 M13 的西北角。早期最晚的 M5 是墓地现存器物级别最高的完整墓葬，它出土的简化刻纹玉琮的年代相对偏晚，玉、石钺的钺体加长，这都是偏晚的重要特征。

整个第二阶段陶器中，陶器的足部装饰弦纹、短条形镂孔渐增，这与新地里遗址早期偏晚段的变化趋势吻合，年代同浙北良渚墓葬三期第一段相一致。故高城墩墓葬早期的整体相对年代更接近于良渚文化中期至中期偏晚段，绝对年代约在距今 4800～4600 年。

2、晚期

包括第三和第四两个阶段。

（1）第三阶段的陶器组合以双鼻壶、豆、罐、鼎为主体，同时还见有杯、甗等，相对于早期墓葬的

---

① 《浙江北部地区良渚文化墓葬的发掘（1978～1986）》，图一一:10，《浙江省文物考古研究所学刊（第二辑）》，第 95 页。
② 《上海金山区亭林遗址 1988、1990 年良渚文化墓葬的发掘》，图一四:6。
③ 《新地里》第 257 页，图一二六，B:15。
④ 《反山》第 204 页，图一六五:1；第 295 页，图二四一:2。
⑤ 上海博物馆考古部《上海金山区亭林遗址 1988、1990 年良渚文化墓葬的发掘》，图一四:5，《考古》2002 年第 10 期。
⑥ 《瑶山》第 80 页，图九五。
⑦ 《福泉山》第 59 页，图四六:7。
⑧ 同③，第 187 页，图九三:1。
⑨ 同④，第 80 页，图六八:2。
⑩ 对于良渚文化本身的分期，学术界存在多种观点，在此我们取用约距今 5300～4200 年作为良渚文化始末的时代标尺，下同。关于瑶山的年代，方向明先生认为，"与庙前良渚文化早期墓葬同时，或认为是良渚遗址群中良渚文化的最早阶段"。而 M10 列于瑶山的偏晚阶段，参见方向明：《瑶山的墓葬和出土玉器》，第 298 页。
⑪ 该器残破，底部情况不明，依据其他遗址所出的同类口沿，可知底部为圈足，亦可称为"夹砂陶圈足罐"。
⑫ 在浙北地区，千金角、徐步桥、盛家棣、平丘墩、雀幕桥、辉山 6 处遗址墓葬的分期，参考《浙江北部地区良渚文化墓葬的发掘（1978～1986）》，《浙江省文物考古研究所学刊（第二辑）》，第 98 页。
⑬ 芮国耀：《良渚文化陶器内涵及其礼器化现象探讨》，《浙江省文物考古研究所学刊（第八辑）》第 413 页。

主体器物组合没有太大变化。折腹豆（例如 M8：10、M4：9）的豆盘腹部已变为唇内折大敞口，豆盘形制同于福泉山 M65：91①、庙前 G3①：479②、马家坟 G1：23③。另外，细把竹节形豆（M8：11）的竹节形器柄分别与福泉山 M74：2④、雀幕桥 M4：16⑤、庙前 G3①：380⑥、H3①：375⑦ 相同。在第三阶段，早期的夹砂红陶高直领广肩罐已演变为泥质侈口高领陶罐（例如 M8：16、M4：12），如新地里⑧、庙前⑨等。王家山第二文化层大量发现腹部饰有弦纹的陶鼎、甗⑩，与 M8 所出陶甗（M8：13）相同，特别是扁凿形足部也近似一致。另外，M9 所出的蛋形陶杯（M9：3），近同于庙前 G3：300⑪、广富林 M2：2⑫。第三阶段中玉器数量较少，皆为素面，以璧、管、珠占主体。标本 M8：2 破碎玉琮经过复原，应为单节简化纹矮琮。M8 出土的玉璧既有 I 式大孔厚缘者（例如 M8：9），又有 II 式小孔薄缘（例如 M8：1），后者在周边如寺墩、邱承墩、草鞋山等遗址中都有发现。

（2）第四阶段的陶器组合以双鼻壶、豆、罐、鼎为主。双鼻壶（M10：12－1）残破较甚，但可以看出外撇圈足，以弦纹装饰，口部外敞。相似的器形及装饰手法也见于福泉山 M65：1⑬、新地里 M120：4⑭、龙潭港 M20：3⑮。特别是壶的颈部，同第一期双耳壶相比，明显增高变长。唇内折的大敞口豆与竹节形豆也见于本阶段当中，如 M11：11、M10：11－1、M1：21，相同的器形分别与越城 M3：4⑯、福泉山 M65：93⑰、寺墩 M3：40⑱ 相同。玉琮的眼眶周围与鼻凸上部刻划三角形眼睑与简化螺旋纹，而 M11：3 鼻部刻以曲尺纹来替代简化螺旋纹的分割较特殊，未见于其他遗址。小孔、窄扁"风"字形玉钺（M1：1）的形制同于福泉山 M65：46⑲。玉璧则以 A II 式玉璧为主体。在料质上，玉璧出现风化后呈孔洞状的白石类玉料，标本 M10：2 玉镯料质也与之相同。

晚期 8 座墓葬中 M8 中 I 式、II 式璧和 B I 式豆同出，锥形器多是带榫头长柱形，未发现具有更晚期特征的一类截面呈方形或扁方形的锥形器。B I 式泥质细把竹节形豆无疑是良渚偏晚阶段所出现的特有器型。C I 式泥质侈口高领陶罐同样发现于早期第二段 M6 当中，有学者做过统计，此类罐多处于"T"字形足的偏晚期遗存⑳。有所区别的是，王家山与高城墩墓葬所出高领罐上口沿部位，未发现常见的点线状戳刻。M8 出土的石器中，大孔扁平舌形石钺（如 M8：4－1）一般只出于高等级大墓当中，出土数量仅次于

①　上海市文物管理委员会：《福泉山》第 50 页，图三九：94，文物出版社，2000 年。
②　浙江省文物考古研究所：《庙前》第 196 页，图一四七：3，文物出版社，2006 年。
③　同②，第 315 页，图二三〇：6。
④　同①，第 52 页，图四一：2。
⑤　《浙江北部地区良渚文化墓葬的发掘（1978～1986）》，图九：12，引自《浙江省文物考古研究所学刊（第二辑）——建所十周年纪念（1980～1990）》。
⑥　同②，第 196 页，图一四七：13。
⑦　同②，第 231 页，图一七〇：3。
⑧　浙江省文物考古研究所：《新地里》第 577 页，图二九一：6、7，文物出版社，2006 年。
⑨　庙前遗址晚期单位遗存中，此类泥质侈口高领陶罐的发现数量较多，如第五、六次发掘的 H3、G3 等单位中，而个别器物的口沿、颈部因时代早晚略显不同。
⑩　镇江市博物馆《江苏丹阳王家山遗址发掘简报》，图四，《考古》1985 年第 5 期。
⑪　同②，第 200 页，图一五〇：3。
⑫　《上海松江广富林遗址 1999～2000 年发掘简报》，图二〇：5，《考古》2002 年第 11 期。
⑬　同①，第 50 页，图三九：1。
⑭　同⑧，第 387 页，图一九四：2。
⑮　《浙江海盐龙潭港良渚文化墓地》，图九：5，《考古》2001 年第 10 期。
⑯　南京博物院：《江苏越城遗址的发掘》图八：10，《考古》1982 年第 5 期。
⑰　同①，第 50 页，图三九：93。
⑱　南京博物院：《1982 年江苏常州武进寺墩遗址的发掘》，图六：4，《考古》1984 年第 4 期。
⑲　同①，第 50 页，图三九：46。
⑳　芮国耀：《良渚文化陶器内涵及其礼器化现象探讨》，引自《浙江省文物考古研究所学刊（第八辑）》，第 413 页。

玉钺，与墓葬等级关系密切①，凸显出 M8 在晚期墓葬当中的显赫地位。我们推测，该墓葬应当是第三阶段墓葬群的核心。M4 中 BⅡ式双鼻壶和早期第二阶段中 M5 所出的 BⅠ式双鼻壶相近，相隔年代不会太晚。而 M9 从所出陶器来看也与 M8 时代相当。第四段墓葬中以出土琮、璧、钺组合的 M11 为墓群核心，其中所出 AbⅡ式豆比 M8 中 AbⅠ式柄部略粗，盘腹变浅，显示出偏晚期的特征。M1 与 M11 出土泥质侈口高领陶罐，颈部及口沿相似，故年代相近。而 M10 中外撇圈足高领双鼻壶及该墓中所发现的细柄竹节形陶豆，则是两类器物偏晚的典型器。M2 中虽未发现完整陶器，但玉璧（M2:10）的料质、风化情形与M10 中的玉镯（M10:2）如出一辙，厚体小孔石钺（M2:8-1）与 M10 石钺（M10:6-1）的形制也极为近似，所以 M2 与 M10 年代相近。晚期墓葬中陶器中双鼻壶、豆的发展趋势与福泉山三到四期、浙北良渚墓葬三期第二段一致。但在我们所认为最晚第四阶段墓葬当中，未发现福泉山五期、寺墩等良渚文化晚期遗址的典型器物，如阔把翘流壶、黑衣磨光刻纹陶器、篓形大口尊等。综上所述，我们认为，高城墩晚期墓葬的相对年代为良渚文化中期偏晚到良渚文化晚期偏早，绝对年代约在距今 4600~4400 年（图一四五）。

从以上分析不难看出，在高城墩墓葬第一阶段，随葬品没有体现出强烈的区域特点，所以相比较早期如高台堆积下部良渚早期遗存而言，墓葬中的随葬品表现最多的还是与相邻东部的良渚文化主流因素相近。代表最高意识形态的玉器以玉琮为代表，其与良渚中心区的一致性则反映出，该阶段的统治集团高层与良渚中心区联系密切②。在第二阶段显露出少量具有地方性的文化因素，如 M7 所出土的残存鼎上腹、颈相交处，饰有多道紧密弦纹。这种风格少见于东部，其类似崧泽文化的装饰手法极可能是该区域内陶鼎系统所固有的装饰方法③，传承并延续至良渚时期。在此区域内，类似于赵陵山、龙南等典型良渚文化早期遗存的的遗址虽有零星发现，如常州新岗遗址④，但总体情况尚不清晰。

出现上文所述现象，我们认为有两种可能：一是良渚文化的扩张入侵，二是良渚文化的同化兼并。以上两种情况都会导致一个结果，即高城墩墓葬早期发现有与良渚遗址中心区域相同的资源⑤。诸如本地区流行的侧扁凿形足、"凸"字形足、折沿鼓腹弦纹鼎等，类似器物自太湖东北到太湖东南的所发现数量依次减少，更罕见或不见于良渚遗址群的杭州地区。位于江淮之间的阜宁陆庄遗址，在相当于良渚文化

---

① 此类石钺的质地成分主要是 Al_2O_3（参见附录二），矿物学成分以低铁阳起石为主（郑健：《武县张陵东山遗址出土玉器鉴定报告》，《文物》1986 年第 10 期）。或称之为"溶结凝灰岩"（中村慎一：《略论良渚文化石器》，《浙江省文物考古研究所学刊（第八辑）》第 364 页）。刘斌先生认为，该类石钺"在矿源上应与玉矿有着一定的联系，很可能是玉矿的伴生矿"，而且"这种石钺一般只出土于高等级的大墓和中等级墓中的少数身份级别较高的墓葬之中"。分析其功能，"应是作为军权地位的象征的一种占有。"参见刘斌：《良渚文化玉钺与石钺》，《玉魂国魄——中国古代玉器与传统文化学术讨论会文集》第 160 页，北京燕山出版社，2002 年。

② 日本学者中村慎一解释这种现象的成因，认为高城墩"玉器作为赐品由地位高的人赐予"，并且"分发源为瑶山，分发地是高城墩。通过玉器的分发，可以认为当时进行过对政治支配关系的确认"（参见中村慎一：《城市化和国家的形成——良渚文化的政治考古学》，《良渚文化研究——纪念良渚文化发现六十周年国际学术讨论会文集》第 25 页）。可以说在良渚文化晚期，高城墩所处的常州—无锡地区内仍出土有刻底纹琮（如寺墩 M4:1，图见《良渚文化玉器》第 21 页，图版 24、25）。可见高城墩与良渚中心区关系的特殊性。

③ 同类陶鼎的装饰手法见于丹阳王家山遗址第二文化层，参见《江苏丹阳王家山遗址发掘简报》图四:1、2、6。

④ 新岗遗址位于常州五星乡和三井乡交界处，常州市博物馆于 1991 年 10 月做过小规模的试掘。2002~2003 年、2008~2009 年，南京博物院考古研究所、常州市博物馆先后三次对该遗址进行抢救性考古发掘。该遗址遗存的时代横跨马家浜、崧泽两大时期，以及少量良渚文化早期遗存，发掘资料现存常州市博物馆。

⑤ 有学者指出"高城墩位于整个环太湖地区的最北端，它完全是一个接受资源的形态，大部分产品直接从遗址群远程得到，也有一些就近来自于苏南地区"，见秦岭：《良渚玉器纹饰的比较研究——从刻纹玉器看良渚社会的关系网络》，引自《浙江省文物考古研究所学刊（第八辑）》，科学出版社，2006 年。

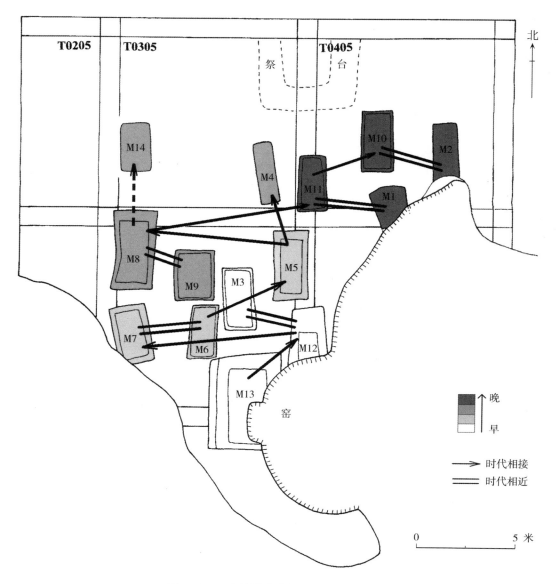

图一四五 高城墩墓葬间可能的相对年代

中晚期地层当中，侧扁凿形足也占有相当大的比例①。由于陆庄文化遗存在高城墩部分器物中有所体现，而高城墩所处的地理位置更加能够体现出与其关系的特殊性。所以有学者曾认为，陆庄文化遗存略显单薄②，而王家山等诸遗址中发现有侧扁足，这无疑为江淮东部及太湖流域文化的联系提供了重要的线索。

---

① 该遗址的侧扁凿形足占比例达50%以上，见南京博物院考古研究所、盐城市文管会、盐城市博物馆：《江苏阜宁陆庄遗址》，《东方文明之光》第130页。张敏先生以江淮东部考古学文化空间上的重复和交叉所带来的混乱，认为陆庄遗址不应该划入良渚文化范畴，可另称为"陆庄文化遗存"。

② 丁品：《良渚古国范围及其与周邻文化交往的主要特征》，《史前研究（2000辑刊）》，三秦出版社，2000年。

附表一

高城墩墓葬登记表

编号	墓葬名称	开口层位	墓葬形制	棺椁	人骨保存情况	随葬器物	填土	层位关系	备注
1	M1	第4a层下	长方形土坑竖穴。墓口残长2.2，宽1.92米，墓底残长2.2，宽1.92米，底至墓口深0.2米，墓向190°	朽甚，不清楚	人骨架1具，已朽甚。头向朝南	残存35件，包括玉、陶器。其中玉集中于墓坑南部，陶器锛、镯、管、珠在墓坑北端	红灰土，略泛灰白色，内含少量黑色斑纹，夹杂板土块中的红烧土块。土质沙性，黏性较差	上部被近代池塘及第4a层叠压，打破，同时又打破第4b、6c层	
2	M2	第4a层下	长方形土坑竖穴。墓口残长2.98，宽1.26～1.4米，墓底残长2.98，宽1.26～1.4米，底至墓口深0.16米，墓向171°	葬具已朽甚，在墓内东南部填土中发现有少量朱砂，漆皮痕迹，可能是棺椁上部的装饰	人骨架1具，已朽甚。珠、玉填甚。及石锛的出土说明墓主头置向朝南	残存18件，包括玉、石、陶、漆木器。其中石锛、玉管、珠及小型玉器集中于墓南部，陶器则位于墓坑北端	红灰土，略泛灰白色，内含少量黑色斑纹，还有极少量的红烧土颗粒。其中靠近墓边填土偏红，夹杂细小的棕色斑点。土质坚硬，黏性较差	其上被近代池塘及第4a层叠压，打破，同时打破第4b层，叠压红烧土层与第6c层	
3	M3	第4a层下	长方形土坑竖穴。墓口长3.5，宽1.4，底至墓口深1.6米，墓向171°	1棺，由于受回填土的挤压，棺的中段略显内凹。棺板长3.05，宽1.15米，侧棺板残高0.8米	墓内有人骨架1具，已朽甚。集中出土的玉管、珠、琮及多孔石刀说明，墓主头向朝南	22件，包括玉、石、陶器。其中石刀、玉琮在墓主腹部附近，玉坠、玉管在头骨附近，或散落于棺内北半部。陶器在墓主脚部以北	黄褐色，内含少量黑色斑纹，还有极少量的红烧土颗粒。土质坚硬，黏性较差	打破第4b、6c层	由于采取保护坑内棺木的发掘方式，仅对棺内填土进行了清理，故墓底情况不明

续附表一

编号	墓葬名称	开口层位	墓葬形制	棺椁	人骨保存情况	随葬器物	填土	层位关系	备注
4	M4	第4a层下	长方形土坑竖穴。墓口长3.1,宽1米,底至墓口深0.3米,墓向170°	朽甚,不清晰	墓内未见骨架。玉管、珠及石斧的出土位置说明,墓主头向南	17件,包括玉、石、陶器。其中石斧放置于墓坑中段偏北,玉坠、珠、管在南端头部附近,或者散落于棺内北半部。陶器置于墓坑北部	填土黄褐色,内含少量黑色斑纹,还有极少量的红烧土颗粒。土质较软,黏性较差	打破第4b、6c层	
5	M5	第4a层下	长方形土坑竖穴,墓口长3.72,宽1.81~1.72米,底至墓口深0.9米,墓向180°	1椁1棺。木椁因受回填土挤压,椁中段略显内凹。椁口长2.63,宽1.13,椁底长2.55,宽0.84米。棺在椁内上部,有盖板,棺底已塌落,棺底呈凹弧形	骨架已朽甚,集中出土的玉管、珠,2件玉琮及石钺的出土位置说明,墓主头向朝南	49件,包括玉、石、陶器。两件玉琮置于墓主头顶部,玉钺放置于墓主右手以下部位。两件玉镯戴在墓主两手臂上,玉钺位于脚端部。陶器均在石钺北两端各有1件脚部的棺盖板上	填土黄褐色,内含少量黑色斑纹,还有极少量的红烧土颗粒。土质坚硬,黏性较差	打破第4b、6c层	由于采取内棺护坑内棺木的发掘方式,仅对棺内填土进行了清理,故墓底的长、宽、底情况不明
6	M6	第4a层下	长方形土坑竖穴,墓口长2.99,宽1.23~1.43米,棺底至墓口深0.8米,墓向180°	棺痕长2.7,宽1~1.2,板厚0.06米,盖板、底板已塌落,底板面清晰,底部南端还发现有宽约0.06米的板灰痕,东西横贯棺底	墓内见有零星的骨渣,已朽甚	13件,包括玉、石、陶器。玉珠、管集中置于墓室北部,两件陶罐位于北部,不知名陶器置于中部偏南	填土黄褐泛青灰,夹杂棕色、黑褐色少量斑点,还有板灰色的红烧土颗粒与陶片。土质坚硬,黏性较差	打破第4b、6c层	由于采取内棺护坑内棺木的发掘方式,仅对棺内填土进行了清理,故墓底的长、宽、底情况不明

续附表一

编号	墓葬名称	开口层位	墓葬形制	棺椁	人骨保存情况	随葬器物	填土	层位关系	备注
7	M7	第4a层下	长方形土坑竖穴,墓口长2.9,宽1.52米,由棺底至墓口深0.6米,墓向168°	棺长2.3,宽0.87,板厚0.06米。葬具盖板已塌落,盖板呈青灰色	墓内有零星的骨渣,已朽甚。靠近墓坑南部有牙齿痕迹,故可知墓主头向朝南	10件,包括玉、石、陶器。其中玉饰置于墓室北部和墓坑中段偏北,陶器置于墓西北部	填土黄褐泛青灰,夹杂褐色,黑褐色斑点,还有极少量的红烧土颗粒。土质坚硬,黏性较差	打破第4b、6c层	由于采取保护坑内棺木的发掘方式,仅对棺内填土进行了清理,故墓底宽、宽底长,情况不明
8	M8	第4a层下	长方形土坑竖穴,墓口长4.12,宽1.95~2.15米,由棺底至墓口深0.55米,墓向180°	1椁1棺。椁长3.04~3.18,宽1.46~1.53,板厚0.04~0.08,残高0.4米。底棺有盖板,椁情况不清,棺置于椁内,为上、下弧状原木相扣而成	墓内有零星的骨渣,已朽甚。靠近墓坑南部发现有牙齿痕迹,加之玉串饰及石钺之放置部位,可知墓主头向朝南	69件,包括玉、石、陶器。玉琮位于墓主头部,玉璧一件在胸部右侧,另一件在墓主腹部脚端。石钺放在墓主腹部左侧。玉串饰置于墓主的胸、腹部,其余散落在棺南部四周。陶器置于墓坑北部偏西	填土黄褐泛青灰,夹杂褐色,黑褐色斑点,土内含有极少量的红烧土颗粒。土质坚硬,黏性较差	打破第4b、6c层	由于采取保护坑内棺木的发掘方式,仅对棺内填土进行了清理,故墓底宽、宽底长,情况不明
9	M9	第4a层下	长方形土坑竖穴,墓口长1.62~1.7,宽2.2,墓底长2.2~1.7米,由底至墓口深0.58米,墓向180°	依据剖面上所显现的南北板灰边转角来推测,墓主有木质葬具	墓内未见人骨,石钺的出土位置说明,墓主头向朝南	3件,包括石、陶器。石钺放置于墓坑中部,刃部朝向墓内。2件陶器置于墓坑北部偏西	填土黄褐泛青灰,夹杂棕色,黑褐色斑点,含有极少量黄土的红烧土颗粒,块状陶片、黄土颗粒和红烧土,土质坚硬,黏性较差	打破第4b、6c层	

续附表一

编号	墓葬名称	开口层位	墓葬形制	棺椁	人骨保存情况	随葬器物	填土	层位关系	备注
10	M10	第4a层下	长方形土坑竖穴。墓口长3.2，墓口宽1.4米，由墓口深至底至墓底深0.55米，墓向176°	板痕长方形，宽厚，口长2.85，宽1.17，板厚0.05～0.06，残高0.5米。在距离底板灰壁0.18米处，发现一条东西长0.9，南北宽0.18，厚0.03～0.05米的板灰痕，可能是坍塌后盖板的遗迹	墓内有零星的骨渣，已朽甚。根据玉串饰，玉串镯及石钺的放置部位，可知墓主头向朝南	43件，包括玉、石、陶、漆器。玉串饰散落于墓主头部四周，一件玉璧置于胸部右侧。石钺置于墓主腹部右侧手臂处，石锛置于墓主左右附近。4件陶器及漆器置于墓坑北部偏西	填土棕黄色，夹杂黑褐色斑点，棕色，土内含有大量的红烧土块及少量陶片。土质细腻，坚硬，黏性较差	打破第4b，红烧土层与第6c层	由于采取保护坑内棺木的发掘方式，仅对棺内填土进行了清理，故墓底宽、长、宽底情况不明
11	M11	第4a层下	长方形土坑竖穴。墓坑口长2.82，宽1.42～1.6米，棺底至墓口深0.7～0.78米，墓向180°	1椁1棺。椁板长2.4，宽0.84～1.1，板厚0.04～0.11，残高0.5米。棺木已随椁室盖板坍塌，棺室墓底残留的青灰色带状板灰，可能是支撑棺木的横木两端残留的青灰	棺内见有零星的骨骼残渣，已朽甚。靠近墓坑南部发现有牙齿痕迹，加之玉琮、串饰的放置部位及石钺的放置部位，可知墓主头向正南	36件，包括玉、石、陶、漆器。玉串饰部四周有玉琮，另一件石钺则置于墓主腹部右侧。漆器上散落有玉锥形器、玉珠等。陶器置于墓坑北部	填土黄褐泛青灰，夹杂褐色，黑褐色斑点，土内的红烧土颗粒，零星的兽骨残片	打破第4b，6c层	由于采取保护坑内棺木的发掘方式，仅对棺内填土进行清理，故墓情底长、宽情况不明

续附表一

编号	墓葬名称	开口层位	墓葬形制	棺椁	人骨保存情况	随葬器物	填土	层位关系	备注
12	M12	第4a层下	长方形土坑竖穴,墓口长2～2.5、宽1.04～1.24米,略显北窄南宽,棺底至墓口深0.8米,墓向178°	板灰平面呈长方形,残长0.5～1.32、宽0.04、高0.36米。南部已被破坏,北端呈斜状外凸,葬具下埋后,再将陶大口尊置于北端葬具与墓坑之间	棺内未见有骨痕,已朽甚。从石钺、陶器的放置可知,陶器位置南,墓主头向正南,向葬式、性别及年龄皆不明	18件,包括玉、石、陶器。一件石钺置于墓主腹侧,置于墓坑北部。陶大口尊与另一件陶罐置于北部第二层台上	填土黄褐泛青灰,夹杂棕色,黑褐色斑点,土内含有极少量的红烧土颗粒,零星呈现兽骨残片	打破第4b、6c层	由于采取保护坑内棺木的发掘方式,仅对棺内填土进行清理,故墓底情况不明
13	M13	第4a层下	长方形土坑竖穴,墓口长5、宽4米。墓内西边有二层台,长5、宽0.46米,棺底至墓口深1.8米,墓向180°	葬具平面呈长方形,板痕长3.9、宽1.9、板厚0.07、残高1.1米。盖板横向排列而成,由条状木板在葬具底部发现厚约0.06米底板朽痕	棺内中部,南部见有臂骨及腿骨骨痕,已朽甚。通过串饰及石钺的放置及棺部位可知,墓主头向正南	40件,包括玉、石、璧、陶器。玉串饰在墓主头部四周,玉、石钺各一件放于墓主腹侧,另两件石钺在墓内偏西北。石铲置于墓主左侧大腿处。陶器置于墓坑北部	填土黄褐泛青灰,夹杂棕色,黑褐色斑点,土内含有极少量的红烧土颗粒。土质坚硬,黏性较差	打破第4b、6c层	由于采取保护坑内棺木的发掘方式,仅对棺内填土进行了清理,故墓与二层台的底部情况不明
14	M14	第4a层下	长方形土坑竖穴,墓口长2.45、宽1.62～1.7米,墓坑底长2、宽1.55～1.6米,墓口深0.48米,墓向180°	朽甚,不清晰	墓内未见棺椁及人骨。石钺的出土位置说明,墓主的头向应朝南	3件,包括玉、石器。石钺置于墓坑中部,刃部朝向墓内。2件玉器在石钺附近	填土黄褐泛青灰,夹杂棕色,含有极少量的红烧土和黄土,块状黄土颗粒,土质坚硬,黏性较差	打破第4b、6c层	

附表二

高城墩墓葬出土器物登记表

器物\墓葬	玉器 琮	璧	钺	镯	锥形器	坠饰	环	管	珠 鼓形珠	珠 隧孔珠	石器 钺	多孔刀	锛	镞	石料	陶器 双鼻壶	杯	罐	豆	匜	鼎	瓢	大口尊	其他	漆器	各墓随葬品总数	所占比例(%)
M1*		1	1	1	3			8	27	1						1		1	2					4		50	12.6
M2*		1			3			2	11	2	1				1									1	1	23	5.8
M3	1					1		4	6	4		1				2		3								22	5.5
M4						1		1	8	1	1					1		1	2					1		17	4.3
M5	2	1	1	2	1			7	20	7	4					1		2						1		49	12.3
M6						1		2	5	1				1				2						1		13	3.3
M7						1			3		1					1		1	2		1					10	2.5
M8	1	2			2			6	42	7	1		1					1	3		2	1				69	17.4
M9											1					1	1									3	0.7
M10		1		1	3			3	19	9	1		1			1			1					2	1	43	10.8
M11	2	1			3			5	11	7	1					1		2	1		1			1	1	37	9.3
M12*							1	2	4		1					2		2	3	1	1		1			18	4.5
M13*	2	1						12	16	1	4		1			1			2							40	10.1
M14			1					1			1															3	0.8
各项总数	8	8	3	4	15	4	1	53	172	40	17	1	3	1	1	12	1	15	16	1	5	1	1	11	3	397	
各类器物所占百分比(%)	2	2	0.7	1	3.7	1	0.25	13.3	43.3	10.1	4.3	0.25	0.7	0.25	0.25	3	0.25	3.8	4	0.25	1.2	0.25	0.25	2.8	0.8		

玉器 各类器物总数 308，所占百分比 77.6%
石器 各类器物总数 23，所占百分比 5.8%
陶器 各类器物总数 63，所占百分比 15.8%
漆器 各类器物总数 3，所占百分比 0.8%

* 表示已被破坏的墓葬

附表三

高城墩采集器物登记表

器 类	玉 器				石 器		
	镯	璧	锥形器	钺	石钺		
编号	Yu:314	11－295	11－298	Yu:315	Yu:317	11－292	11－293	11－294
现藏单位	常州博物馆	江阴博物馆	江阴博物馆	常州博物馆	常州博物馆	江阴博物馆	江阴博物馆	江阴博物馆

附表四　　　　　　　　　　　1999 年高城墩灰坑登记表

编 号	位置	开口层位	规格				填土	包含物	时代
			形制	口径/长（m）	底径/宽（m）	深（m）			
H1	T0605南部	开口于第3层下	长方形,底部略小于口部	4.5	1.8	0.4	填土无层次,填土灰黑	夹杂少量红烧土和炭粒。陶片较少,有泥质红、橙红、灰色印纹硬陶,夹砂红、灰、褐色灰陶,器类有瓮、鬲等。多为素面,纹饰有菱形纹、"回"字形方格纹、绳纹	春秋时期
H2	T0304西北部	开口于第3层下	近圆形,圜底,底部小于口部	3	2.9	0.46	填土无层次,填土灰黑	夹杂少量红烧土和炭粒。陶片较少,有泥质红、灰色印纹硬陶,夹砂红、灰、灰色黑陶,器类有瓮、器足等。多为素面,纹饰只有条形篦纹	春秋时期
H3	TG1中部偏南	开口于TG1第1层下	坑口平面呈圆形,直壁,底部近平	0.9	0.6	0.7	填土无层次,填土灰色,土质较疏松	夹杂少量红烧土和炭粒。陶片以泥质灰陶和夹砂红陶为主,其中泥质陶多施有黑衣,磨光。器类有杯、器足等	良渚文化早期
H4	T0705（西）南部	开口于第3层下	揭露部分近半圆形,圜底,底部偏北部较深,南部较浅	2.6	2.16	0.5	填土无层次,填土灰黑	夹杂少量红烧土和炭粒,土质疏松。陶片较少,有泥质红、灰色印纹硬陶,夹砂橙红、灰黑陶,器类有豆、罐、器足。多为素面,纹饰只有"之"字形拍印纹	春秋时期

附表五

高城墩地层、灰坑陶片统计表

1、T0505 地层陶片统计表

地层	陶质	陶色	鼎	器盖	罐	盨	口沿	底	鼎足	其他	总计	所占比例(%)
第6c层	泥质	红					1			6	7	13.5
	泥质	褐			1	1			2		4	7.7
	泥质	灰		1						2	6	11.5
	夹砂	黄灰	1							3	4	7.7
	夹砂	红褐	2			1		1			3	5.7
	粗泥	红					1			3	5	9.6
	粗泥	灰			2		2		3	10	12	23
	粗泥	褐	1				1		3	4	11	21.2
总计			4	1	3	2	5	1	8	28	52	
所占比例(%)			7.7	1.9	5.7	3.8	9.6	1.9	15.4	53.8		

地层	陶质	陶色	瓿	罐	豆	钵	口沿	底	鼎足	其他	总计	所占比例(%)
第3层	泥质	红	1	1						2	4	10.8
	印纹陶	灰			1	1	1	1		5	9	24.3
		黑								6	6	16.2
	夹砂	橙红								2	2	5.4
	印纹硬陶	褐灰				1	2		1	3	7	18.9
		灰黑						1		5	6	16.2
	原始青瓷							1		2	3	8.1
总计			1	1	1	2	3	3	1	25	37	
所占比例(%)			2.7	2.7	2.7	5.4	8.1	8.1	2.7	67.6		

2. 灰坑陶片统计表

灰坑	陶质	陶色	瓮	鬶	豆	罐	口沿	器足	底	其它	总计	所占比例(%)
H1	夹砂	红		2			1				3	2.4
	夹砂	褐		1						2	3	2.4
	泥质	灰						1			1	0.3
	泥质	红								8	8	6.6
	泥质	橙红	3							6	9	7.4
H2	泥质	红		1		1	2	7	3	9	23	18.8
	泥质	灰								3	3	2.4
	夹砂	红	1		1		2	1		6	11	9
	夹砂	灰	1				1	1		4	7	5.7
	夹砂	褐					2	4		6	12	9.3
H4	夹砂	灰黑					2			5	7	5.7
	夹砂	橙红								6	7	5.7
	夹砂	灰黑	1								1	0.3
	泥质	红	2			2	1		1	7	13	10.7
	泥质	灰					3	1		2	6	4.9
	泥质	黑			2			3		3	8	6.6
总计			8	4	3	3	14	18	5	67	122	
所占比例(%)			6.5	3.3	2.4	2.4	11.5	14.7	4.1	54.9		

灰坑	陶质	陶色/器形	杯	器足	其他	总计	所占比例(%)
H3	夹砂	夹砂印纹硬红陶	1		6	7	70
	泥质	泥质印纹硬灰陶		1	2	3	30
总计			1	1	8	10	
所占比例(%)			10	10	80		

3、TG1 地层陶片统计表

地层	陶质	陶色	鼎	鼎足	口沿	其他	总计	所占比例(%)
第2层	泥质	红			2	8	10	14.9
		褐			2		2	3
		黑			6		6	9
	夹砂	红			1	7	8	11.9
		灰褐	1		3		4	6
		黑				2	2	3
第3层	粗泥质	红				4	4	6
		灰褐	1		4	10	15	22.4
	夹砂	灰黑		1		9	10	14.9
		红		1	1		2	3
		灰褐					4	6
总计			2	2	19	44	67	
所占比例(%)			3	3	28.3	65.7		

附表六　　　　　　　　　　高城墩出土玉器制作痕迹统计对照表

序号	器型	器物及痕迹部位	备注
1	琮	M13:12 内孔的管钻	彩版八八:3
		M11:7 内孔的管钻	彩版七六:4
		M5:1 射部的切割	彩版三四:6
		M11:7 射部的切割	彩版七六:5
		M5:2 射部的打磨	彩版三六:5
		M11:3 眼部及嘴部刻划	彩版七四:5
2	璧	M1:3 侧面切割	彩版一六:3
		M5:20 侧面切割	彩版四〇:3、4
		M8:1 侧面切割	彩版五六:3
		M8:9 侧面切割	彩版五八:3
		采集 11-298 侧面切割	彩版一一:4
		M1:3 两面切割痕	彩版一六:4、6
		M5:20 两面切割痕	彩版四〇:5
		M8:1 两面切割痕	彩版五六:4
		M10:7 两面切割痕	彩版六八:1、2
		M1:3 孔部钻痕修饰	彩版一六:5
		M5:20 孔部钻痕修饰	彩版四〇:2
		M8:1 孔部钻痕修饰	彩版五六:1、2
		M8:9 孔部钻痕修饰	彩版五八:1、2
		M10:7 孔部钻痕修饰	彩版六八:3
		采集 11-298 孔部钻痕修饰	彩版一一:5
3	钺	M1:1 顶部切割痕	彩版一五:2
		M5:18 顶部切割痕	彩版三八:1
		M1:1 两面切割痕	彩版一五:5、6
		M5:18 两面切割痕	彩版三八:3~6
		M13:2 两面切割痕	彩版九三:3
		Yu:317 两面切割痕	彩版一三:1
		M1:1 钻孔痕迹	彩版一五:3
		M5:18 钻孔痕迹	彩版三八:2
		M13:2 钻孔痕迹	彩版九三:2
		M1:1 绑缚磨痕	彩版一五:3
		M5:18 绑缚磨痕	彩版三七
		M13:2 绑缚磨痕	彩版九三:1、4
4	镯	M5:8 切割痕	彩版四一:5、6
		M5:9 切割痕	彩版四二:5
5	锥形器以及坠饰	M1:27 成型切割	彩版一八:8、9
		M6:1 成型切割	彩版四九:2
		M10:10-1 成型切割	彩版六九:4
		M11:10-1 成型切割	彩版七七:2
		M1:27 榫部打磨及钻孔	彩版一八:7
		M2:13 榫部打磨及钻孔	彩版二一:4
		M3:2 榫部打磨及钻孔	彩版二八:4

续附表六

序号	器型	器物及痕迹部位	备注
5	锥形器以及坠饰	M4：15 榫部打磨及钻孔	彩版三〇：6
		M5：29 榫部打磨及钻孔	彩版四二：6
		M6：1 榫部打磨及钻孔	彩版四九：2
		M7：1 榫部打磨及钻孔	彩版五二：1
		M11：10－2 榫部打磨及钻孔	彩版七八：1、2
		M11：22 榫部打磨及钻孔	彩版七七：3
6	管	M1：24－1 周边切割痕	彩版一八：11
		M8：19 周边切割痕	彩版六〇：12
		M11：5 周边切割痕	彩版七九：4
		M12：3 周边切割痕	彩版八三：6、7
		M13：4－2 周边切割痕	彩版九四：8
		M13：7－8 周边切割痕	彩版九五：5
		M13：7－9 周边切割痕	彩版九五：7
		M13：15－1 周边切割痕	彩版九六：8
		M14：2 周边切割痕	彩版九九：3
		M1：5－2 周边棱状磨痕	彩版一七：3
		M5：7 周边棱状磨痕	彩版四三：12
		M6：9 周边棱状磨痕	彩版五〇：3
		M12：3 周边棱状磨痕	彩版八三：6
		M13：4－2 周边棱状磨痕	彩版九四：8
		M1：5－1 二次钻孔	彩版一七：2
		M6：9 二次钻孔	彩版五〇：5、7
		M13：7－1 二次钻孔	彩版九四：10
		M13：7－8 二次钻孔	彩版九五：6
		M3：14 孔内壁钻痕	彩版二七：11
		M4：17 孔内壁钻痕	彩版三〇：10
		M5：7 孔内壁钻痕	彩版四三：13
		M5：13 孔内壁钻痕	彩版四四：6
		M12：3 孔内壁钻痕	彩版八三：5
		M14：2 孔内壁钻痕	彩版九九：4
		M3：14 两端切割痕	彩版二七：11、12
		M5：7 两端切割痕	彩版四三：13
		M5：10－1 两端切割痕	彩版四四：1
		M5：13 两端切割痕	彩版四四：6
		M8：19 两端切割痕	彩版六〇：12
		M11：1－7 两端切割痕	彩版七八：9
		M13：7－1 两端切割痕	彩版九四：10
		M13：7－14 两端切割痕	彩版九六：3
		M14：2 两端切割痕	彩版九九：3

续附表六

序号	器型	器物及痕迹部位	备注
7	鼓形珠	M1:10-2 未磨的破裂面	彩版一七:10
		M1:10-3 未磨的破裂面	彩版一七:11
		M1:15-1 未磨的破裂面	彩版一七:12
		M7:4 未磨的破裂面	彩版五一:2、3
		M11:20 未磨的破裂面	彩版七九:14
		M13:7-12 未磨的破裂面	彩版九五:12
		M4:2 钻芯改制	彩版三〇:1
		M5:16-2 钻芯改制	彩版四四:10
		M1:26-1 周边切割痕	彩版一八:13
		M1:34-1 周边切割痕	彩版一九:5
		M1:34-2 周边切割痕	彩版一九:6
		M1:35-2 周边切割痕	彩版一九:9
		M5:4-1 周边切割痕	彩版四三:3
		M5:4-2 周边切割痕	彩版四三:4
		M5:15 周边切割痕	彩版四四:8
		M5:28-1 周边切割痕	彩版四四:15
		M5:33-6 周边切割痕	彩版四五:11
		M6:2 周边切割痕	彩版四九:3
		M11:1-3 周边切割痕	彩版七八:5
		M11:1-5 周边切割痕	彩版七八:7
		M12:4 周边切割痕	彩版八四:1
		M12:8 周边切割痕	彩版八四:3
		M13:1-1 周边切割痕	彩版九三:5
		M13:4-3 周边切割痕	彩版九四:3
		M13:7-2 周边切割痕	彩版九四:4
		M13:7-5 周边切割痕	彩版九四:12
		M13:7-7 周边切割痕	彩版九五:4
		M13:15-2 周边切割痕	彩版九六:4
		M13:15-3 周边切割痕	彩版九六:5
		M1:8 周边棱状磨痕	彩版一七:9
		M1:35-4 周边棱状磨痕	彩版一九:11
		M12:16 周边棱状磨痕	彩版八四:4
		M13:7-3 周边棱状磨痕	彩版九四:11
		M13:7-6 周边棱状磨痕	彩版九五:3
		M6:6 二次钻孔	彩版五〇:2

续附表六

序号	器型	器物及痕迹部位	备注
7	鼓形珠	M7:4 孔内壁钻痕	彩版五一:3
		M8:24－1 孔内壁钻痕	彩版六一:2
		M11:1－9 孔内壁钻痕	彩版七九:1
		M12:7－1 孔内壁钻痕	彩版八四:2
		M13:7－4 孔内壁钻痕	彩版九五:2
		M13:15－3 孔内壁钻痕	彩版九六:6
		M1:26－1 两端切割痕	彩版一八:13
		M1:35－4 两端切割痕	彩版一九:12、13
		M5:5 两端切割痕	彩版四三:9
		M5:11 两端切割痕	彩版四四:4
		M5:17 两端切割痕	彩版四四:11
		M7:4 两端切割痕	彩版五一:2、3
		M8:3－4 两端切割痕	彩版五八:7
		M11:6－2 两端切割痕	彩版七九:6
		M13:1－2 两端切割痕	彩版九三:6
		M13:1－3 两端切割痕	彩版九四:1
8	隧孔珠	M3:5 未磨的破裂面	彩版二七:3
		M3:4 切割痕	彩版二七:2
		M3:7 切割痕	彩版二七:5
		M5:6 切割痕	彩版四三:10
		M5:28－3 切割痕	彩版四五:2
		M5:28－4 切割痕	彩版四五:3
		M3:5 钻孔痕	彩版二七:3
		M3:7 钻孔痕	彩版二七:5
		M3:8 钻孔痕	彩版二七:6
		M5:4－5 钻孔痕	彩版四三:7
		M5:33－1 钻孔痕	彩版四五:5
		M11:4－1 钻孔痕	彩版七九:2
		M11:4－2 钻孔痕	彩版七九:3
		M11:9 钻孔痕	彩版七九:9
9	环	M12:15 外壁切割痕	彩版八三:2

附表七

高城墩出土玉琮、璧、镯、锥形器测量数据表

1、玉琮测量数据表

编号	兽面高度(cm) 上兽面	兽面高度(cm) 下兽面	兽面宽度(cm) 上兽面 上宽	上兽面 下宽	下兽面 上宽	下兽面 下宽	高(cm)	孔径(cm) 顶径	孔径(cm) 底径	射径(cm) 上射	射径(cm) 下射	最大径(cm) 上径	最大径(cm) 下径	转角	眼径(cm) 上眼	眼径(cm) 下眼	眼珠径(cm) 上眼珠	眼珠径(cm) 下眼珠	鼻长(cm) 上鼻	鼻长(cm) 下鼻	嘴长(cm) 上嘴长	嘴长(cm) 下嘴长
M3:11	1.52	1.48	4.4	4.41	4.49	4.51	3.75 ~3.8	6.2	6.4	7.6	7.4	8.1	8.1	>120°	0.35	0.4	0.1	0.08 ~0.1	1.25	1.2	—	—
M5:1	3.2		4.5	4.48			4.4	5.68	5.6	6.65	6.62	8.3	8.5	110°	0.7		0.38		2.3		—	
M5:2	2.75		6.4	6.1			3.65 ~3.9	5.2	5.2	8.3	8.3	10.5	10.5	110°	0.5		0.23		2.6		—	
M8:2 (仅存5片)	约2.75		约7.4				约4	约4.9		—		—		—	—		—		—		—	
M11:3	3.62		5.11	5.08			5	5.7	5.8	7.3	7.32	9.4	9.5	105°	0.6		0.25		2.5		—	
M11:7	4.22		6.42	6.45			5.2	6.3	6.5	8.65	8.8	10.7	10.9	110°	0.6		0.21		2.36		—	
M13:12	2.5	2.3	6.9	6.8	6.8	6.72	6	6.3	7	9.7	9.7	9.8	9.7	>120°	0.7	0.7	0.35	0.32	1.62	1.92	约2.5	约2.5
M13:13	2.4	2.35	6.1	6.12	6.15	6.1	6.1	6.7	6.8	8	8.05	8.2	8.1	115°	0.5	0.7	0.38	0.35	2	2	约2.5	约2.5

2、玉璧测量数据表

编号	直径(cm) 最大径	最小径	厚度(cm) 中厚	缘厚	孔径(cm) 外孔径	内孔径	孔边距(cm) 最大距	最小距	备注
M1:3	15.8	15.5	1	0.7	4.1	3.8	5.8	5.9	
M2:10	16	15.5	1.6		4.5	4.1	5.4	5.8	玉质风化
M5:20	14.5	14.2	0.9	0.75	4.9	4.1	4.6	4.8	
M8:1	14.1	14	1	0.9	4	3.7	5	5.2	
M8:9	13.3	13.1	1.5	1.25	4.8	4.1	4	4.3	
M10:7	18.1	18	1.12	1.1	4.4	3.9	6.5	6.9	
M11:2	8.8		1.4	1.3	3.9	3.5	2.12	2.05	玉质风化
M13:14	15.2	14.9	1.5	1.1	5.3	4.9	5.1	4.95	
11–298	12.1	12	1.4	1.2	6.1	5.8	3	2.9	

3、玉镯测量数据表

编号	高(cm)	直径(cm) 上径	中径	下径	壁厚(cm)	备注
M1:2	5.3	6.3	6	6.4	0.3	
M5:8	3.5~4.5		6.7		0.5~0.6	
M5:9	2.65	6.6	6.5	6.7	0.35	
M10:2	0.5~0.6		6.95		0.38	玉质风化
Yu:314	2.8		7.3		0.5	
11–295	0.9	最大径 7.8		最小径 7.1	0.9	

4、玉锥形器测量数据

编号＼测项	长（cm）		直径/宽（cm）			孔径（cm）	备注
	体长	榫长	中径	榫径 宽径	榫径 窄径		
M1:9	9.8	0.9	1.05	0.6	0.4	0.3	
M1:11	7.8	0.9	0.95	0.5	0.4	0.25	
M1:27	13.2	0.8	0.9	0.5	0.3	0.25	
M2:13	3.25	0.4	0.46	0.3	0.2	0.1	
M2:15（残）	残长3.5	—	0.6	—	—	—	残断
M2:17（残）	残长7.22	0.35	0.9	0.3	0.2	0.08	残断
M5:29	3.8	0.6	1.2	0.4	0.3	0.3	残断
M8:6（残）	残长7.7	—	0.43	—	—	—	残断
M8:7-3	7.4	0.6	0.69	0.3	0.2	0.17	
M10:9（残）	残长7.3	残长0.6	0.51	0.6	—	—	残断
M10:10-1	8.5	0.5	1	0.3	0.25	0.2	
M10:14（残）	残长3.6	—	1.12	—	—	—	残断
M11:10-1	2.5	0.82	0.8	0.48	0.3	0.16	
M11:10-2	9.2	0.41	0.6	0.4	—	0.1	
M11:22	5.4	残长0.5	0.7	0.4	—	0.2	残断
Yu:315	4.9	0.7	1.9	0.75	0.35	0.25	

附表八 　　　　　　　　高城墩出土玉管、珠测量数据表
1、玉管测量数据表

测 项 编 号	长度（cm）	直 径（cm）			孔径（cm）		备 注
		两端径		器身最大径	第 1 端	第 2 端	
		第 1 端	第 2 端				
M1：5－1	1.35	0.8	0.75	0.8	0.35	0.4	
M1：5－2	1.3	0.8			0.3	0.4	
M1：6	1.85	1	0.95	1	0.4	0.5	
M1：7	残长1.5	—	—	0.9	—	—	残断
M1：12	1.4	—	0.9	1	0.4	0.3	
M1：14	残长1.5	—	—	—	—	—	残断
M1：24－1	1.7	0.95	0.91	0.95	0.4	0.35	
M1：29	2.1	0.8	0.95	0.95	0.5	0.5	
M2：2	1.9	1	0.9	1	0.45	0.5	
M2：16	1.2	0.71	0.8	0.8	0.3	0.31	
M3：3	1.79	0.6	0.61	0.7	0.3	0.4	
M3：12	1.8	0.9	1	1.1	0.4	0.5	
M3：14	2.48	1			0.65	0.6	
M3：22	1.4	0.6	0.7	0.8	0.4	0.4	
M4：17	1.4	0.6	0.7	0.7	0.3	0.4	
M5：7	1.25	1.2	1.25	1.3	0.5	0.51	
M5：10－1	1.8	0.7			0.4	0.4	
M5：10－2	1.4	0.65			0.35	0.4	
M5：13	1.9	0.8			0.5	0.45	
M5：31	4.4	1.4	1.5	1.5	0.6	0.6	
M5：33－4	残长2	—	0.49		—	0.21	残断
M5：33－7	残长0.9	—	0.5		—	0.4	残断
M6：4	1.61	0.9	1	1	0.4	0.4	
M6：9	1.6	0.7	0.6	0.7	0.5	0.55	
M8：3－8	2.2	1.2	1.15	1.4	0.5	0.6	
M8：17	2.2	1.45			1.8	1.2	
M8：19	3.5	1.5	1.4	1.5	1.2	1.1	
M8：21	1.15	1.2			0.3	0.3	
M8：28－4	2	1.1			0.4	0.4	
M8：29－2	1.6	0.6	0.98	0.98	0.4	0.6	
M10：3－1	3.5	1.2			0.6	0.51	
M10：3－2	2.6	0.88			0.4	0.5	

续附表八 -1

测项 编号	长度(cm)	直　径(cm)			孔径(cm)		备　注
		两端径		器身最大径	第 1 端	第 2 端	
		第 1 端	第 2 端				
M10:10 - 3	—	—	—	—	—	—	风化严重
M11:1 - 1	1.7	1.2	1.1	1.2	0.35	0.4	
M11:1 - 2	1.8	0.82	0.8	0.82	0.3	0.35	
M11:1 - 4	2	0.91	0.9	0.91	0.55	0.5	
M11:1 - 7	1.85	0.81	0.8	0.9	0.3	0.3	
M11:5	1.82	0.9			0.45	0.5	
M12:3	5	1.5	1.5	1.6	0.8	0.75	
M12:7 - 2	1.15	0.6	0.61	0.61	0.35	0.4	
M13:3 - 2	3.16	1.4			1.1	1.2	
M13:3 - 3	1.8	1			0.5	0.5	
M13:3 - 4	1.8	1.1	1.01	1.1	0.45	0.5	
M13:4 - 2	3.3	1.4	1.3	1.4	0.7	0.8	
M13:7 - 1	1.2	0.6	0.8	0.8	0.4	0.5	
M13:7 - 8	2	1			0.58	0.5	
M13:7 - 9	2.1	1.1	0.9	1.1	0.55	0.5	
M13:7 - 13	2.1	1.3			0.6	0.4	
M13:7 - 14	1.7	1.1	1.1	1.3	0.48	0.6	
M13:15 - 1	1.7	0.72	0.75	0.75	0.35	0.33	
M13:15 - 4	残长 0.3	—	0.95	—	—	0.4	残断
M13:15 - 5	1.8	0.6	0.7	0.7	0.3	0.31	
M14:2	1.4	0.9			0.57	0.3	

2、玉鼓形珠测量数据表

测 项 编 号	长/高度（cm）	直 径（cm）			孔径（cm）		备 注
		两端径		器身最大径	第1端	第2端	
		第1端	第2端				
M1:4	2.8	1	1	1.7	0.4	0.5	
M1:8	0.75	0.5	0.56	0.56	0.2	0.3	
M1:10-1	1.1	1.2	1.1	1	0.35	0.3	
M1:10-2	0.95	0.3	0.4	0.6	0.2	0.2	
M1:10-3	0.8	0.4	0.3	0.5	0.2	0.2	
M1:13	—	—	—	—	—	—	风化严重,未提取
M1:15-1	0.7	0.3	0.34	0.52	0.2	0.21	
M1:15-2	0.7	0.31	0.25	0.54	0.2	0.3	
M1:16-1	1.2	0.7	0.5	1.1	0.5	0.4	
M1:16-2	残长1	—	0.7	0.95	—	—	
M1:17-1	1.2	0.6	0.7	0.92	0.3	0.4	
M1:17-2	—	—	—	—	—	—	风化严重
M1:18-1	0.6	0.3	0.35	0.51	0.2	0.2	
M1:18-2	0.7	0.4	0.4	0.55	0.2	0.2	
M1:18-3	0.4	0.4	0.4	0.5	0.2	0.18	
M1:24-2	0.9	0.41	0.4	0.7	0.25	0.25	
M1:26-1	1.3	0.6	0.55	0.92	0.3	0.3	
M1:26-2	0.8	0.4	0.4	0.6	0.21	0.2	
M1:30	0.65	0.4	0.38	0.5	0.35	0.3	
M1:34	—	—	—	—	—	—	2件风化严重,未提取
M1:34-1	1.1	0.5	0.75	1	0.4	0.4	
M1:34-2	1.25	0.5	0.5	0.98	0.3	0.4	
M1:35-1	0.82	0.4	0.4	0.55	0.25	0.2	
M1:35-2	1	0.38	0.3	0.5	0.2	0.2	
M1:35-3	0.8	0.4	0.38	0.5	0.3	0.2	
M1:35-4	0.8	0.5	0.6	0.85	0.32	0.3	
M2:3	0.8	0.91	0.9	0.91	0.25	0.27	
M2:4	—	—	—	—	—	—	风化严重,未提取
M2:7	—	—	—	—	—	—	风化严重
M2:8-2	1.1	0.9	0.8	1.3	0.5	0.6	
M2:8-3	1	0.5	0.7	1.2	0.4	0.4	
M2:8-4	0.63	0.5	0.55	0.7	0.25	0.3	
M2:9	0.7	0.35	0.3	0.45	0.2	0.2	

续附表八 - 2

编　号	测　项	长/高度（cm）	直　径（cm）			孔径（cm）		备　注
			两端径		器身最大径	第 1 端	第 2 端	
			第 1 端	第 2 端				
M2：11		—	—	—	—	—	—	风化严重
M2：12		残长 1.45	—	1.4	—	—	0.7	
M2：14		残长 0.7	—	—	—	—	0.7	
M3：1		0.2	0.4	0.4	0.41	0.18	0.2	
M3：6		0.48	0.3	0.36	0.45	0.2	0.23	
M3：10		—	—	—	—	—	—	风化严重
M3：13		1.19	0.5	0.6	0.98	0.3	0.35	
M3：20		1.15	0.7	0.4	0.95	0.4	0.2	
M3：21		0.3	0.5	0.5	0.45	0.2	0.2	
M4：1		—	—	—	—	—	—	风化严重，未提取
M4：2		0.5	0.4	0.4	0.7	0.3	0.3	
M4：3		—	—	—	—	—	—	风化严重
M4：5		—	—	—	—	—	—	风化严重
M4：6		0.9	0.5	0.6	0.8	0.3	0.4	
M4：7		1.1	0.5	0.48	0.85	0.3	0.35	
M4：8		残长 0.7	—	—	0.8	—	—	
M4：14		0.7	0.5	0.4	0.85	0.25	0.3	
M5：3 - 1		0.8	0.4	0.5	0.7	0.3	0.3	
M5：3 - 2		0.3	0.3	0.3	0.52	0.2	0.1	
M5：4 - 1		0.6	0.3	0.2	0.45	0.2	0.18	
M5：4 - 2		0.52	0.2	0.25	0.4	0.2	0.18	
M5：4 - 3		0.4	0.2	0.4	0.5	0.18	0.2	
M5：5		0.7	0.5	0.6	0.9	0.3	0.28	
M5：11		1.61	0.62	0.6	1.2	0.3	0.11	
M5：15		1.1	0.7	0.6	0.9	0.3	0.4	
M5：16 - 1		0.25	0.4	0.41	0.42	0.3	0.3	
M5：16 - 2		0.26	0.3	0.4	0.5	0.25	0.4	
M5：17		0.3	0.5	0.6	0.7	0.4	0.4	
M5：19		0.3	0.6	0.6	0.63	0.38	0.35	
M5：21		1	0.42	0.4	0.72	0.21	0.2	
M5：22		0.95	0.55	0.5	0.85	0.2	0.3	
M5：28 - 1		1.1	0.45	0.5	0.88	0.25	0.28	
M5：28 - 2		1.1	0.5	0.55	1	0.3	0.3	

续附表八－2

测 项 编 号	长/高度（cm）	直 径（cm）			孔径（cm）		备 注
		两端径		器身最大径	第1端	第2端	
		第1端	第2端				
M5∶33－2	0.55	0.28	0.3	0.41	0.21	0.2	
M5∶33－3	0.5	0.3	0.35	0.45	0.2	0.2	
M5∶33－5	1.05	0.35	0.4	0.75	0.2	0.25	
M5∶33－6	1	0.5	0.6	0.8	0.2	0.2	
M6∶2	0.85	0.4	0.4	0.71	0.22	0.3	
M6∶3	0.8	0.7	0.6	1.1	0.4	0.31	
M6∶6	0.62	0.5	0.4	0.65	0.3	0.3	
M6∶7	0.75	0.6	0.7	1.2	0.3	0.3	
M6∶8	0.47	0.45	0.5	0.6	0.26	0.3	
M7∶2	0.3	0.3	0.25	0.5	0.2	0.1	
M7∶4	1.21	0.6	0.65	1.2	0.4	0.5	
M7∶10	0.31	0.35	0.45	0.6	0.2	0.08	
M8∶3－1	—	—	—	—	—	—	风化严重
M8∶3－2	1	0.3	0.35	0.69	0.28	0.3	
M8∶3－3	0.95	0.4	0.6	0.7	0.25	0.3	
M8∶3－4	1.1	0.7	0.9	1.3	0.4	0.48	
M8∶3－5	1.3	0.7	0.7	1.2	0.6	0.5	
M8∶3－7	—	—	—	—	—	—	风化严重
M8∶3－9	1	0.4	0.5	0.8	0.28	0.3	
M8∶3－10	0.7	0.4	0.5	0.7	0.23	0.3	
M8∶4－2	1.7	0.8	0.7	1.2	0.4	0.5	
M8∶4－3	1.8	0.6	0.7	1	0.4	0.4	
M8∶5－1	1	0.5	0.5	0.8	0.3	0.3	
M8∶5－2	1.2	0.6	0.6	1.02	0.35	0.4	
M8∶5－3	0.95	0.4	0.5	0.75	0.25	0.3	
M8∶5－4	1	0.4	0.5	0.9	0.25	0.3	
M8∶5－5	1.1	0.3	0.4	0.92	0.3	0.35	
M8∶5－6	1.4	0.6	1.1	1.1	0.35	0.4	
M8∶5－7	1.28	0.5	1.2	1.2	0.3	0.4	
M8∶7－1	1	0.5	0.5	1.8	0.3	0.3	
M8∶7－2	1.12	0.6	0.6	0.9	0.3	0.35	
M8∶7－4	1.9	0.7	0.7	1	0.3	0.4	
M8∶7－5	1.1	0.5	0.5	0.9	0.3	0.3	

续附表八 - 2

测项 编号	长/高度 (cm)	直 径 (cm)			孔径 (cm)		备 注
		两端径		器身最大径	第 1 端	第 2 端	
		第 1 端	第 2 端				
M8:8 - 1	0.65	0.3	0.4	0.43	0.15	0.2	
M8:8 - 2	1.32	0.7	0.7	1.1	0.35	0.5	
M8:8 - 3	0.9	0.5	0.6	1.1	0.25	0.3	
M8:8 - 4	0.91	0.6	0.8	1.18	0.3	0.4	
M8:8 - 5	1.1	0.7	0.7	1	0.4	0.5	
M8:8 - 8	1.1	0.3	0.5	0.8	0.2	0.3	
M8:18	0.65	0.5	0.7	0.8	0.2	0.2	
M8:22 - 1	1.05	0.4	0.5	0.82	0.3	0.3	
M8:22 - 2	1.05	0.4	0.6	0.9	0.3	0.3	
M8:23	0.9	0.4	0.5	0.8	0.4	0.4	
M8:24 - 1	0.8	0.6	0.6	0.9	0.3	0.3	
M8:24 - 2	1.18	0.65	0.7	1	0.4	0.3	
M8:25 - 1	1	0.5	0.6	0.84	0.4	0.4	
M8:25 - 3	1.8	0.6	0.6	1.05	0.3	0.3	
M8:26	1.3	0.6	0.5	0.88	0.4	0.4	
M8:27	1.4	0.6	0.55	0.9	0.4	0.3	
M8:28 - 1	残高2.1	—	1.2	—	—	0.65	
M8:28 - 3	1	0.5	0.6	0.8	0.3	0.3	
M8:28 - 5	1.2	0.5	0.7	1.1	0.3	0.4	
M8:28 - 6	1.9	0.7	0.8	1.25	0.4	0.5	
M8:28 - 7	1.2	0.7	0.8	1.1	0.3	0.4	
M10:1 - 1	1.03	—	0.5	1	0.4	0.45	
M10:1 - 2	残长1	—	—	—	—	—	
M10:1 - 3	1.15	0.5	0.6	1	0.5	0.4	
M10:1 - 4	1.1	0.9	1.1	1.1	0.4	0.4	
M10:1 - 5	1.4	0.5	0.4	0.9	0.35	0.4	
M10:1 - 6	—	—	—	—	—	—	风化严重
M10:1 - 7	残长0.98	—	—	—	—	—	
M10:1 - 8	1.58	0.55	0.4	1.1	0.5	0.42	
M10:6 - 3	1.2	0.5	0.6	1	0.2	0.2	
M10:11 - 2	—	—	—	—	—	—	风化严重
M10:11 - 3	0.9	0.5	0.6	1	0.4	0.4	
M10:11 - 4	1	0.4	0.5	0.6	0.2	0.2	
M10:12 - 2	0.6	0.3	0.32	0.6	0.2	0.2	
M10:12 - 3	—	—	—	—	—	—	风化严重
M10:12 - 4	—	—	—	—	—	—	风化严重

续附表八－2

测项 编号	长/高度（cm）	直　径（cm）			孔径（cm）		备　注
		两端径		器身最大径	第1端	第2端	
		第1端	第2端				
M10：12－5	0.7	0.2	0.2	0.55	0.2	0.18	
M10：12－6	0.7	0.4	0.3	0.6	0.2	0.25	
M10：12－8	2.5	0.7	0.6	1.3	0.5	0.5	
M10：13	—	—	—	—	—	—	风化严重
M11：1－3	0.95	0.5	0.6	0.9	0.3	0.4	
M11：1－5	1.2	0.6	0.75	1.1	0.42	0.4	
M11：1－6	1.3	0.6	0.5	1	0.3	0.4	
M11：1－8	1.4	0.8	0.7	1.4	0.5	0.45	
M11：1－9	1.3	0.6	0.6	0.95	0.4	0.35	
M11：6－2	0.75	0.4	0.5	0.7	0.2	0.2	
M11：6－3	—	—	—	—	—	—	风化严重
M11：8－2	1.36	0.6	0.6	1.12	0.3	0.3	
M11：10－3	1.3	0.6	0.5	0.98	0.4	0.34	
M11：14	1.21	0.5	0.5	0.75	0.25	0.28	
M11：20	0.8	0.4	0.5	0.65	0.3	0.3	
M12：4	0.9	0.35	0.3	0.6	0.18	0.13	
M12：7－1	0.52	0.3	0.4	0.51	0.2	0.2	
M12：8	1.2	0.7	0.6	0.9	0.25	0.3	
M12：16	0.7	0.4	0.3	0.51	0.21	0.2	
M13：1－1	0.92	0.3	0.6	0.9	0.26	0.24	
M13：1－2	0.55	0.4	0.4	0.63	0.2	0.3	
M13：1－3	0.5	0.5	0.5	0.7	0.24	0.2	
M13：1－4	0.7	0.7	0.8	0.9	0.2	0.25	
M13：4－3	1.2	0.9	0.8	1.3	0.5	0.3	
M13：7－2	1	0.7	0.62	1.1	0.3	0.26	
M13：7－3	0.8	0.4	0.4	0.72	0.3	0.4	
M13：7－4	0.9	0.32	0.4	0.8	0.3	0.3	
M13：7－5	1	0.4	0.4	0.93	0.23	0.3	
M13：7－6	1.3	0.7	0.6	1.02	0.4	0.38	
M13：7－7	1.3	0.62	0.6	1	0.35	0.3	
M13：7－10	1.1	0.45	0.5	0.8	0.4	0.38	
M13：7－11	0.95	0.4	0.5	0.71	0.4	0.3	
M13：7－12	0.95	0.4	0.38	0.7	0.3	0.3	
M13：15－2	0.9	0.4	0.5	0.7	0.2	0.2	
M13：15－3	0.5	0.5	0.4	0.65	0.23	0.25	

3、玉隧孔珠测量数据表

编号　　測项	高度（cm）	器身最大径（cm）	孔径（cm） 第1孔	第2孔	备注
M1:25	0.8	0.4	0.25	0.28	
M2:5	0.7	0.7	0.1	0.11	
M2:8-5	0.6	0.6	0.1	0.18	
M3:4	1	1	0.2	0.25	
M3:5	0.8	0.9	0.2	0.2	
M3:7	0.6	0.7	0.15	0.1	
M3:8	0.62	0.62	0.09	0.1	
M4:16	0.65	0.55	0.25	0.15	
M5:4-4	0.5	0.5	0.1	0.1	
M5:4-5	0.5	0.5	0.12	0.11	
M5:6	0.79	0.8	0.2	0.2	
M5:14	0.42	0.4	0.11	0.1	
M5:28-3	0.9	1	0.2	0.15	扁球形
M5:28-4	0.92	1.1	0.3	0.25	扁球形
M5:33-1	0.5	1	0.18	0.2	半圆球形
M6:5	1.1	1.15	0.25	0.2	扁球形
M8:3-6	0.75	0.8	0.3	0.26	
M8:7-6	1.5	1.5	0.4	0.3	
M8:8-6	1	1	0.2	0.2	
M8:8-7	0.5	0.6	0.2	0.2	
M8:25-2	1.5	1.6	0.28	0.37	
M8:28-2	—	1.4	—	—	
M8:29-1	1.5	1.4	0.3	0.4	
M10:4-1	0.3	0.32	—	—	
M10:4-2	—	残径0.32	—	—	
M10:4-3	0.35	0.4	0.1	0.08	
M10:4-4	—	残径0.3	—	—	
M10:5-2	2	2	0.5	0.45	
M10:6-2	2	2	0.4	0.4	
M10:8	—	残径1.2	—	—	
M10:10-2	1.65	1.7	0.28	—	
M10:12-7	0.75	0.71	0.1	0.08	
M11:4-1	0.9	0.9	0.2	0.2	
M11:4-2	0.85	0.9	0.25	0.28	
M11:6-1	0.4	0.5	0.1	0.1	
M11:9	2	2.2	0.3	0.3	
M11:13	0.7	0.7	0.1	0.15	
M11:15	1.2	1.2	0.2	0.25	
M11:21	0.8	0.8	0.2	0.18	
M14:3	0.8	0.81	—	—	

附表九

高城墩出土钺、刀测量数据统计表

1,1999 年出土玉、石钺测量数据表

器类	编号	长度(cm)	宽度(cm) 顶宽	宽度(cm) 刀宽	厚度(cm) 顶厚	厚度(cm) 中厚	孔径(cm) 外孔径 上孔	孔径(cm) 外孔径 下孔	孔径(cm) 内孔径 上孔	孔径(cm) 内孔径 下孔	孔边距(cm) 右边距 上孔	孔边距(cm) 右边距 下孔	孔边距(cm) 左边距 上孔	孔边距(cm) 左边距 下孔	孔间距(cm)
玉钺	M1:1	16.3	8.2	10.5	0.4	0.9	1.4	1.9	1.1	1.2	3.5	3.3	3.5	3.6	2.3
石钺	M5:18	15.2	9.4	11.15	1.6	0.6	1.55		1.15		4.15		4		—
	M13:2	14.2	7.2	9	0.5	0.6	1.9		2		3.9		3.9		—
	M2:8-1	10.4	5.2	7.4	0.5	0.6	1.6		0.9		2.5		2.4		—
	M4:4	5.9	6.2	7.5	0.4	0.8	1.1		0.65		0.29		3.1		—
	M5:12	13.6	12	12.8	0.25	0.6	2.2		1.95		4.9		5		—
	M5:23	14.6	12.8	13.7	0.4	0.5	2.2		2		5.4		5.3		—
	M5:30	14.3	9.9	12.4	0.5	0.6	2.2		2		4.3		4		—
	M5:32	14.7	10.6	11.3	0.25	0.6	2.3		1.8		4.15		4.09		—
	M7:3	11.8	11.3	13	0.2	0.7	2.6		2.2		4.5		4.4		—
	M8:4-1	11.4	5.7	7.7	0.3	0.7	3.2		2.8		1.85		1.7		—
	M9:1	14	8.9	10	0.3	1.2	2.2		1.6		3.4		3.2		—
	M10:6-1	13.7	6.7	7.8	0.5	1.9	1.6		1		2.7		2.9		—
	M11:8-1	12.7	6.5	6.7	0.8	1.9	2		1		1.9		2.9		—
	M12:2	15.3	12.2	13.7	0.4	0.4	2.2		1.95		5.05		5.3		—
	M13:3-1	14.1	9.4	11.4	0.4	1.15	2.7		2.1		3.5		3.7		—
	M13:5	14.6	9.3	13.5	0.45	1	2.4		2.2		4.6		4.8		—
	M13:6	12.1	13	15.6	0.3	0.55	3.4		3		5		5.1		—
	M13:11	15.2	14.5	15.7	0.4	0.7	3.5		3		5.5		5.4		—
	M14:1	15.4	7.1	7.6	0.5	1.2	2.1		1.5		2.4		2.7		—

2、1999年出土石刀测量数据表

测项 编号	长度(cm)	宽度(cm)			厚度(cm)		孔径(cm)			孔边距(cm)					孔间距(cm)		
		顶宽	中宽	刀残宽	顶厚	中厚	第1孔	第2孔	第3孔	第1孔	第2孔		第3孔		1、2孔	2、3孔	1、3孔
										右边距	左边距	右边距	左边距	右边距			
多孔石刀 M3:9	18	16.9	6.8	16.1	0.5	0.9	1.8	1.5	1.5	3.4	5	10.8	10.8	5.1	−0.3	4.2	5.5

3、采集玉、石钺测量数据表

器类	测项 编号	长度(cm)	宽度(cm)		厚度(cm)		孔径(cm)		孔边距(cm)	
			顶宽	刃宽	顶厚	中厚	外孔径	内孔径	右边距	左边距
玉钺	Yu:317	14.8	9.8	11.7	0.45	0.5	2.3	1.6	2.75	2.8
石钺	11－292	15.2	6	6.3	0.8	1.6	1.4	0.8	2.4	2.3
	11－293	残8.6	—	9.3	5	1.5	2.6	1.4	3	3.1
	11－294	12	6	11.6	0.2	0.7	2	1.6	5.3	4.3

附表十

高城墩出土可辨陶器测量数据表

器类	编号	高度(cm)	口径/盘径(cm)	腹径(cm)	底径(cm)	黑衣	泥质 灰	泥质 灰褐	泥质 红	泥质 红褐	红	夹砂 灰黄	夹砂 灰褐	夹砂 灰黑	制法	备注
鼎	M7:8	—	—	—	—								■		除足部外皆手制	不可修复
	M8:12	—	—	—	—							■			轮制	不可修复
	M8:15	—	—	—	—								■		轮制	仅存盖部
	M11:16	—	—	—	—									■	轮制	不可修复
	M12:9	—	—	—	—						■				轮制	不可修复
豆	M1:21	—	26	—	—		■								轮制	不可修复
	M1:23	—	—	—	12		■								轮制	不可修复
	M4:9	8.4	17	—	—		■								轮制	不可修复
	M4:10	—	—	—	—		■								轮制？	
	M7:5	7.2	16.9	—	—	■	■								轮制	不可修复
	M7:7	—	—	—	—		■								轮制	
	M8:10	16.2	8.8	—	—		■								轮制	不可修复
	M8:11	15	16	—	14.5	■	■								轮制	
	M8:14	—	—	—	—	■	■								轮制	不可修复
	M10:11-1	残3.8	—	—	—		■								轮制	
	M11:11	残7.4	20.8	—	—		■								轮制	不可修复
	M12:1	—	—	—	—		■								轮制	
	M12:5	残4	18	—	—		■								轮制	不可修复
	M12:17	—	—	—	—		■								轮制	不可修复
	M13:8	—	—	—	—		■								轮制	
	M13:9	—	14	—	—		■								轮制	
双鼻壶	M1:19	—	—	—	—	■	■								轮制	不可修复
	M3:15	—	—	—	—	■	■								轮制	不可修复
	M3:18	—	—	—	—	■	■								轮制	不可修复
	M4:13	12.4	9.9	—	—	■	■								轮制	
	M5:24	15.3	11	18.1	—	■	■								轮制	
	M7:6	10.2	7.2	—	—	■	■								轮制	
	M9:2	—	10	—	13	■	■								轮制	
	M10:12-1	—	10	—	8		■								轮制	

续附表十

器类	编号	高度(cm)	口径/盘径(cm)	腹径(cm)	底径(cm)	黑衣	泥质 灰	泥质 灰褐	泥质 红	泥质 红褐	红	夹砂 灰黄	夹砂 灰褐	夹砂 灰黑	制法	备注
双鼻壶	M11:18	—	—	—	—	●	●								轮制	不可修复
	M12:6	—	—	—	—	●	●								轮制	不可修复
	M12:10	—	—	—	—	●	●								轮制	不可修复
	M13:10	—	11	—	9		●								轮制	
罐	M1:28	24.4	15.8	—	14				●						轮制	不可修复
	M3:16	—	—	—	—			●		●					轮制	不可修复
	M3:17	—	—	—	—			●	●		●				轮制	不可修复
	M3:19	—	19	—	—							●			轮制	不可修复
	M4:12	—	16	—	—				●		●		●		轮制	
	M5:25	—	—	—	6				●						轮制	不可修复
	M5:26	—	—	—	—										轮制	不可修复
	M6:10	—	16.8	—	—			●							轮制	
	M6:11	—	—	—	—	●		●							轮制	不可修复
	M7:9	11.4	16	—	9.6	●									轮制	
	M8:16	—	20	—	—							●			轮制	
	M11:17	25.2	14	—	12.8	●			●				●		轮制	
	M11:19	—	16	—	—								●		轮制	
	M11:11	—	—	—	—	●					●				轮制	不可修复
	M11:14	—	—	—	—								●		轮制	不可修复
瓮	M8:13	27.5	15.2/16	18.4	—								●		除足部外皆手制	
大口尊	M12:13	—	约40	—	—							●			轮制	不可修复
杯	M9:3	—	6	—	7.8	●	●								轮制	不可修复
匜	M12:9	—	—	—	—		●								轮制	不可修复

附录 江阴高城墩遗址出土玉器的检测和分析报告

顾冬红　董俊卿　赵虹霞　干福熹　　　　承焕生　马波

（中国科学院上海光学精密机械研究所）　　　（复旦大学）

一、文物的来源和玉器样品情况

高城墩遗址位于江苏省江阴市石庄镇大坎村高城墩自然村北，地属太湖西北平原。该遗址于 20 世纪 70 年代发现，曾采集到一批良渚文化玉器、石器和陶片等。1998 年 11 月，南京博物院考古研究所对遗址进行调查钻探。1999 年 11 月至 2000 年 6 月，南京博物院与无锡市博物馆、江阴博物馆组成联合考古队，对遗址进行了抢救性发掘。

此次测试样品出土于一号墓（M1）、二号墓（M2）、三号墓（M3）、四号墓（M4）、五号墓（M5）、七号墓（M7）、八号墓（M8）、九号墓（M9）、十一号墓（M11）和十三号墓（M13），以及 1 件采集品，共 46 件。样品的编号、名称、时代、色泽、样品描述、完残程度以及出土地点，照片参见表四。此次测试高城墩出土的良渚文化玉器，从共出陶器的形制、器物组合及典型器物形态演变轨迹分析，基本上属于良渚文化中期偏晚到晚期偏早阶段，约距今 4800 年 ~ 4400 年。

二、主要测试方法

为了达到无损分析玉器质地的检测目的，我们应用了以下 3 种测试分析方法：

1、质子激发的 X – 射线荧光方法（PIXE）

（1）分析原理和实验装置

PIXE 技术是一种采用特种激发源的 X 射线荧光分析技术，通过 MeV 能量的质子激发样品中的原子，使其发射特征 X 射线，通过探测 X 射线的能量和强度来测量样品中元素的种类和含量。PIXE 系统区别于传统的能量分散光谱仪的地方，在于它用质子源代替光子源，除了比普通光子源具有更高的强度外，同时产生相对更低的背景。PIXE 技术是一种高灵敏度（通常可达到 $10^{-6} \sim 10^{-7}$ g）、非破坏性、多元素定量分析的核技术，对样品的需要量小（最低 10^{-18} g），探测深度在 $10\mu m \sim 100\mu m$，横向分辨率 $3\mu m$，因此特别适合珍贵文物和完整器物的无损分析。

用 PIXE 技术测定样品的化学成分实验在复旦大学现代物理研究所进行。实验所使用的质子束是复旦大学加速器实验室 NEC9SDH-2 串列加速器产生（图一）。沿束流路径，靶室 1 用作常规卢瑟福背散射分析（RBS）测量，靶室 2 作内束 PIXE 分析，在管道的尽头用一厚度为 $7.5\mu m$ 的 Kapton 膜来隔离真空与大气，质子穿透 Kapton 膜进行外束 PIXE 分析。NEC9SDH-2 串列加速器提供 3.0MeV 的准直质子束，样品置于大气中，距离 Kapton 膜 10mm。质子束穿过该 Kapton 膜和空气，到达样品表面的实际能量为 2.8MeV，束斑直径 1mm，束流 0.1nA。X 射线用 Si（Li）探测器测量，系统对 Mn 的 Kα 线（5.9keV）的

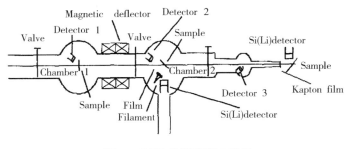

图一 PIXE 分析管道示意图

能量分辨率（FWHM）为 165eV，探测器铍窗与样品的距离也是 10mm。质子束与样品表面法线之间的夹角为 45°，探测器表面法线与样品表面法线的夹角也为 45°。测定微量元素进行测量时，探测器前加上 Al 膜，以除去低能的 X 射线，同时加大质子束流至 0.5nA 左右。

PIXE 方法对原子序数大于 11（Na）的元素均可做定量测定，小于 11 的元素因空气对特征 X 射线的吸收而不准确。所以，本实验已做改进，即在样品表面至探测器间流动氦气，以保证测定 Na 以上轻元素的确定性。

（2）数据处理

Si（Li）探测器得到 PIXE 能谱非常复杂。本工作采用世界上先进的解谱软件 GUPIX 对厚靶 PIXE 进行定量分析。GUPIX 的主要思想是利用特征 X 射线能量和分支比、X 射线产生截面、质子在物质中的阻止本领以及 X 射线在物质中的衰减系数等大量数据库，用最少的参数对实验所得能谱进行理论拟合。对于原子序数在 11 到 60 的元素，考虑 2 到 6 条 K 系 X 射线；对于原子序数在 30 到 92 的元素，考虑到 10 到 25 条 L 系 X 射线。每一个元素的主峰用高斯峰来描述。将理论模拟谱线与实验所得能谱进行比较，不断调整各参数值，使得理论能谱与实验能谱充分接近，从而对能谱进行准确分析。

在本研究的计算中，对参数的拟合采用标样法。首先将各量准确的直接输入，然后计算在相同实验条件下测得的标准样品的各成分含量。通过比较计算值与标准值，对输入的参数进行检验和修正，最后用修正后的参数对样品能谱进行定量计算。

2、X-射线衍射方法（XRD）

（1）分析原理

晶体物质有自己特定的晶体结构参数，如点阵类型、晶胞大小、原子数目和原子在晶胞的位置等。X 射线在某种晶体上的衍射，必然反映出带有晶体特征的特定衍射花样（衍射位置 θ、衍射强度 I）。把得到的衍射峰的位置和相对强度同标准卡片进行对比，便可以确定物相，这就是定性分析；根据各物相的衍射线强度和含量之间的关系就可以确定物相有多少，这就是定量分析。

图二为多晶 X-射线衍射仪几何装置。单色 X 光照射在固体或粉末样品上，它和计数器由马达按 θ 和 2θ 角大小的比例由低角度到高角度同步地转动，保证可能的衍射线进入计数器，最后将计数电脉冲转变为直观可读或记录的数值。

（2）X-射线衍射测定设备和实验

XRD 实验采用复旦大学化学系表面化学实验室的 D8AdvanceX-射线衍射仪，实验时采用管压 40kV，管流 40mA，采用 $CuK_{\alpha 1}$（波长 $\lambda = 1.54056$Å）X 射线及 Si（Li）探测器。由于 X 射线对焦和样品架尺寸的限制，样品的高度不大于 15mm，宽度不大于 35mm。

3、显微拉曼光谱方法（Raman）

拉曼光谱法是一种通过获取样品指纹频率，从而得到物质结构信息的无损、实时检测方法。它对样品大小以及

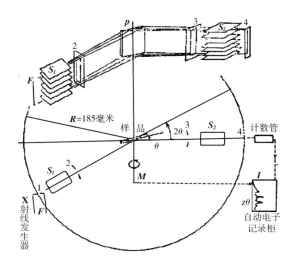

图二 多晶 X-射线衍射仪几何原理图

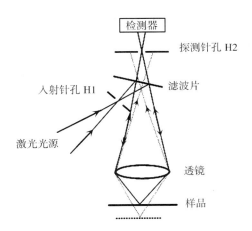

图三　共焦拉曼显微镜原理图

透光性无要求，是判断玉石种属的一种有效手段。

（1）分析原理

一定波长的单色光与作为散射中心的样品相互作用时，会发生斯托克斯（Stokes）散射、反斯托克斯（anti-Stokes）散射和瑞利（Rayleigh）散射，从而携带出许多关于样品微观层次的丰富信息，其中由光子与样品中元激发（准粒子）间发生非弹性碰撞而形成的散射就是拉曼散射。当光子与元激发碰撞时，光子损失能量，而激发出元激发，散射光的频率低于入射光的频率，称之为斯托克斯散射。另一种非弹性碰撞则是碰撞过程中，元激发放出了能量，光子能量增高，散射光的频率高于入射光的频率，称之为反斯托克斯散射。拉曼位移 $\Delta \nu$ 反映了物质分子和晶体的振动谱，对特定的物质而言，它有一系列特定的独有的振动谱，由此可以从分子水平研究样品的结构及分析鉴定物质。

（2）共焦拉曼技术

共焦技术的原理早在 1957 年就已提出，但是直到 1977 年该技术才开始用于拉曼谱学。但是，直到 20 世纪 90 年代，共焦显微技术才真正在拉曼技术中得到广泛应用。共焦拉曼显微镜的工作原理如图三所示。

将激光束经入射针孔 H1 聚焦于样品表面，样品表面的被照射点在探测针孔 H2 处成像，其信号由在 H2 之后的探测器收集（光路如实线所示）。而当激光在样品表面是散焦时，样品处的大部分信号被 H2 挡住（光路如虚线所示），无法通过针孔到达检测器。当我们将样品沿着激光入射方向上下移动，可以将激光聚焦于样品的不同层面，这样所采集的信号也将来自于样品的不同层面，实现样品的剖层分析。可以看出，这种结构的最大特点就是可以有效地排除来自焦平面之外其他信号的干扰，从而有效地排除物质本体信号对所需要分析层信号的影响。同时，共焦显微系统本身还具有较高的水平方向的空间分辨率（$1\mu m$），可以分析固态、液态和气态的包裹体样品。上述特点使共焦显微拉曼技术在宝石矿物的识别应用中显示出其他鉴定技术无法替代的重要地位。

（3）拉曼光谱测定设备和实验

本实验采用复旦大学分析测试中心光谱实验室法国 Dilor 公司生产的 LabRam－1B 型共焦显微拉曼光谱仪。实验参数为：He－Ne 激光器、激光波长 632.8nm，功率 4.3mW，100 倍物镜，$100\mu m$ 狭缝，多道 CCD 探测器，光束作用面积 $1\mu m2$，测定样品的拉曼光谱时，应用标样校正。

三、测试结果分析

本次由南京博物院江苏省考古研究所、江阴博物馆提供测试的江阴高城墩遗物样品来自 M1、M2、M3、M4、M5、M7、M8、M9、M11、M13 和 1 块采集品。用 PIXE 无损分析 46 件样品。其中矿物组成以 MgO、SiO_2、CaO 为主要化学成分的玉器有 31 件。测试结果参见表一。样品编号为 JSJY I -G1、JSJY I -G3 ~ G5、JSJY I -G7 ~ G20、JSJY I -G22 ~ G25、JSJY I -G27 ~ G29、JSJY I -G31 ~ G36，其化学成分分布范围为 MgO19.66% ~ 25.11%，$SiO_2$55.92% ~ 60.36%，CaO10.46% ~ 17.28%，这批玉器的次要化学成分为 $Al_2O_3$0.01% ~ 4.44%，$Fe_2O_3$0.68% ~ 4.88%。其他氧化物 Na_2O0.00 ~ 1.62%，K_2O0.00% ~ 0.39%。

上述玉器的主要化学成分与透闪石（Tremolite，化学结构式为：$Ca_2Mg_5Si_8O_{22}(OH)_2$）的理论值 MgO24.8%，$SiO_2$59.16%，CaO13.8% 非常一致。由于透闪石中 Mg、Fe 可完全类质同象代替，置换程度不同，矿物也不同。当 Mg 被 Fe 置换时，可变为阳起石（Actinolite，化学结构式为 Ca_2（Mg，Fe）$_5Si_8O_{22}$ $(OH)_2$）；当 Mg 被 Fe 全部置换后，就成为铁阳起石（Ferroactinolite，化学结构式 $Ca_2Fe_5Si_8O_{22}$ $(OH)_2$）。由于 Mg 和 Fe 的置换是一种连续系列，因此矿物种的划分有一定范围。当 Mg^{2+}／（Mg^{2+} + $Fe^{2+(3+)}$）≥ 0.9 时，称为透闪石；当 $0.9 > Mg^{2+}$／（Mg^{2+} + $Fe^{2+(3+)}$）≥0.5 时，称为阳起石；当 Mg^{2+}／（Mg^{2+} + $Fe^{2+(3+)}$）<0.5 时，称为铁阳起石。此比值也列举于表一中。

用 X 射线衍射法无损鉴定了表一中 19 件样品的矿物组成，其主要岩相结构皆为透闪石。彩版一○一和图四列举了样品 JSJYⅠ-G4，JSJYⅠ-G11，JSJYⅠ-G16 与和田透闪石玉石的 X 射线衍射峰，主 X 射线衍射峰与透闪石是一致的。

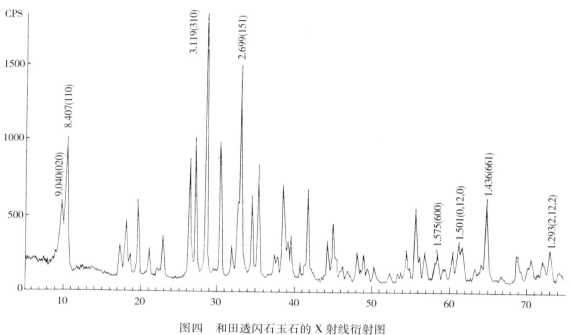

图四　和田透闪石玉石的 X 射线衍射图

我们曾用 PIXE 方法，对世界不同地区（包括中国新疆、俄罗斯、加拿大和新西兰等地）的软玉样品进行了岩石矿物学特征分析，从成分组成和微观结构方面比较各地软玉的不同特征。实验结果显示，白玉和青玉的主要化学成分大致相同，青玉由于 Fe_2O_3 含量的增加，出现阳起石型（Actinolite）岩相[①]。这批样品中比值 Mg^{2+}／（Mg^{2+} + $Fe^{2+(3+)}$）皆大于 0.9。

中国古代玉器的玉材产地也是大家所关心的。从矿物学的角度来看，中国古代玉器的玉材主要取自角闪石族透闪石—阳起石—铁阳起石系列软玉。江阴市高城墩出土的良渚文化玉器的化学成分和岩相分析结果也是如此，但这批玉器的玉材出自何处，目前要准确判断出来是比较复杂和困难的（图五）。

透闪石软玉矿床的地质特性是不同的，主要有两类透闪石矿。一类为中酸性侵入体与白云石大理岩接触交代型，典型的如新疆和田透闪石型软玉；另一类是与超基性岩有关的软玉，例如新疆玛纳斯透闪石矿。其中后者含有较明显的微量元素 Cr、Ni 等，前者微量杂质含量很少[②]。

各地的矿床因为地质条件不同，应该含有各具特征的稀有元素，我们希望由此来识别古代玉器的玉材来源。表二列举了用无损 PIXE 分析方法测定江阴高城墩出土的 7 块透闪石质古玉器的微量元素结果。从表二

---

①　伏修峰、干福熹、马波、顾冬红：《几种不同产地软玉的岩相结构和无损分析》，第 1197～1202 页，《岩石学报》2007 第 5 期。
②　唐延龄、陈葆率、蒋壬华：《中国和田玉》，第 86 页，新疆人民出版社，1994 年。

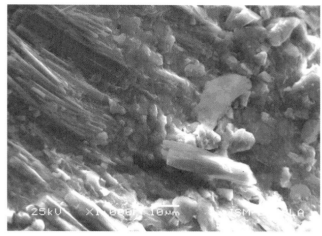

图五　JSJYI-G20（玉琮残块）扫描电子显微镜图（×1000）

可以看出，除个别样品外，所含的微量元素比较一致。主要微量元素 Mn 含量在 416μg/g～1341μg/g，Y、Zr 元素 <40μg/g。另外，这 7 块样品含有少量的 Ca、As、Rb、Sr、Pb 元素，但不含 Hg。与浙江反山、瑶山、塘山、汇观山出土的良渚玉器较一致[1]。认为这批玉器的玉材可能来自同一类矿区和矿床。

　　用显微 Raman 光谱对中国古玉进行无损分析其岩相结构，尚少见报导。显微 Raman 光谱是目前正在发展的无损分析方法，由于聚光斑点小，能对微区岩相结构特点进行研究。首先，要对玉材的 Raman 光谱进行仔细的测试和分析，以作为测定的标准。

　　我们曾对和田透闪石玉进行过 Raman 光谱的研究，和田透闪石的主要 Raman 光谱峰位于 1054cm^{-1}，934cm^{-1}，670cm^{-1}，526cm^{-1}，393cm^{-1}，225cm^{-1}。透闪石是双链结构的层状晶体，这些 Raman 峰分别代表了链状结构中硅与非桥氧（Si-O）与桥氧（Si-O-Si）的伸缩振动、弯曲振动与晶格振动。透闪石型的样品 JSJYI-G1（玉钺）、JSJYI-G4（玉锥形器）、JSJYI-G10（玉坠饰）、JSJYI-G15（玉钺）、JSJYI-G18（玉珠）、JSJYI-G24（玉管）和 JSJYI-G25（玉管），经法国 Dilor 公司生产的 LabRam-1B 型共焦显微 Raman 光谱仪测试，结果见图六～八。如图所示，标志硅氧四面体中 Si-O-Si 的 Raman 散射峰（671.06cm^{-1}～674.19cm^{-1}）以及 Si-O 的 Raman 散射峰（1056.22cm^{-1}～1062.49cm^{-1}）与和田玉石的 Raman 光谱对比很接近。由于良渚玉器表面受沁程度的不同对测量结果有影响，采用同一样品多点测试以提高精度和可信度，但有些样品受沁程度较为严重，样品受到漫散射的影响，

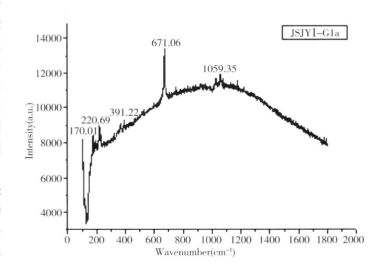

图六　JSJYI-G1（玉钺）的 Raman 光谱图

---

[1]　参见中国科学院上海光学精密机械研究所、浙江省文物考古研究所：《良渚文化遗址反山、瑶山、塘山、汇观山等出土玉器的检测和分析报告》。

很多较弱的 Raman 峰不能显示。激光显微 Raman 的无损分析是一种有效的测定古玉器岩相结构的方法。

高城墩出土的玉器除了上述 31 件属于透闪石类的玉器外，尚有 3 件玉器、8 件石钺和 4 件石类器物，PIXE 法分析主要化学成分测量结果见表三。

样品编号为 JSJYⅠ-G6（玉璧）、JSJYⅠ-G21（玉珠）和 JSJYⅠ-G30（玉钺）是蛇纹石（Serpentine，化学结构式为（Mg, Fe）$_6$［Si$_4$O$_{10}$］（OH）$_8$）类型玉石，其化学成分分布范围为：MgO37.70% ～43.83%，SiO$_2$50.10% ～52.20%，次要化学成分：Al$_2$O$_3$1.17% ～8.14%，Fe$_2$O$_3$1.17 ～2.26%，其他氧化物如 Na$_2$O0.75% ～1.44%，K$_2$O0.09% ～0.28%。蛇纹石的理论值：MgO43.48%，SiO$_2$43.48%，与表三中列举的化学成分比较一致。X 射线衍射法（XRD）测定的 JSJYⅠ-G21（玉珠）主要数据表明，它属于利蛇纹石（Lizardite，3MgO·2SiO$_2$·2H$_2$O），参见彩版一○二：1，其中含有很少量的钠钙长石（Albite）。

此次江阴高城墩遗址出土送来测试的 8 件石钺，大致分为以下几类矿物成分：

1. 叶腊石，主要组成矿物为叶腊石，但含少量绢云母、石英、硅灰石、绿帘石、水硬铝石等矿物，因而其硬度较纯叶腊石高。

样品 JSJYⅠ-G37、JSJYⅠ-G41、JSJYⅠ-G43 的化学成分分布范围：Al$_2$O$_3$23.5% ～34.86%，SiO$_2$61.48% ～64.01%，次要化学

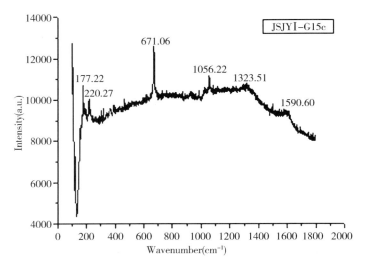

图七　JSJYⅠ-G15（玉钺）的 Raman 光谱图

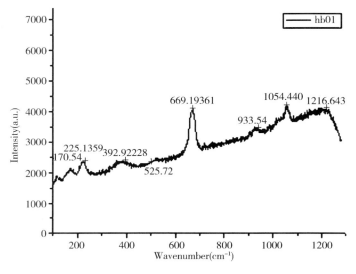

图八　和田透闪石玉石的 Raman 光谱图

成分：K$_2$O2.30% ～4.82%，Fe$_2$O$_3$0.70% ～4.02%。上述 3 件石钺的化学成分与叶腊石（Pyrophyllite，化学结构式 Al$_2$［Si$_4$O$_{10}$］（OH）$_2$）的理论值 Al$_2$O$_3$28.3%，SiO$_2$66.7% 较接近。从表中可以看出，有些样品 Al$_2$O$_3$ 的减少是被 Fe 和 Mg 替代。彩版一○二：2 为样品 JSJYⅠ-G37（石钺）的 X 射线衍射图。

2. 主要组成为 SiO$_2$ 大于 70% 的石钺有 2 件，样品编号为 JSJYⅠ-G40 和 JSJYⅠ-G45。其化学成分：SiO$_2$71.09% ～76.88%，Al$_2$O$_3$15.00% ～15.66%，次要化学成分 Na$_2$O1.19% ～1.93%，MgO0.36% ～1.99%，K$_2$O2.69% ～2.93%。彩版一○二：3 为样品 JSJYⅠ-G45（石钺）的 X 射线衍射图，与从化学成分分析为铝硅酸盐和少量钾、钠长石一致。样品 JSJYⅠ-G45 的 Raman 光谱图和具有 α-SiO$_2$ 的 Raman 峰比较接近，参见图九、一○。

3. 从 PIXE 法分析的化学成分和 X 射线衍射图（彩版一○三：1）以及 Raman 图谱（图一一），我们初

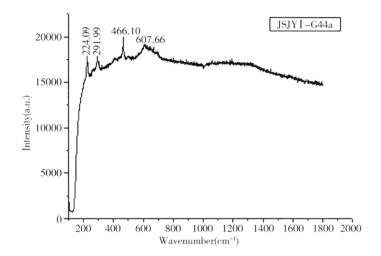

图九　JSJYⅠ-G45（石钺）的 Raman 光谱图

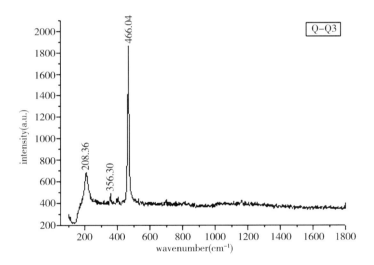

图一〇　水晶（α-SiO₂）的 Raman 光谱图

步认为，样品 JSJYⅠ-G44（石钺）可能是富铝片麻岩（刚玉多形成于高温富铝贫硅的条件下）[1]。

4. 样品 JSJYⅠ-G46（石钺）和 JSJYⅠ-G47（石钺）的化学组成 SiO_2 大于45%，JSJYⅠ-G46 样品成分 SiO_2 46.92%，Al_2O_3 11.87%，MgO 8.41%，CaO 7.59%，Fe_2O_3 19.33%，Na_2O 1.40%。JSJYⅠ-G47 样品化学成分 SiO_2 57.97%，Al_2O_3 14.18%，MgO 7.54%，K_2O 5.88%，CaO 5.46%，Fe_2O_3 3.76%，Na_2O 2.83%，BaO 1.07%。这两件样品因没有 XRD 和 Raman 光谱数据无法正确判断矿物组成结构。根据现有资料[2]，矿床成因及产地分析，这类化学成分属于基性辉长岩，正确确定此2件石钺矿物组成还需重新测试。

5. 样品 JSJYⅠ-G2（玉珠）、JSJYⅠ-G26（玉璧）、JSJYⅠ-G38（石刀）和 JSJYⅠ-G39（石斧）均属于石器类矿物组成。如 JSJYⅠ-G2（玉珠）的主要化学成分为：MgO 32.25%，SiO_2 63.62%。从化学成分看属于含镁硅酸盐矿物，分子式 $Mg_3[Si_4O_{10}](OH)_2$，其含 MgO 31.88%，SiO_2 63.37%。彩版一〇三:2 为样品 JSJYⅠ-G2 白色点主 X 射线衍射峰与滑石（Talc）是一致的。样品 JSJYⅠ-26（玉璧）没有进行 XRD 测定。从表三的 PIXE 方法分析的化学成分为镁质超基性岩及镁质矽卡岩中含有金云母的矿物组成[3]。金云母的结构式为 $KMg_3[AlSi_3O_{10}](OH,F)_2$，它的主要化学成分：$SiO_2$ 38%～45%，Al_2O_3 10%～18%，MgO 20%～28%，K_2O 7%～9%，JSJYⅠ-G26 的化学成分与金云母一致。

样品 JSJYⅠ-G38（石刀）没有进行 XRD 测定。表三的化学成分：MgO 10.29%，Al_2O_3 12.92%，SiO_2 55.74%，K_2O 3.16%，CaO 8.58%，Fe_2O_3 7.94%，并含有少量的 Cr_2O_3 0.05%，MnO 0.25%。这件石刀需要重新测定来确定得出矿物组成。从化学成分初步分析，属于基性辉长岩或其他超基性岩。

样品 JSJYⅠ-G39（石斧）的主要化学成分：Al_2O_3 22.80%，SiO_2 59.59%，次要化学成分 MgO 2.71%，K_2O 4.39%，CaO 0.37%，Fe_2O_3 7.49%。图彩版一〇三:3 为样品 JSJY-39 白色点主 X 射线衍射峰与白云母

① 方萍、何迈、谢云龙、罗梦飞：《α–Al2O3 高温相变的 XRD 和 Raman 光谱比较研究》，《光谱学和光谱分析》第2039～2042页，2006年第11期。

② 廖宗廷、周祖翼、马婷婷、陈桃：《宝石学概论》，第154页，同济大学出版社，2006年。

③ 吴良士、白鸽、袁忠信：《矿产原料手册》，化学工业出版社，2007年。

和石英一致。此石斧为含有白云母和石英的岩浆岩。

四、结果和讨论

从以上测试分析结果可以看出以下几点：

1. 高城墩遗址出土的 46 件样品中，其矿相属透闪石类型的玉器有 31 件，占 67.4%，是用于琮、钺、管状饰等玉器，玉料较好。如 JSJY Ⅰ-G1（玉钺），JSJY Ⅰ-G3（玉珠）、JSJY Ⅰ-G8（玉琮）、JSJY Ⅰ-G11（玉管）等。而用于制作面积较大的玉璧，玉料较差点，如 JSJY Ⅰ-G19（玉璧）、JSJY Ⅰ-G22（玉璧）。

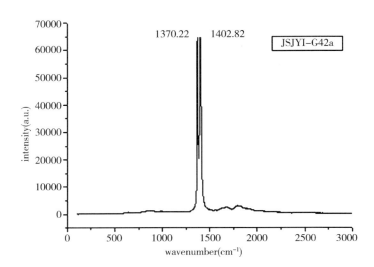

图一一　　JSJY Ⅰ-G44（石钺）的 Raman 光谱图

2. 出土的古玉器皆埋于地下几千年，受周围环境的影响，产生受沁或风化。玉器的受沁程度决定于地质土壤条件。一般而言，南方酸性土壤比北方碱性土壤侵蚀严重，当然这也决定于玉石种类。如从 JSJY Ⅰ-G19（玉璧）和 JSJY Ⅰ-G6（玉璧），JSJY Ⅰ-G5（玉珠）和 JSJY Ⅰ-G21（玉珠）的照片看出，JSJY Ⅰ-G19（玉璧）和 JSJY Ⅰ-G5（玉珠）样品表面常有薄薄一层致密的"面膜"，呈现出玻璃光泽，这层"面膜"阻止 MgO 和 CaO 的流失。这种作用是制作抛光和几千年土壤受沁的结果。另一玉璧 JSJY Ⅰ-G6 和玉珠 JSJY Ⅰ-G21 沁蚀甚，表面无光泽。前者为透闪石，后者为蛇纹石，因此透闪石玉石比蛇纹石玉石抗侵蚀，这也和玉器质量密切相关。

3. 这次测定的第二类样品为钺，钺分为石钺和玉钺。玉钺分二类，一类为透闪石（样品编号 JSJY Ⅰ-G1，JSJY Ⅰ-G15），另一类为蛇纹石（样品编号 JSJY Ⅰ-G30）。石钺经 PIXE、XRD 和 Raman 光谱分析，以氧化物含量高的矿物组成，分为石英型、刚玉型、叶腊石型和基性辉长岩型石钺。

4. 从前面报告中，PIXE 无损方法的化学成分分析，要结合 XRD 和 Raman 光谱的岩相和结构分析，才能有效地组成对古玉器无损分析的检测的准确判断。本研究证实了激光 Raman 光谱对古玉器鉴别的应用前景。

注：有些样品尚未能确定其矿相，有待于进一步测试分析。

表一　　高城墩遗址出土玉器透闪石型的 PIXE 主量元素测试结果（wt/%）

实验编号	器名及测试部位	出土编号	Na$_2$O	MgO	Al$_2$O$_3$	SiO$_2$	P$_2$O$_5$	K$_2$O	CaO	TiO$_2$	Cr$_2$O$_3$	MnO	Fe$_2$O$_3$	CoO	CuO	PbO	BaO	$\dfrac{Mg^{2+}}{(Mg^{2+}+Fe^{2+(3+)})}$
JSJYI-G1	玉钺，基体	M1:1	0.23	23.86	0.79	59.94	0.34	0.06	13.09	0.00	0.04	0.06	1.54	0.00	0.03	0.03	0.00	0.969
JSJYI-G3	玉珠，基体	M1:10-3	1.22	21.20	4.01	60.36	0.39	0.32	10.46	0.22	0.05	0.04	1.63	0.00	0.04	0.00	0.04	0.963
JSJYI-G4	玉锥形器，基体	M1:11	0.66	25.20	0.78	59.56	0.46	0.06	12.33	0.00	0.00	0.06	0.83	0.00	0.02	0.00	0.05	0.9834
JSJYI-G5	玉珠，基体	M1:34-2	0.26	23.80	1.26	59.97	0.27	0.14	12.98	0.00	0.00	0.10	1.09	0.02	0.02	0.00	0.07	0.978
JSJYI-G7	玉管，基体	M3:3	0.72	23.51	2.58	59.08	0.37	0.17	12.52	0.03	0.03	0.05	0.94	0.00	0.00	0.00	0.02	0.980
JSJYI-G8	玉琮，基体	M3:11	0.58	25.04	0.87	59.35	0.64	0.07	12.68	0.00	0.04	0.05	0.68	0.00	0.00	0.00	0.00	0.987
JSJYI-G9	玉管，基体	M3:22	0.43	23.30	2.30	59.55	0.24	0.15	12.93	0.00	0.08	0.05	0.96	0.00	0.00	0.00	0.02	0.980
JSJYI-G10	玉坠饰，基体	M4:15	1.32	24.32	2.01	58.71	0.59	0.08	12.05	0.03	0.03	0.04	0.83	0.00	0.00	0.00	0.00	0.983
JSJYI-G11	玉管，基体	M4:17	0.73	24.30	1.38	59.28	0.48	0.13	12.83	0.00	0.00	0.11	0.69	0.00	0.00	0.00	0.08	0.986
JSJYI-G12	玉琮，基体	M5:1	0.77	24.75	1.18	58.61	0.46	0.02	12.18	0.02	0.04	0.05	1.89	0.02	0.00	0.00	0.00	0.963
JSJYI-G13	玉琮，基体	M5:2	0.50	24.31	0.81	59.21	0.35	0.02	13.07	0.00	0.04	0.10	1.47	0.04	0.02	0.02	0.05	0.971
JSJYI-G14-a	玉镯，白色点	M5:8	0.74	24.70	0.93	59.46	0.33	0.07	12.19	0.00	0.05	0.07	1.36	0.00	0.00	0.00	0.10	0.973
JSJYI-G14-b	玉镯，白色偏黄	M5:8	0.20	24.50	1.30	59.71	0.64	0.04	12.07	0.03	0.05	0.05	1.32	0.00	0.02	0.00	0.06	0.974
JSJYI-G14-c	玉镯，黄色	M5:8	0.00	25.14	0.81	59.89	0.52	0.02	12.08	0.03	0.03	0.05	1.34	0.05	0.02	0.02	0.00	0.974
JSJYI-G15-a	玉钺，白色	M5:18	0.99	23.39	0.88	56.49	2.00	0.02	13.60	0.06	0.00	0.15	2.35	0.00	0.02	0.00	0.04	0.952
JSJYI-G15-b	玉钺，棕色偏黑	M5:18	0.00	22.63	2.91	57.69	0.96	0.07	12.93	0.00	0.00	0.17	2.47	0.04	0.02	0.11	0.00	0.948
JSJYI-G16	隧孔玉珠，基体	M5:28-4	0.66	21.80	3.13	55.90	2.49	0.12	14.72	0.00	0.00	0.10	1.04	0.00	0.00	0.00	0.03	0.977

续表一

实验编号	器名及测试部位	出土编号	Na$_2$O	MgO	Al$_2$O$_3$	SiO$_2$	P$_2$O$_5$	K$_2$O	CaO	TiO$_2$	Cr$_2$O$_3$	MnO	Fe$_2$O$_3$	CoO	CuO	PbO	BaO	Mg^{2+}/(Mg^{2+}+Fe$^{2+(3+)}$)
JSJYI-G17	玉珠，基体	M5:33-5	0.87	19.89	4.24	57.40	0.37	0.36	15.45	0.08	0.00	0.03	1.09	0.00	0.00	0.22	0.00	0.9737
JSJYI-G18	玉珠，基体	M7:4	0.21	22.55	3.38	57.64	0.54	0.19	13.34	0.09	0.04	0.03	1.96	0.03	0.00	0.00	0.00	0.958
JSJYI-G19-a	玉璧	M8:1	0.46	24.67	1.42	59.29	0.47	0.04	10.86	0.02	0.04	0.08	2.62	0.04	0.00	0.00	0.00	0.950
JSJYI-G19-b	玉璧，白色	M8:1	0.11	24.64	1.15	59.57	0.36	0.06	11.30	0.03	0.02	0.06	2.68	0.02	0.00	0.00	0.02	0.948
JSJYI-G20	玉琮碎片，基体	M8:2(1-5)	0.52	21.82	3.56	58.94	0.52	0.16	11.50	0.04	0.07	0.06	2.79	0.00	0.00	0.00	0.03	0.940
JSJYI-G22-a	玉璧，无色处	M8:9	0.12	23.82	0.00	59.63	0.33	0.00	12.25	0.00	0.04	0.04	3.71	0.04	0.00	0.00	0.03	0.928
JSJYI-G22-b	玉璧，黄色处	M8:9	1.12	23.54	1.33	57.86	0.48	0.06	11.69	0.00	0.00	0.10	3.79	0.00	0.03	0.00	0.00	0.925
JSJYI-G22-c	玉璧，锈斑处	M8:9	0.91	21.19	4.44	55.92	0.64	0.20	10.78	0.05	0.08	0.61	4.88	0.04	0.04	0.00	0.22	0.897
JSJYI-G22-d	玉璧，色偏黄绿处	M8:9	0.22	23.64	1.88	57.84	0.49	0.00	11.54	0.04	0.00	0.07	4.18	0.03	0.00	0.06	0.00	0.919
JSJYI-G23	玉珠，基体	M8:18	1.62	19.66	2.06	55.48	0.75	0.39	17.28	0.00	0.00	0.21	2.34	0.07	0.00	0.00	0.12	0.944
JSJYI-G24	玉管，基体	M8:29-2	0.53	22.23	3.34	57.87	0.37	0.28	12.17	0.04	0.03	0.06	2.99	0.03	0.03	0.00	0.03	0.937
JSJYI-G25	玉管，基体	M11:1-2	0.00	25.05	0.97	59.44	0.48	0.06	12.52	0.00	0.07	0.06	1.17	0.03	0.00	0.10	0.05	0.977
JSJYI-G27	玉琮，透明处	M11:3	0.00	23.76	1.67	59.77	0.44	0.12	13.31	0.00	0.00	0.03	0.82	0.03	0.03	0.03	0.00	0.983
JSJYI-G28	玉琮，透明处	M11:7	0.24	24.24	1.64	58.84	0.42	0.05	12.55	0.00	0.00	0.08	1.87	0.03	0.00	0.00	0.04	0.963
JSJYI-G29	玉锥形器，基体	M11:22	0.53	22.92	1.66	58.70	0.48	0.14	12.70	0.04	0.00	0.06	2.68	0.03	0.06	0.00	0.00	0.945

续表一

实验编号	器名及测试部位	出土编号	Na$_2$O	MgO	Al$_2$O$_3$	SiO$_2$	P$_2$O$_5$	K$_2$O	CaO	TiO$_2$	Cr$_2$O$_3$	MnO	Fe$_2$O$_3$	CoO	CuO	PbO	BaO	Mg^{2+}/(Mg^{2+}+Fe$^{2+(3+)}$)
JSJYI-G31	玉管，基体	M13:3-3	0.38	25.11	1.28	58.88	0.53	0.11	12.81	0.00	0.00	0.06	0.77	0.00	0.00	0.00	0.08	0.985
JSJYI-G32	玉管，基体	M13:4-2	0.32	24.82	1.27	59.80	0.55	0.06	11.69	0.00	0.04	0.03	1.34	0.00	0.00	0.00	0.08	0.974
JSJYI-G33	玉珠，基体	M13:7-2	1.47	23.67	1.56	58.46	0.08	0.12	12.58	0.06	0.00	0.09	1.89	0.04	0.00	0.00	0.00	0.962
JSJYI-G34	玉珠，基体	M13:7-6	0.41	24.34	0.61	59.14	0.47	0.08	13.36	0.03	0.00	0.09	1.44	0.00	0.00	0.02	0.00	0.971
JSJYI-G35	玉管，基体	M13:7-13	0.70	24.71	1.67	58.94	0.52	0.08	12.49	0.04	0.03	0.03	0.71	0.03	0.00	0.00	0.05	0.986
JSJYI-G36a	玉璧，基体	采集:11-298	0.67	23.16	1.00	58.62	0.46	0.13	12.81	0.05	0.05	0.10	2.83	0.02	0.02	0.07	0.00	0.942
JSJYI-G36b	玉璧，黑色处	采集:11-298	0.89	23.73	0.85	58.62	0.41	0.09	12.66	0.03	0.07	0.08	2.54	0.02	0.00	0.02	0.00	0.949
JSJYI-G36c	玉璧，黑色处	采集:11-298	0.19	23.44	1.00	59.10	0.51	0.10	12.77	0.03	0.03	0.11	2.65	0.03	0.00	0.02	0.02	0.946

表二　高城墩遗址出土玉器透闪石型的 PIXE 微量元素测试结果（μg/g）

样品编号	器物	出土编号	Cr	Mn	Fe	Co	Ni	Cu	Zn	Ga	As	Rb	Sr	Y	Zr	Pb
JSJYI-G35	玉管	M13:7-13	16	471	4970	38	18	81	267	8	3	1	5	15	21	7
JSJYI-G4	玉锥形器	M1:11	0	515	5810	22	27	163	172	15	0	2	17	29	26	12
JSJYI-G13	玉琮	M5:2	0	817	10290	89	85	80	183	9	1	0	0	32	28	14
JSJYI-G13	玉琮	M5:2	19	840	10290	49	45	100	198	3	2	3	10	31	29	6
JSJYI-G8	玉琮	M3:11	28	553	4760	25	89	34	156	9	0	0	10	23	39	0
JSJYI-G1	玉钺	M1:1	0	416	10780	60	57	56	132	14	0	0	9	15	23	12
JSJYI-G15	玉钺	M5:18	0	1341	16450	84	33	51	188	0	0	7	9	23	40	0
JSJYI-G22	玉璧	M8:9	7	556	25970	0	31	18	127	0	0	3	0	38	28	10

表三　　高城墩遗址出土玉器非透闪石型的 PIXE 主量元素测试结果（wt/%）

样品编号	器名及测试部位	出土编号	Na₂O	MgO	Al₂O₃	SiO₂	P₂O₅	K₂O	CaO	TiO₂	Cr₂O₃	MnO	Fe₂O₃	CoO	CuO	PbO	BaO
JSJYI-G2a	玉珠,基体	M1:4	1.88	32.25	1.49	63.62	0.16	0.09	0.15	0.06	0.00	0.00	0.31	0.00	0.00	0.00	0.00
JSJYI-G2b	玉珠,白色受沁处	M1:4	1.23	32.42	1.65	63.68	0.32	0.13	0.10	0.06	0.00	0.00	0.30	0.00	0.00	0.11	0.00
JSJYI-G6-a	玉璧,干净点	M2:10	0.75	40.18	3.97	52.20	0.57	0.28	0.78	0.10	0.00	0.00	1.17	0.00	0.00	0.02	0.00
JSJYI-G6-b	玉璧,清洁后	M2:10	1.44	42.96	1.79	51.79	0.11	0.09	0.34	0.04	0.00	0.00	1.39	0.03	0.00	0.00	0.00
JSJYI-G21	玉珠,基体	M8:4-3	0.78	43.83	1.95	51.57	0.39	0.12	0.07	0.04	0.00	0.00	1.20	0.03	0.03	0.00	0.00
JSJYI-G26	玉璧,黄褐色处	M11:2	1.44	24.38	11.57	55.99	0.56	0.88	1.31	0.33	0.03	0.03	3.46	0.00	0.00	0.00	0.02
JSJYI-G30a	玉钺,干净处	M13:2	0.96	37.70	8.14	50.47	0.23	0.12	0.06	0.03	0.06	0.05	2.12	0.03	0.03	0.00	0.00
JSJYI-G30b	玉钺,土色处	M13:2	0.96	43.55	2.28	50.10	0.17	0.14	0.24	0.03	0.08	0.05	2.26	0.00	0.00	0.12	0.02
JSJYI-G37a	玉钺,基体	M2:8-1	1.75	0.56	30.25	63.03	0.44	2.22	0.20	0.82	0.00	0.02	0.70	0.00	0.00	0.00	0.00
JSJYI-G37b	玉钺,深色处	M2:8-1	0.89	1.11	34.86	57.28	0.43	2.30	0.17	1.18	0.03	0.03	1.51	0.00	0.00	0.00	0.21
JSJYI-G38	石刀,基体	M3:9	0.06	10.29	12.92	55.74	0.40	3.16	8.58	0.48	0.05	0.25	7.94	0.00	0.04	0.10	0.00
JSJYI-G39	石斧,基体	M4:4	0.90	2.77	22.80	59.59	0.49	4.39	0.37	0.76	0.04	0.07	7.49	0.00	0.00	0.00	0.33
JSJYI-G40	石钺,基体	M5:30	1.93	1.99	15.00	71.59	0.82	2.69	0.47	0.83	0.03	0.05	4.52	0.00	0.00	0.09	0.09
JSJYI-G42	石钺,基体	M7:3	1.20	1.16	23.50	64.01	0.70	3.74	0.52	1.08	0.03	0.03	3.87	0.00	0.03	0.09	0.05
JSJYI-G44a	石钺,黑色处	M8:4-1	0.61	0.93	79.19	13.14	0.00	1.85	0.05	2.86	0.05	0.00	1.06	0.00	0.00	0.00	0.24
JSJYI-G44b	石钺,黄色处	M8:4-1	0.45	1.23	65.37	24.98	0.35	4.09	0.32	2.59	0.04	0.00	0.47	0.00	0.00	0.00	0.10
JSJYI-G43	石钺,基体	M9:1	0.41	1.43	25.58	61.48	0.64	4.82	0.55	0.85	0.03	0.03	4.02	0.00	0.03	0.00	0.13
JSJYI-G45a	石钺,黑色处	M11:8-1	0.73	0.86	14.73	72.56	0.65	2.93	0.36	0.90	0.04	0.00	6.05	0.00	0.06	0.00	0.12
JSJYI-G45b	石钺,粉红色	M11:8-1	1.19	0.36	14.80	76.88	0.55	3.03	0.30	1.11	0.04	0.00	1.57	0.00	0.07	0.03	0.15
JSJYI-G45c	石钺,土黄色	M11:8-1	0.35	0.61	15.66	76.33	0.60	3.12	0.37	0.92	0.00	0.03	1.72	0.00	0.03	0.00	0.26
JSJYI-G46	石钺,基体	M13:5	1.40	8.41	11.87	46.92	2.44	0.86	7.59	0.76	0.07	0.13	19.33	0.16	0.03	0.03	0.00
JSJYI-G47	石钺,基体	M13:6	2.83	7.54	14.18	57.97	0.69	5.88	5.46	0.56	0.05	0.02	3.70	0.02	0.02	0.00	1.07

表四

江阴高城墩遗址出土玉器情况表

序号	照片编号	实验编号	出土编号	名称	时代	色泽	样品描述（尺寸、重量）	完残程度
1		JSJYI-G1	M1：1	玉钺	良渚	鸡骨白，部分略显黄白色，玉质中带有较多的游丝状绺裂	顶宽8.2、刃宽10.5、长16.3cm	残断
2		JSJYI-G2	M1：4	玉珠	良渚	鸡骨白，玉质中带明显的黄灰色条带状结晶	中部最大径1.7、孔径0.4、长2.8cm	完整
3		JSJYI-G3	M1：10－3	玉珠	良渚	鸡骨白，玉质中带明显的黄灰色结晶	直径0.51、长0.8cm	完整
4		JSJYI-G4	M1：11	玉锥形器	良渚	鸡骨白，风化较严重	长7.8、上径0.95、孔径0.25cm	完整
5		JSJYI-G5	M1：34－2	玉珠	良渚	鸡骨白，玉质中明显带有较多的游丝状绺裂与灰绿色结晶体	直径0.95、长1.25cm	完整
6		JSJYI-G6	M2：10	玉璧	良渚	鸡骨白，整体风化严重，玉质内部已布满蚀孔	直径16、孔径4.5、厚1.6cm	完整
7		JSJYI-G7	M3：3	玉管	良渚	鸡骨白，玉质中带明显的黄绿色结晶	直径0.75、长1.79cm	完整

续表四

序号	照片编号	实验编号	出土编号	名称	时代	色泽	样品描述（尺寸、重量）	完残程度
8		JSJYI-G8	M3:11	玉琮	良渚	鸡骨白，玉质中明显带有少量的游丝状绺裂的结晶体，靠近器身下部有3块不规则形褐斑	射径8.1，环径7.6，孔径6.2，高3.75~3.8cm	完整
9		JSJYI-G9	M3:22	玉管	良渚	鸡骨白，玉质中带明显的黄绿色结晶	直径0.75，长1.79cm	略有残破
10		JSJYI-G10	M4:15	玉坠饰	良渚	鸡骨白，透光处呈湖绿色	直径0.5，长1.9cm	完整
11		JSJYI-G11	M4:17	玉管	良渚	鸡骨白，玉质中有黄绿色结晶	直径0.65，长1.4cm	完整
12		JSJYI-G12	M5:1	玉琮	良渚	鸡骨白，玉质中带有较多的游丝状绺裂与白、灰绿色结晶体，靠近器身上部玉质内有橙黄色沁斑	射径8.3，环径6.65，孔径5.68，高4.4cm	完整
13		JSJYI-G13	M5:2	玉琮	良渚	鸡骨白，玉质中有游丝状绺裂与较多的灰绿色结晶体，器身上有零星呈橙黄色的褐黄色沁斑	射径10.5，环径8.3，孔径5.2，高3.65~3.9cm	完整
14		JSJYI-G14	M5:8	玉镯	良渚	鸡骨白，底部分镯体已沁成红褐色，玉质中带有较多的游丝状绺裂	直径6.7，壁厚0.5~0.6，高3.5~4.5cm	完整

续表四

序号	照片编号	实验编号	出土编号	名称	时代	色泽	样品描述（尺寸、重量）	完残程度
15		JSJYI-G15	M5：18	玉钺	良渚	鸡骨白，透光部分显湖绿色，玉质中带有较多的灰绿色，灰白色结晶体，器身两侧有大块橙黄色沁斑	顶宽9.4，刃宽11.15，长15.2，体厚0.6cm	完整
16		JSJYI-G16	M5：28-4	隧孔玉珠	良渚	鸡骨白，玉质中带有游丝状绺裂及褐黄色沁斑	最大直径1.1cm	完整
17		JSJYI-G17	M5：33-5	玉珠	良渚	鸡骨白，透光处呈青黄色，玉质中带少量的灰白色结晶	直径0.9，长1.05cm	完整
18		JSJYI-G18	M7：4	玉珠	良渚	鸡骨白，玉质中明显带有较多灰绿色结晶体	直径1.2，长1.21cm	完整
19		JSJYI-G19	M8：1	玉璧	良渚	整体略显青绿色，部分已略显白化，玉质中带有较多游丝状绺裂及墨绿、黑色点状杂质	直径14.1，孔径4，厚1cm	已断裂成两半
20		JSJYI-G20	M8：2（1-5）	玉琮碎片	良渚	浅青绿色，玉质内含较多的游丝状绺裂与灰绿色结晶	M8：2-1长3.4，M8：2-2长2.2，M8：2-3长2.1，M8：2-4长4.2，M8：2-5长1.1cm	残损严重
21		JSJYI-G21	M8：4-3	玉珠	良渚	鸡骨白，玉质风化严重	直径1，长1.8cm	略有残损
22		JSJYI-G22	M8：9	玉璧	良渚	整体略显浅绿色，已略显白化，两缘及部分表面带有黄褐色沁斑，玉质中带明显的结晶斑块及墨绿、黑色点状杂质	直径13.3，孔径4.8，厚1.8cm	完整

续表四

序号	照片编号	实验编号	出土编号	名称	时代	色泽	样品描述（尺寸、重量）	完残程度
23		JSJYI-G23	M8：18	玉珠	良渚	鸡骨白色，风化严重	直径 0.8，高 0.65cm	已破裂
24		JSJYI-G24	M8：29－2	玉管	良渚	青绿色，玉质内含灰绿色结晶	上径 0.6、下径 1、长 1.6cm	完整
25		JSJYI-G25	M11：1－2	玉管	良渚	鸡骨白，玉质中带较多灰白色结晶	直径 0.86，长 1.8cm	完整
26		JSJYI-G26	M11：2	玉璧	良渚	鸡骨白，风化严重，玉质内部已布满蚀孔	直径 8.8，孔径 3.9，厚 1.6cm	完整
27		JSJYI-G27	M11：3	玉琮	良渚	鸡骨白，玉质中带有少量的游丝状缕裂与灰绿、墨绿色结晶体，器身上还有橙黄色沁斑	射径9.4，环径7.3，孔径5cm，高5.7cm	完整
28		JSJYI-G28	M11：7	玉琮	良渚	鸡骨白，玉质中带有较多的游丝状缕裂、黑色杂质及灰绿色结晶体，靠近器身上部玉质内有浅黄色沁斑	射径 10.7，环径8.65，孔径6.3，高 5.2cm	完整
29		JSJYI-G29	M11：22	玉锥形器	良渚	鸡骨白，玉质中带灰绿、黑色杂质及灰白色结晶	残长 5.4、中宽 0.7cm	完整
30		JSJYI-G30	M13：2	玉钺	良渚	淡灰绿色，不透光，玉质中带有较多的灰黑色斑状皮及黑色点状杂质	孔径 2.3、顶宽 9.8、刃宽 11.7、长 14.8cm	断裂

续表四

序号	照片编号	实验编号	出土编号	名称	时代	色泽	样品描述（尺寸、重量）	完残程度
31		JSJYI-G31	M13：3－3	玉管	良渚	鸡骨白，玉质中有黄褐色游丝状绺裂及灰白色结晶体	直径1、长1.8cm	完整
32		JSJYI-G32	M13：4－2	玉管	良渚	鸡骨白，玉质中带黄褐色游丝状绺裂及褐黄色结晶体	直径1.4、长3.3cm	完整
33		JSJYI-G33	M13：7－2	玉珠	良渚	鸡骨白，玉质中带较多黄黄褐色游丝状绺裂	直径1.1、长1cm	完整
34		JSJYI-G34	M13：7－6	玉珠	良渚	鸡骨白，玉质中带有少量黄褐色游丝状绺裂	直径1.2、长1.3cm	完整
35		JSJYI-G35	M13：7－13	玉管	良渚	鸡骨白，透光处呈湖绿色，玉质较纯净	直径1.3、长2.1cm	完整
36		JSJYI-G36	采集（11－298）	玉璧	良渚	青绿色，透光处呈深湖绿色，玉质内有云雾状白化斑	直径12.1，孔径6.1，厚1.2~1.4cm	完整
37		JSJYI-G37	M2：8－1	石钺	良渚	灰绿色，表面有玻璃状光泽	长10.4、孔径1.6、刀宽7.4cm	完整
38		JSJYI-G38	M3：9	石刀	良渚	青绿色，抛光细腻，表面有玻璃状质感	顶长16.9、刀部残长16.1、顶部孔径1.8，孔径1.5、中宽6.8、体厚0.9cm	完整

续表四

序号	照片编号	实验编号	出土编号	名称	时代	色泽	样品描述（尺寸、重量）	完残程度
39		JSJYI-G39	M4∶4	石斧	良渚	灰黄色，表面风化	顶宽 6.2，刃宽 7.5，孔径 1.1，高 5.9，厚 0.8cm	完整
40		JSJYI-G40	M5∶30	石钺	良渚	灰色，表面打磨光滑	长 14.3，孔径 2.2，顶宽 9.9，刃宽 12.4cm	完整
41		JSJYI-G42	M7∶3	石钺	良渚	青灰色，表面打磨光滑	长 11.8，孔径 2.6，顶宽 11.3，刃宽 13cm	完整
42		JSJYI-G44	M8∶4-1	石钺	良渚	灰黄带青灰色斑纹，器体表面抛有玻璃状光泽	长 11.4，孔径 3.2，刃宽 7.7cm	完整。出土时有较明显的朱漆柄痕迹，长 44 厘米；前、后各饰两颗玉珠
43		JSJYI-G43	M9∶1	石钺	良渚	青黑色，表面磨制光滑	长 14，孔径 2.2，顶宽 8.9，刃宽 10cm	完整
44		JSJYI-G45	M11∶8-1	石钺	良渚	青黑色内夹灰黄色斑纹，表面磨制光滑	长 12.7，孔径 2，顶宽 6.5，刃宽 6.7cm	完整
45		JSJYI-G46	M13∶5	石钺	良渚	灰绿色，打磨精细	孔径 2.4，顶宽 9.3，刃宽 13.5，长 14.6cm	完整
46		JSJYI-G47	M13∶6	石钺	良渚	灰白色岩，器表打磨精细，呈现出耀眼的玻璃状光泽	孔径 3.4，顶宽 13，刃宽 15.6，长 12.1cm	断裂

GAOCHENGDUN SITE

(Abstract)

Gaochengdun site is located in the north of the village of the same name in Huangtuzhen (璜土镇) Town, Jiangyin (江阴) City, Jiangsu (江苏) Province, mainly consists of relics of Liangzhu Culture. It lies on a long, narrow platform in northwest plain of Taihu (太湖) River. On the platform, there are dozens of ancient relics of the period from Majiabang Culture to Liangzhu Culture. Gaochengdun site is the northmost burial mound of Liangzhu Culture in this area, and also the nearest one to Yangtse River.

Being a common burial mound in Jiangnan region, Gaochengdun site is nearly 1 ha in size but has been diminished to about 2000 sq. m. because of local construction project. , its relative height is 10 m. From November 1999 to June 2000, a salvaging excavation was carried out by Nanjing Municipal Museum, Wuxi Municipal Museum, and Jiangyin Municipal Museum. The excavation covers an area about 1100 sq. m.

The Gaochengdun burial site should be a noble cemetery of Liangzhu Culture. There were 14 tombs of Liangzhu Culture, a sacrificial altar of Liangzhu Culture, 3 ash-pits of Spring and Autumn Period, and nearly 400 cultural relics unearthed. According to these, this site was not only a cemetery of high-ranking people, but also a local political and cultural centre of Liangzhu Culture. In May of 2000, the excavation of Gaochengdun was evaluated as one of the major archaeological discoveries of 1999 by *China Cultural Relics News*.

The excavations reveal that Gaochengdun site was planned districtly. 14 tombs in this site were arranged in north-south direction. Coffins were found in most of them. Most of the burial objects such as jade and stone wares were found in coffins, a few were laid out of the coffins. There are hardly any skeletons found in the tombs. The tomb M13 is not only the largest tomb discovered in this excavation, but also the largest tomb among all the unearthed tombs of Liangzhu Culture.

In north of the cemetery, a sacrificial altar was discovered. Under the surface of the altar, another layer made of different earth was found, which indicates extension projects. In the east of the altar, there is an accumulation of baked red clay. The accumulation can be divided into two layers, so it may be burned by large fire at least twice. Three heaps of pottery were found in the upper layer with plant ash around each of them. These should be relics of sacrifice rites.

The mound can be dated mainly in early Liangzhu Culture or latter, its lower limit is early phase of late Liangzhu Culture. Age of the burial site can be divided into two periods, consists of four phases. The early tombs built in the first and second phases can be dated in middle Liangzhu Culture or latter, the absolute date is about 4800 ~ 4600 years before present. The late tombs built in to the third and fourth phrases can be dated in late phase of middle Liangzhu Culture to early phase of late Liangzhu Culture, the absolute date is about 4600 ~ 4400 years before present.

高城墩遺跡

（摘要）

　高城墩遺跡は江陰市璜土鎮高城墩村の北に位置し、良渚文化の高台墓地遺跡である。高城墩遺跡は江南地域でよく見られている墩形の遺跡で、元の面積は一万平米に近く、相対的な高さは十何メタであったが、現地の村民は煉瓦の竈を作った為、墩の自体が破壊され、北側の2000平米しか現存していない。1999年11月から、2000年6月まで、南京博物院、無錫市博物館、江陰市博物館は連合調査隊を組み、この遺跡の発掘調査を行い、発掘の面積は1100平米に近い。2000年に、中国文物報は高城墩遺跡を1999年中国十大考古学発見の一つに選定した。

　高城墩墓地は良渚文化時期の貴族墓地で、祭司台が1基、良渚文化の墓が14基発見された。高台墓地がきちんと企画され、14基の墓は南北方向に配列し、ほとんどの墓から、お棺などの葬具が発見された。副葬品は多量な玉器を含み、お棺の中に置かれた。M13はもっとも大きい墓で、良渚文化の中で、今まで発見された墓穴の一番大きい墓でもある。また墓地の北部に祭司台が発見された。

　高城墩高台墓地の営造と使用は二段階に分けられた。第一段階は高台の営造である。高台の基礎ができた後、高台の西北斜面に祭司台を加えた。同時に、祭司台を中心として、祭司台東部の斜面にて祭祀活動を行った。第二段階では、高台全部の表面に厚さ1メタの土を積み、発掘された墓は全部この土層から発見された。企画によって墓を続々と埋葬した後、又土を積み、平らにして、この墓地の使用済みを表明した。

　高城墩高台主体の年代は良渚文化の早期から、良渚文化晩期の初頭までである。墓地の年代は二期に分けることができる。早期墓の年代は4，800？4，600年前で、晩期墓の年代は4600？4400年前である。

后　记

高城墩考古发掘报告即将付梓，掩卷之余，不禁感慨万千，往事如烟云般浮上心头。

记不清是哪一年，也记不清在什么地方第一次看到常州博物馆收藏的那一件与瑶山出土品极为相近的玉琮，不禁怦然心动。自此就对这件玉琮的出土地——高城墩有一种别样的情感。1994年在常州博物馆整理沪宁高速公路乌墩遗址的发掘报告时，孤灯清冷，夜间常有一条看护馆舍的大狼狗来讨要我开夜工时的点心吃。每次用右前脚敲三次门，吃完后满意而去，次夜再来，颇为有趣。在这样的夜晚就会想着何时可以去看看高城墩。那年夏天，我终于一个人去了江阴博物馆，见到了人比现在瘦、头发比现在长的唐汉章馆长——现在我叫他"糖罐"，呵呵。我在江苏考古界是有名的散漫之人，所以那天既没有介绍信，也没有什么领导先为我打个招呼，加上天生一副娃娃脸，没有别人脑中考古队长的那种沧桑感或白眉长髯，因此理所当然地受到他的怀疑。他一边细细地看我的工作证，一边旁敲侧击地问我认不认得江苏文物界的"大腕"徐湖平、姚建平（其实他只认得这两人）。几经核实，他才换了一幅笑面孔接待我，这幅笑面孔一直维持到现在。关于这件事，我们见面时仍会津津有味地谈起。

初见高城墩，我颇感失望。因为墩子南边有一座红彤彤的砖窑，吞噬了大半个墩子的泥土，虽然早已停烧，但村民仍然利用墩子的泥土去垫房基，墩侧形成的断面如同烧伤病人的伤痕。难怪此前纪仲庆、邹厚本两位前辈来考察后会放弃发掘计划。我不死心，围着转了好几圈，觉得高土台中心土层细密，不像是草率为之。那时我正在酝酿写《良渚文化墓葬研究》，所以对墓地的构建十分着迷。江阴博物馆副馆长李新华和考古部主任高振威陪我考察完遗址后，又陪我和唐馆长交流了一下。那次我便和唐约定，一定争取发掘高城墩遗址。

遗址离我故乡很近，此后我每年都去一次，只是心情每次都变得沉重。因为取土面积逐渐扩大，遗址不断被蚕食。和时任文化厅文物处副处长的姚建平说过几次，他也很关心，陪他去看过一次后，他跟我说不能拖得太久了。我和姚相识于他父亲含冤而逝的岁月里，此后他一直是我的良师益友。他深知我热爱考古却不善于考虑此中的人情世故。因此，二十年来他不知为我化解了多少矛盾与纷扰。2006年他罹患绝症后我去看他，痛苦折磨中的他跟我说："我要去见马克思了，要拜拜了，你自己以后要多动脑子，照顾好自己。"回来的路上，我忍不住停车路边失声痛哭。人生的痛苦还有比亲友之离别更甚者吗？如今姚兄已羽化两年多，楚人认为人死后三魂仍在，倘如斯言，我相信，姚兄的三魂仍会关注江苏考古。

1996和1997年两年，长期仰赖国家文物局经费支撑的江苏考古因为断粮而陷于停顿，我趁这段空隙开始了对古代玉器的研究。1998年情况有所好转，在七月流火的季节，我发掘了良渚文化的玉器作坊——丁沙地遗址。到了秋天，又对高城墩遗址进行了第一次钻探，情况要比我想象的好一些。1998年12月8日，我正在武汉出差，突然接到唐馆长的电话，说在江阴花山发现了很多陶片，问我能否过去看看。我不假思索立即答应，并乘当晚卧铺大巴赶回，不曾料到中途被"卖"给另一辆大巴，如此我们五、六人只能挤坐在一条长板凳上。车行于夜色中，寒意彻骨，几个陌生人不得不前心贴后背地拥抱取暖，真是难忘。9 日到江阴时天色已近黄昏，饿了一天的我吃完饭后即打着手电去看他们采集回的陶片，看后不禁大喜，居然是我 1990 年苦苦寻觅调查了一个多月没有找到的马桥时期遗存。

花山遗址的发掘十多天就结束了，在六百亩的工地现场，经过推土机的洗礼只剩少量的灰坑、灰沟。但即便如此，仍然复原了 80 多件陶器。如果遗址未遭破坏，其收获可想而知。花山发掘期间的另一收获，是认识了后来对考古队工作帮助很大的江阴分管副市长陈捷元先生。陈市长是华东师范大学毕业的老大学生，对故土历史颇有研究，我和他初次见面便结下忘年之交。花山发掘期间，我跟他说其实江阴高城墩还有更辉煌的文物，这些文物足以证明江阴是中华文明起源的发祥地之一。陈市长听后大感振奋，问我发掘需要多少资金，我在江苏做了 16 年的考古工作，过惯了穷苦日子，所以就大着胆子开了 10 万元的价。陈市长毕竟是分管市长，眉头没皱就一口答应下来。待我喜滋滋的准备去高城墩开工时，没想到貌似憨厚的唐馆长已把这笔钱用掉了 4 万 5 千元，10 万元的发掘经费未动土便少了近一半，这让我哭笑不得。事后我们成了好朋友、好搭档。那时才知道，他是个工作狂，但和我一样，也不会向领导讨要工作经费和条件，他用那笔钱也是迫不得已。

发掘是 1999 年 11 月才开始的。先挖东半部，主要是想弄清楚土台是如何堆积的。东半部破坏比较严重，先挖可以帮助大家进入状态，熟悉地层。二十天下来没见墓葬，唐馆长跳前跳后地询问我有戏没有，我对他挪用经费尚未释怀，所以故意愁眉苦脸地说恐怕不行了，挖空了。其实，反山、赵陵山等高台墓地的遗存大多都在西部，我心里还是有点底的。

11 月 20 日，王伟成市长陪同金忠青副省长来工地视察，来时已近黄昏，红霞满天。当时工地尚未发现良渚墓葬，所以，我只是汇报了土台的建筑情况以及它的意义，金省长听后关照我们考古队员要注意身体，有困难多请王市长帮忙。我对金省长十分尊敬，张敏先生的《龙虬庄》考古发掘报告就是他专门拨款支持出版的。张和我曾在一个办公室工作多年，此事的来龙去脉他曾对我详细说过，作为一个副省长能关心当时很冷清的考古工作，殊为不易。吃晚饭时，金省长腹部不适，所以虽有海量但滴酒未沾，没想到此时他已患上胰腺癌，不久即英年早逝。高城墩竟成了他一生中最

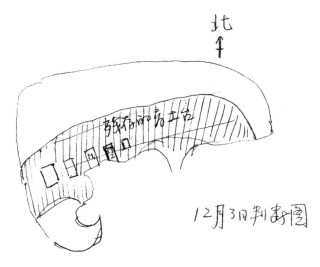

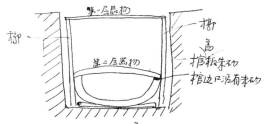

图一　1999 年 12 月 3 日遗迹判断图　　　　　图二　1999 年 12 月 29 日棺椁判断图

后一次文博公务考察，至今想起还令人感怀不已。

在金省长视察工地的两天之后，工地开始发现墓葬。那天下午阳光明媚，我正在住地削铅笔，心里不知为何有点儿走神，不小心便削到了手指。也奇怪，就像醍醐灌顶一样，突然感觉工地有所发现。于是站起来就往墩上走。半道上高振威打来电话说发现了墓葬，还有玉器。这座墓葬南端早年已遭取土破坏，所以虽然大家都很兴奋，但也颇感失望。此后周边村民天天来看，工地上人山人海，根本无法进行正常的考古工作。我急了，一大早便捧着刚出土的玉器闯进了市委袁静波书记的办公室，袁书记听到我自报家门又看了出土玉器后，居然说了一句："这是古代礼器阿，好东西！"这让我十分惊喜，怪不得人称袁书记是袁博士。那时候电视媒体还很少播放文物、考古类节目，所以懂得文物考古的人可谓凤毛麟角。接下来的事就顺了，袁书记立即亲自布置了五条措施，解决了考古队的工地围网、民警值班问题等等，高城墩的发掘总算走上了正轨。后来，袁书记和王市长等市领导多次来工地看望我们，王市长还代表江阴市政府宴请全体考古队员。这些事情通过媒体报道后，江阴人民对考古的兴趣和对文物的热爱都大为增加。来工地慰问考古队的领导和群众络绎不绝。虽然我每天都要接待很多批客人，讲解高城墩遗址的意义，弄得嗓子沙哑，但是心里还是很高兴。

江阴文化底蕴深厚，从市领导到一般群众都很重视文化，究其原因，与当地长期存在的乡绅阶层颇有关系。乡绅是当地受人尊重、传播主流文化、引领社会风尚的阶层，缺少乡绅的地区往往会官民失敬、道德失衡；反之则民风温和、礼仪有序，社会稳定，经济文化的发展较快。江阴地区经济文化的快速发展，正好印证了这一点，当然这是题外话了。

良渚文化大墓有深坑和棺椁的事实首先是由浙江省文物考古所发现的。必须承认，当时江浙两省的田野考古水平确有较大差距。直至1991年发掘赵陵山时，我们尚未能完整地剥离出一具较好的良渚文化棺椁。高城墩M1、M2发掘时，除了墓坑离地表很近的客观原因，应该说发掘技术尚未过关。高城墩M3是江苏第一座墓口距墓底1米多时就被划出坑线的良渚大墓，这座墓的清理给考古队提供了信心。M5开始注意棺与椁，后来的墓葬深浅虽不同，但每座都开始注意棺椁与出土物的关系问题了。M13的规模和深度堪比汉墓，是迄今所见最大的良渚墓葬，上下墓坑需要梯子帮助，尽管如此，各种关系还是较好的清理出来了。因此，毋庸讳言，高城墩是江苏省在良渚文化高土台墓地考古上的一次突破，这可能也是它后来获得当年十大考古新发现的原因之一吧。

考古工作是感性和理性的结合、脑力和体力的结合，室内和室外的结合。有时候，没有外人难以理解的痴迷是做不好这项工作的。高城墩的考古发掘过程正值隆冬。队员们白天用手铲一点点发掘，晚上还要值班睡简易帐篷。有一晚，在帐篷里实在冷得受不了，杭涛、孙军、李文华他们就起来跑步，等到其他人接班，发现他们头顶居然有一层白霜。此事后来被媒体写出来，说他们是当代伍子胥，一夜白头。

考古队在江阴期间和媒体关系很好，互相尊重。他们的稿子每次都送考古队修改，避免了错讹百出，哗众取宠。人们通过他们获得正确的考古知识，知道我们工作的意义不仅仅是挖宝，而是恢复当地迷失的历史。考古队也通过媒体保留下了宝贵的视频资料，根据M5发掘过程编辑的《一夜考古》专题片在江阴播放后，影响大、反响好。结果这部片子每年重大节日都要播放一下，成了电视台的保留经典。所以2003年初泗水王陵发掘时，我就不反对现场直播。因为摄像机下的考古最不易犯错，再说，有些错误平时自己并不知道，通过媒体被专家或兄弟单位发现了，反而可以尽快改正。这几年中国考古界重视公众考古，显然比过去开放了，这是一种进步。

　　高城墩报告整理始终由我负责，整理工作分为两个时期，相隔时间也较长。第一次整理是在高城墩发掘后不久，主要是为了尽快以简报的形式公布高城墩发掘成果，参加整理的除我以外，我所杭涛和江阴博物馆高振威、翁雪花、孙军也承担了不少器物绘图、统计工作，线图上墨由我所的顾箦完成，陶器修复者为我所的韩建立同志。第二次整理自 2006 年下半年开始，新参加人员有我所的左骏。由于第二次是发表正式的专著报告，故前次整理的某些部分就不符合专著的标准，如器物绘图的比例、测量的方式等等。所以，此次是对每件器物特别是玉器做了系统的测量、标记出制作痕迹，有些还制作了拓片，可以说第二次整理是对具体器物的全面盘点，这些工作主要是左骏完成。此外，参加第二次整理的还有江阴博物馆的翁雪花、周利宁。在此次整理伊始，由于 2006 年在江阴刚发现一处崧泽时期大型聚落，阶段性成果也同时在整理，时间紧促，文字部分和线图上墨不得不夜间开工加班，错误在所难免，虽然有些在日后的工作中已修改，但线图效果参差不一。

　　在 2007 年年底，在陈丽华馆长的帮助下，我们对早年收藏于常州市博物馆的两件玉琮以及部分玉器做了仔细测绘，但未做拓片实属遗憾。此次发表的局部照片大多是重新拍摄，一来是弥补前次整理的不足，二来我们也想将细节材料公布给大家。

　　为了避免本书主体过于累赘，我们将各类器物测量的数据制成表格附之于后，以便大家查询研究。另外，为方便读者了解每座墓葬在墓地中所处的位置，我们在第三章每小节墓葬前都加有该墓的位置小图，权作尝试，特此说明。

　　2007 年由于单位另有安排，且任务繁重，写作时间就显得捉襟见肘，所以，该书初稿在 2008 年初才得以完成。此前张敏先生正在整理邱承墩良渚高台墓地，我们经常交换意见，这为本报告的撰写开拓了思路。另外，浙江省考古研究所的牟永抗、方向明，安徽省文物考古研究所的吴卫红先生给本书的内容、数据测量和制图等方面提出了不少有益的建议。此次我们整理工作大部分是在江阴进行的，江阴文化局黄磊局长、钱晴副局长，江阴博物馆现任董录科馆长、杜颖波副馆长，文管办韩锋主任自始至终提供便利。当然，还有我们考古队的老朋友、老搭档曹金千、陈楠和唐汉章也无微不至地关心我们的工作，在此一并表示衷心的感谢。

　　到 2009 年 11 月，高城墩遗址的发掘已经十周年了，回首过往，世事沧桑。一方面，我和左骏几乎以一年一本的速度在编写考古发掘报告，此中甘苦唯有自知，但因时间关系，这样的报告与我心目中有学术分量的报告何止千里的差距，但又有什么办法呢？只能说是还债而已，这样的无奈恐怕考古界不仅是我一人的感觉。另一方面，埋头编写考古报告的同时，自己也与考古这一行渐行渐远。虽然我热爱考古事业，并且用生命中最美好的三十年来从事这项工作，可是今天由于工作的关系，我却不得不离开她。但我知道，自从 1989 年从号称"新黄浦第四期"的领队培训班出来，我的心就永远属于考古，属于我手铲下的世界，属于栉风沐雨的考古队兄弟。

2009 年 2 月 20 日

彩版一　高城墩遗址发掘现场（自东向西摄）

1. 遗址发掘前状况

2. 发掘M6

彩版二　遗址发掘前状况及发掘情景

1. 主要发掘人员（前排由左至右：唐汉章、陆建芳、李新华，后排由左至右：杭涛、蔡卫东、孙军、翁雪花、高振威、李文华、刁文伟）

2. 现场绘图（左为翁雪花，右为邬红梅）

彩版三　高城墩遗址发掘人员合影

彩版四　1999年高城墩遗址发掘全景（自北向南摄）

1. 遗址东部发掘情况（自东南向西北摄）

2. 遗址东部发掘情况（自西南向东北摄）

彩版五　遗址东部发掘情况

1．遗址东部发掘情况（自西向东摄）

2．遗址西部墓葬（自北向南摄）

彩版六　遗址东部以及西部墓葬

彩版七　专家参观发掘现场

彩版八　M3、M5、M6、M9、M12、M13（自北向南摄）

1. 祭台局部（自西向东摄）

2. 祭台局部（自东南向西北摄）

彩版九　祭台局部

1. 高城墩良渚文化遗址陈列馆

2. 徐湖平（右一）、姚建平（左一）视察考古工地

彩版一〇　高城墩良渚文化遗址陈列馆及领导视察

1. 玉璧 (11−298)

2. 玉璧 (11−298)

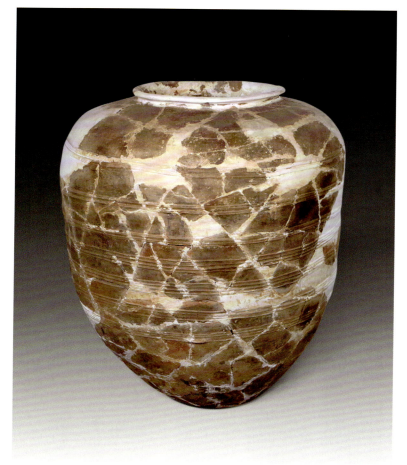

3. 红烧土祭祀区出土陶瓮 (T0605⑥a：5)

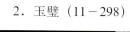

4. 玉璧 (11−298) 切割痕迹

5. 玉璧 (11−298) 孔部

彩版一一　地层出土陶瓮 (T0605⑥a：5) 以及采集玉璧 (11−298)

1. 玉镯（11－295）

2. 玉镯（11－295）

3. 玉镯（Yu：314）

4. 玉锥形器（Yu：315）

彩版一二　采集的玉镯（11－295、Yu：314）、锥形器（Yu：315）

1. 玉钺（Yu：317）

2. 石钺（11－292）

3. 石钺（11－293）

4. 石钺（11－294）

彩版一三　采集的玉钺（Yu：317）、石钺（11－292、11－293、11－294）

1. M1（自南向北摄）

2. 陶罐（M1：28）

彩版一四　M1以及出土陶罐（M1：28）

1. 玉钺（M1：1）

2. 玉钺（M1：1）顶部钻孔及切割痕迹

3. 玉钺（M1：1）孔部及打磨痕迹

4. 玉钺（M1：1）

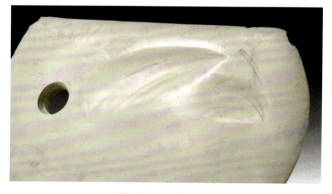

5. 玉钺（M1：1）切割痕迹

6. 玉钺（M1：1）切割痕迹

彩版一五　M1出土玉钺（M1：1）

1. 玉镯（M1：2）

2. 玉璧（M1：3）

3. 玉璧（M1：3）侧面切割痕迹

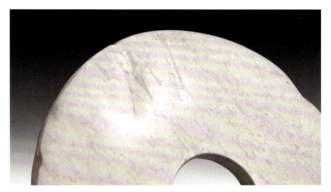

4. 玉璧（M1：3）切割痕迹

5. 玉璧（M1：3）孔部特写

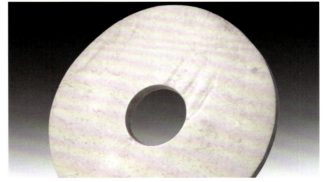

6. 玉璧（M1：3）切割痕迹

彩版一六　M1出土玉镯（M1：2）、璧（M1：3）

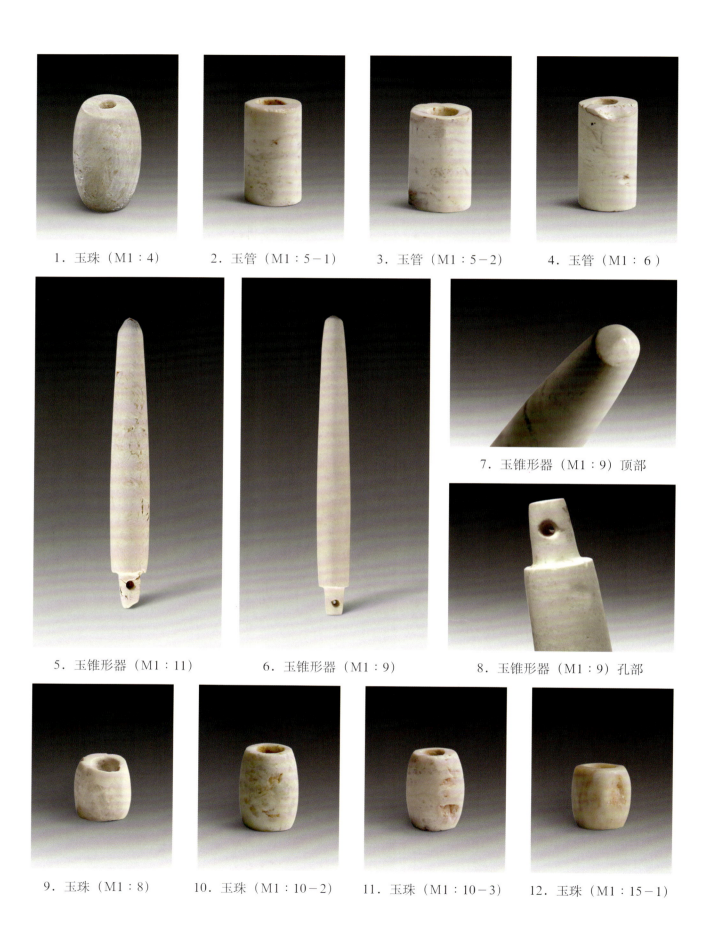

1. 玉珠（M1：4）　　2. 玉管（M1：5-1）　　3. 玉管（M1：5-2）　　4. 玉管（M1：6）

5. 玉锥形器（M1：11）　　6. 玉锥形器（M1：9）　　7. 玉锥形器（M1：9）顶部

8. 玉锥形器（M1：9）孔部

9. 玉珠（M1：8）　　10. 玉珠（M1：10-2）　　11. 玉珠（M1：10-3）　　12. 玉珠（M1：15-1）

彩版一七　M1出土玉珠、管、锥形器

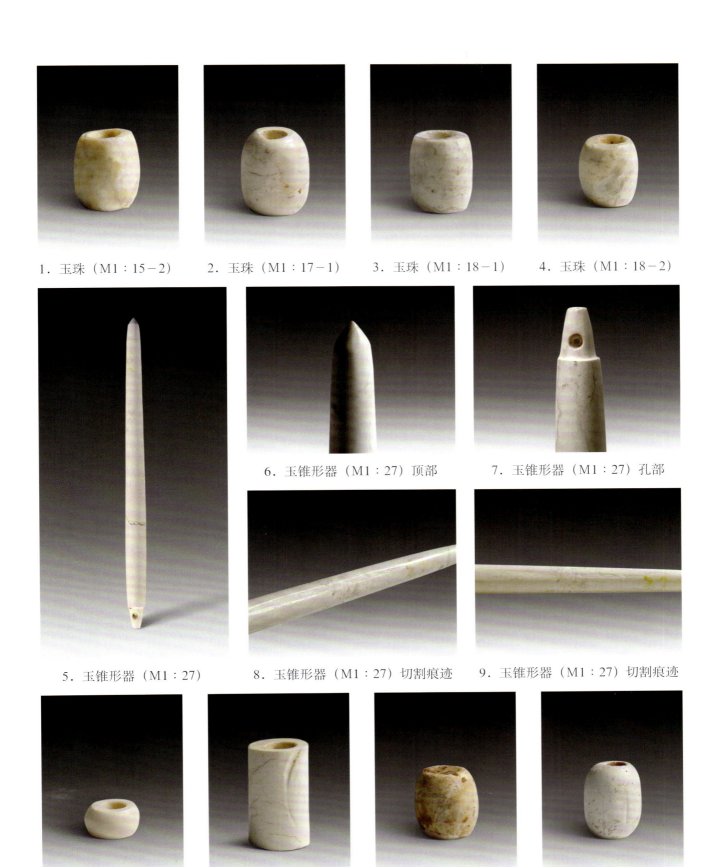

1. 玉珠（M1：15－2）　　2. 玉珠（M1：17－1）　　3. 玉珠（M1：18－1）　　4. 玉珠（M1：18－2）

6. 玉锥形器（M1：27）顶部　　　　7. 玉锥形器（M1：27）孔部

5. 玉锥形器（M1：27）　　8. 玉锥形器（M1：27）切割痕迹　　9. 玉锥形器（M1：27）切割痕迹

10. 玉珠（M1：18－3）　　11. 玉管（M1：24－1）　　12. 玉珠（M1：24－2）　　13. 玉珠（M1：26－1）

彩版一八　M1出土玉珠、管、锥形器

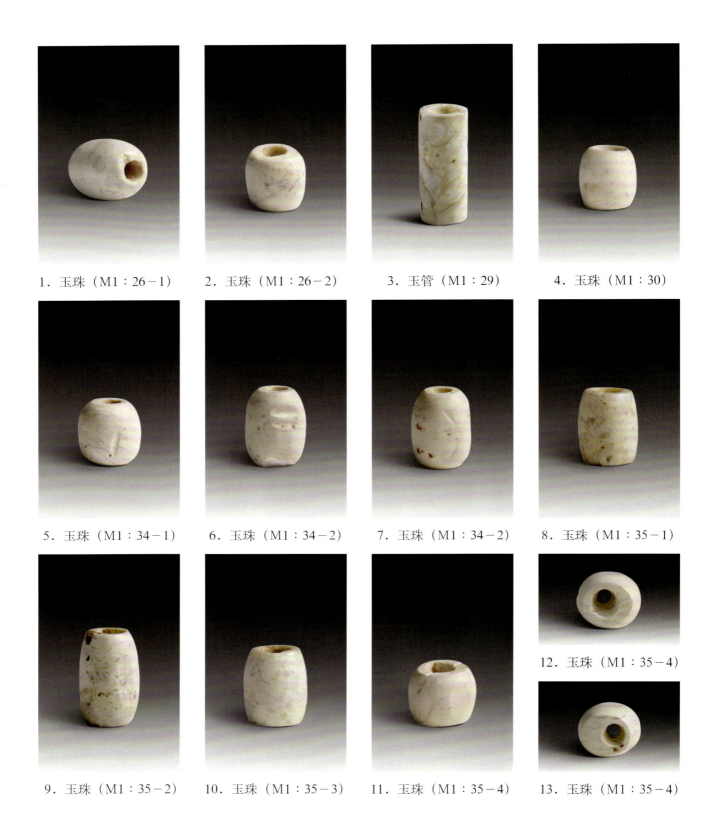

1. 玉珠（M1：26－1）　　2. 玉珠（M1：26－2）　　3. 玉管（M1：29）　　4. 玉珠（M1：30）

5. 玉珠（M1：34－1）　　6. 玉珠（M1：34－2）　　7. 玉珠（M1：34－2）　　8. 玉珠（M1：35－1）

12. 玉珠（M1：35－4）

9. 玉珠（M1：35－2）　　10. 玉珠（M1：35－3）　　11. 玉珠（M1：35－4）　　13. 玉珠（M1：35－4）

彩版一九　　M1出土玉珠、管

彩版二〇　M2（自东向西摄）

1. 玉璧（M2：10）

4. 玉锥形器（M2：13）孔部

2. 玉锥形器（M2：15）

3. 玉锥形器（M2：13）

彩版二一　M2出土玉璧（M2：10）、锥形器（M2：13、15）

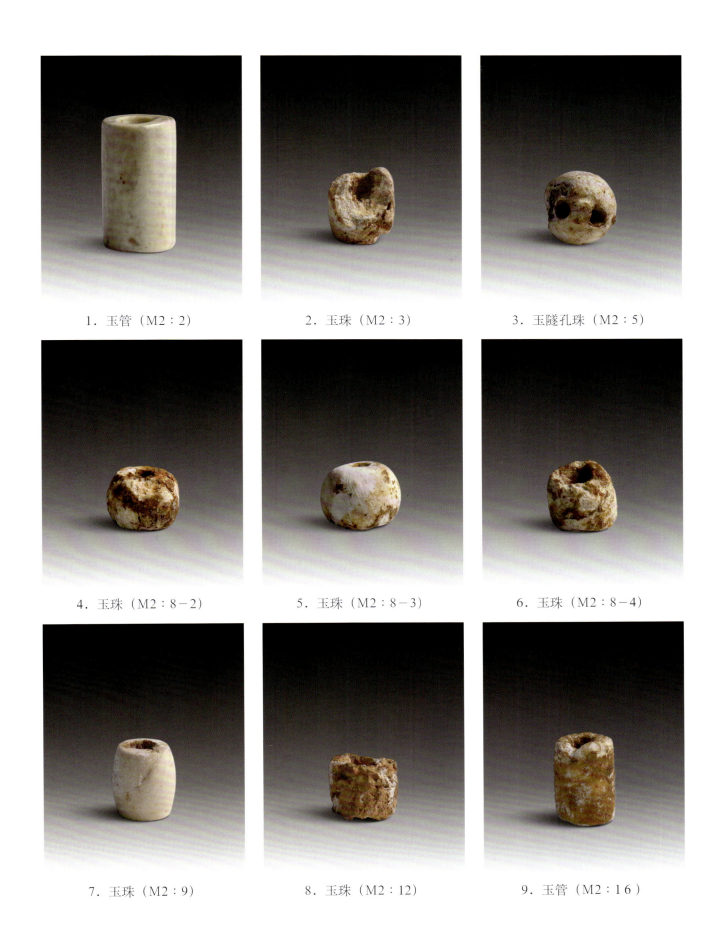

1. 玉管（M2：2）　　　　2. 玉珠（M2：3）　　　　3. 玉隧孔珠（M2：5）

4. 玉珠（M2：8－2）　　5. 玉珠（M2：8－3）　　6. 玉珠（M2：8－4）

7. 玉珠（M2：9）　　　　8. 玉珠（M2：12）　　　　9. 玉管（M2：16）

彩版二二　M2出土玉管、珠

1. 石钺（M2∶8-1）

2. 石钺（M2∶8-1）孔部

彩版二三　M2出土石钺（M2∶8-1）

彩版二四　M3（自南向北摄）

彩版二五　M3出土玉琮（M3：11）

1. 玉琮（M3：11）顶部

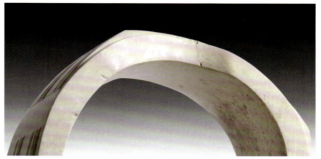

2. 玉琮（M3：11）顶部切割痕迹

3. 玉琮（M3：11）局部

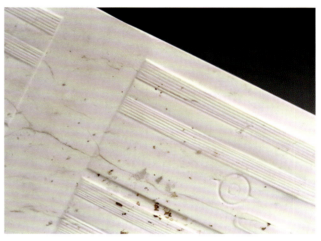

4. 玉琮（M3：11）局部

5. 玉琮（M3：11）局部

6. 玉琮（M3：11）局部

彩版二六　M3出土玉琮（M3：11）

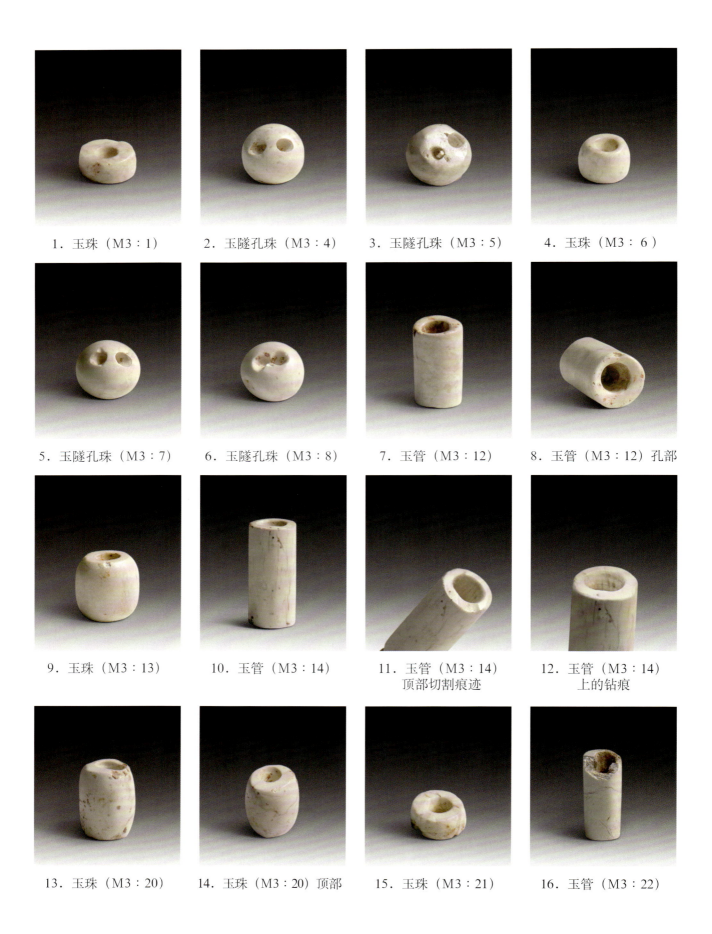

1. 玉珠（M3：1）　　2. 玉隧孔珠（M3：4）　　3. 玉隧孔珠（M3：5）　　4. 玉珠（M3：6）

5. 玉隧孔珠（M3：7）　　6. 玉隧孔珠（M3：8）　　7. 玉管（M3：12）　　8. 玉管（M3：12）孔部

9. 玉珠（M3：13）　　10. 玉管（M3：14）　　11. 玉管（M3：14）顶部切割痕迹　　12. 玉管（M3：14）上的钻痕

13. 玉珠（M3：20）　　14. 玉珠（M3：20）顶部　　15. 玉珠（M3：21）　　16. 玉管（M3：22）

彩版二七　M3出土玉珠、管

1. 石刀（M3∶9）

2. 石刀（M3∶9）

3. 石刀（M3∶9）
顶部和孔部切割痕迹

4. 玉坠饰（M3∶2）

5. 玉管（M3∶3）

彩版二八　M3出土石刀（M3∶9）、玉坠、管

彩版二九　M4（自北向南摄）

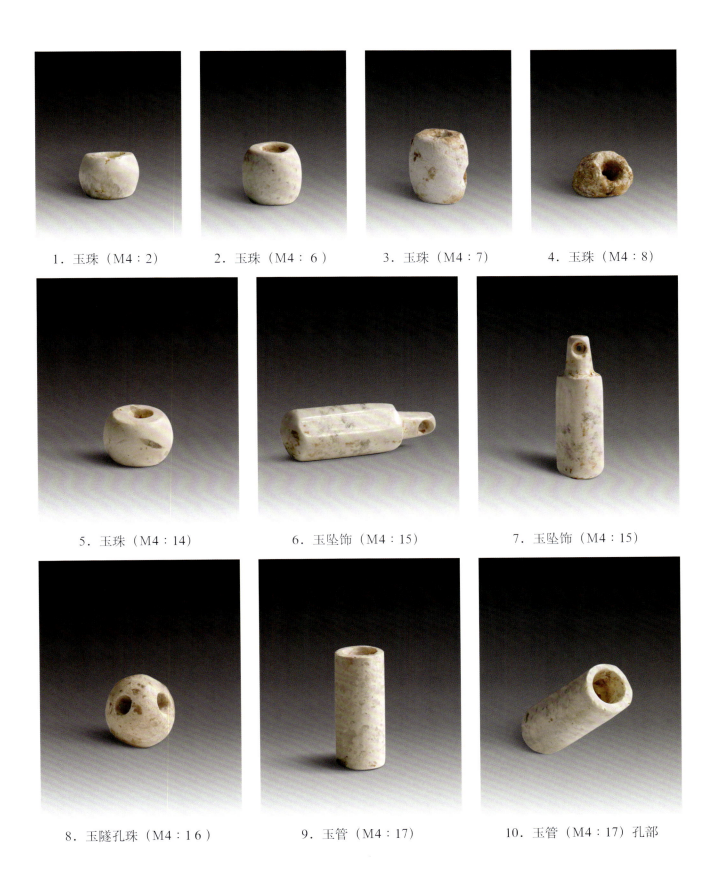

1. 玉珠（M4：2）　　2. 玉珠（M4：6）　　3. 玉珠（M4：7）　　4. 玉珠（M4：8）

5. 玉珠（M4：14）　　6. 玉坠饰（M4：15）　　7. 玉坠饰（M4：15）

8. 玉隧孔珠（M4：16）　　9. 玉管（M4：17）　　10. 玉管（M4：17）孔部

彩版三〇　M4出土玉珠、管、坠饰

1. 石钺（M4：4）

2. 陶豆（M4：9）

彩版三一　M4出土石钺（M4：4）、陶豆（M4：9）

1. M5（自东向西摄）

2. 陶双鼻壶（M5：24）

彩版三二　M5以及出土陶双鼻壶（M5：24）

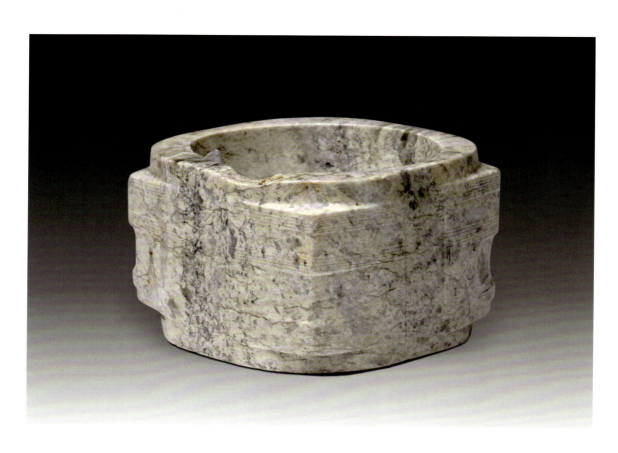

彩版三三　M5出土玉琮（M5：1）

1. 玉琮（M5：1）

2. 玉琮（M5：1）顶部

3. 玉琮（M5：1）底部切割痕迹

4. 玉琮（M5：1）局部

5. 玉琮（M5：1）局部

6. 玉琮（M5：1）射部切割痕迹

彩版三四　M5出土玉琮（M5：1）

彩版三五 M5出土玉琮（M5：2）

1. 玉琮（M5：2）

2. 玉琮（M5：2）顶部

3. 玉琮（M5：2）底部切割痕迹

4. 玉琮（M5：2）局部

5. 玉琮（M5：2）底射部切割痕迹

6. 玉琮（M5：2）局部

彩版三六　M5出土玉琮（M5：2）

彩版三七　M5出土玉钺（M5：18）

1．玉钺（M5：18）顶部切割痕迹

2．玉钺（M5：18）孔部

3．玉钺（M5：18）切割痕迹

4．玉钺（M5：18）切割痕迹

5．玉钺（M5：18）切割痕迹

6．玉钺（M5：18）切割痕迹

彩版三八　M5出土玉钺（M5：18）

彩版三九　M5出土玉璧（M5：20）

1. 玉璧（M5：20）清洗前

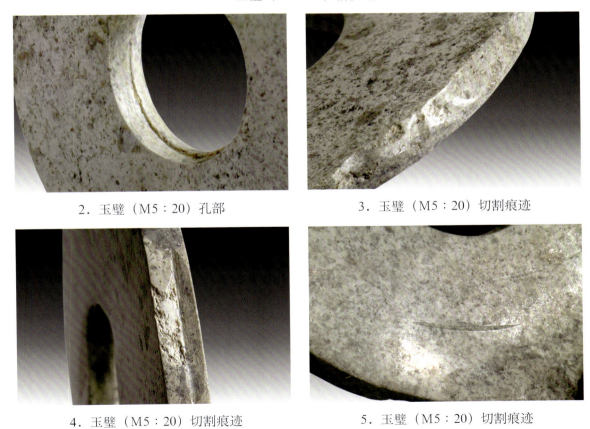

2. 玉璧（M5：20）孔部　　　　　　　　3. 玉璧（M5：20）切割痕迹

4. 玉璧（M5：20）切割痕迹　　　　　　5. 玉璧（M5：20）切割痕迹

彩版四〇　M5出土玉璧（M5：20）

1. 玉镯（M5：8）

2. 玉镯（M5：8）

3. 玉镯（M5：8）

4. 玉镯（M5：8）切割痕迹

5. 玉镯（M5：8）切割痕迹

6. 玉镯（M5：8）切割痕迹

彩版四一　M5出土玉镯（M5：8）

1. 玉镯（M5∶9）

2. 玉镯（M5∶9）

3. 玉镯（M5∶9）

4. 玉锥形器（M5∶29）

5. 玉镯（M5∶9）切割痕迹

6. 玉锥形器（M5∶29）孔部

彩版四二　M5出土玉镯（M5∶9）、锥形器（M5∶29）

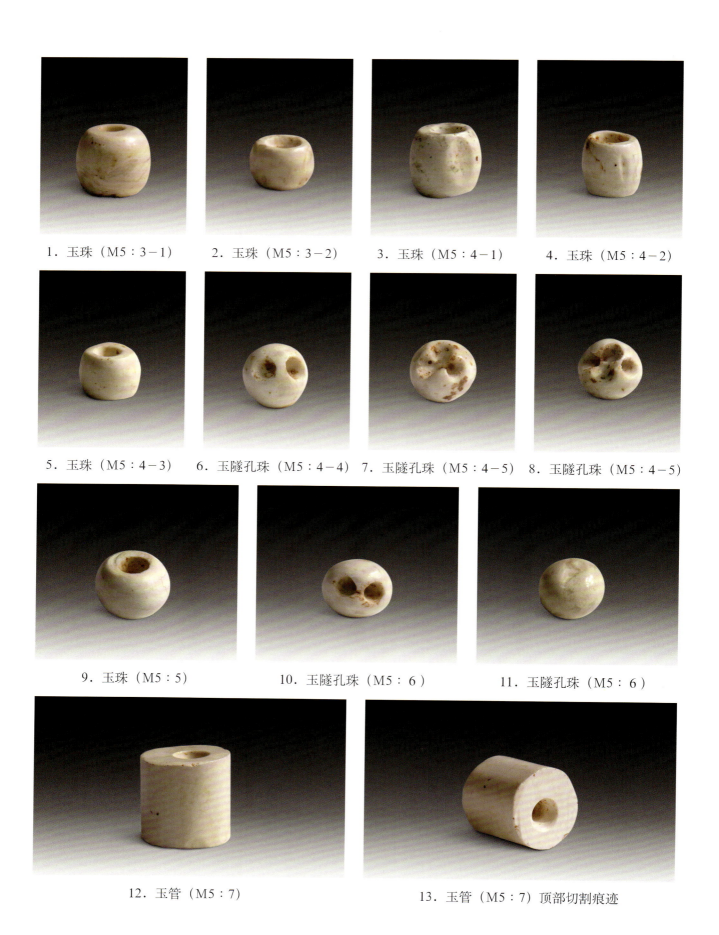

1. 玉珠（M5：3－1）　　2. 玉珠（M5：3－2）　　3. 玉珠（M5：4－1）　　4. 玉珠（M5：4－2）

5. 玉珠（M5：4－3）　6. 玉隧孔珠（M5：4－4）　7. 玉隧孔珠（M5：4－5）　8. 玉隧孔珠（M5：4－5）

9. 玉珠（M5：5）　　　10. 玉隧孔珠（M5：6）　　　11. 玉隧孔珠（M5：6）

12. 玉管（M5：7）　　　　　　　13. 玉管（M5：7）顶部切割痕迹

彩版四三　M5出土玉珠、管

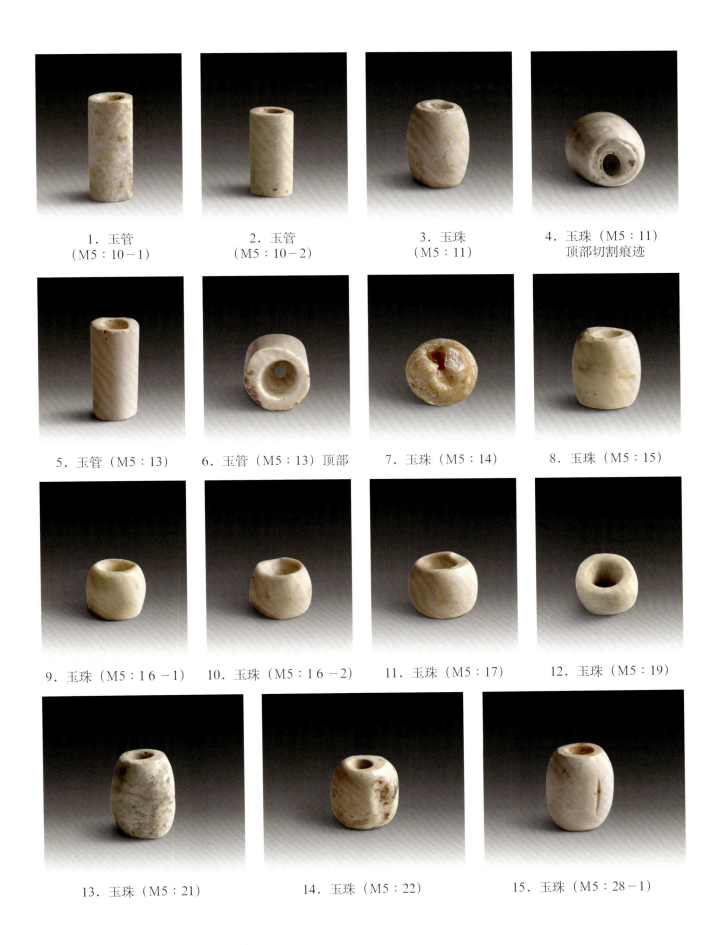

1. 玉管
（M5：10－1）

2. 玉管
（M5：10－2）

3. 玉珠
（M5：11）

4. 玉珠（M5：11）
顶部切割痕迹

5. 玉管（M5：13）

6. 玉管（M5：13）顶部

7. 玉珠（M5：14）

8. 玉珠（M5：15）

9. 玉珠（M5：16－1）

10. 玉珠（M5：16－2）

11. 玉珠（M5：17）

12. 玉珠（M5：19）

13. 玉珠（M5：21）

14. 玉珠（M5：22）

15. 玉珠（M5：28－1）

彩版四四　M5出土玉管、珠

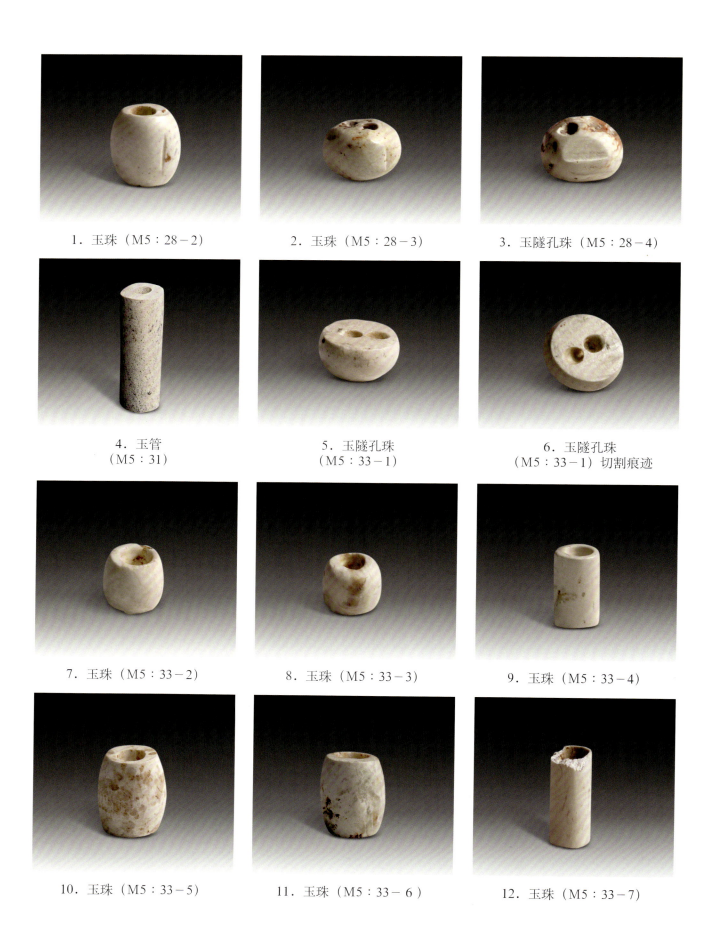

1. 玉珠（M5：28－2）　　2. 玉珠（M5：28－3）　　3. 玉隧孔珠（M5：28－4）

4. 玉管
（M5：31）

5. 玉隧孔珠
（M5：33－1）

6. 玉隧孔珠
（M5：33－1）切割痕迹

7. 玉珠（M5：33－2）　　8. 玉珠（M5：33－3）　　9. 玉珠（M5：33－4）

10. 玉珠（M5：33－5）　　11. 玉珠（M5：33－6）　　12. 玉珠（M5：33－7）

彩版四五　M5出土玉珠、管

1. 石钺（M5：12）

2. 石钺（M5：23）

3. 石钺（M5：23）孔部

4. 石钺（M5：23）

彩版四六　M5出土石钺（M5：12：23）

1. 石钺（M5：30）　　　　　2. 石钺（M5：30）

4. 石钺（M5：30）孔部

3. 石钺（M5：32）

5. 石钺（M5：32）孔部

彩版四七　M5出土石钺（M5：30：32）

彩版四八　M6（自南向北摄）

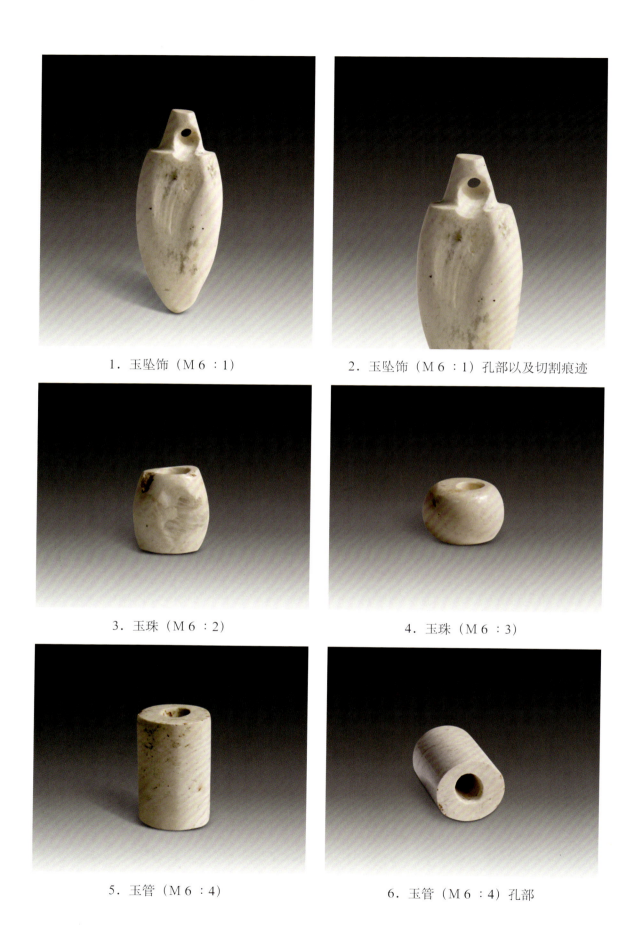

1. 玉坠饰（M6：1）

2. 玉坠饰（M6：1）孔部以及切割痕迹

3. 玉珠（M6：2）

4. 玉珠（M6：3）

5. 玉管（M6：4）

6. 玉管（M6：4）孔部

彩版四九　M6出土玉坠饰、珠、管

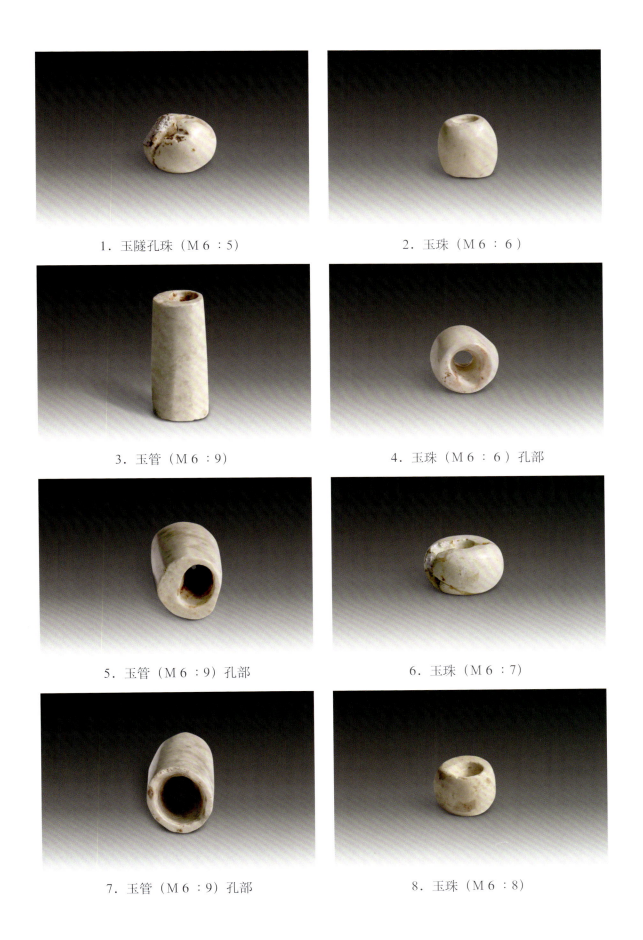

1. 玉隧孔珠（M6：5）   2. 玉珠（M6：6）

3. 玉管（M6：9）   4. 玉珠（M6：6）孔部

5. 玉管（M6：9）孔部   6. 玉珠（M6：7）

7. 玉管（M6：9）孔部   8. 玉珠（M6：8）

彩版五〇　M6出土玉珠、管

1. M7（自东向西摄）

2. 玉珠（M7：4）

3. 玉珠（M7：4）孔部切割痕迹

4. 玉珠（M7：4）孔部切割痕迹

彩版五一　M7（自东向西摄)以及出土玉珠（M7：4）

1. 玉坠饰（M7：1）

2. 玉坠饰（M7：1）

3. 玉坠饰（M7：1）底部

4. 玉珠（M7：10）

5. 玉钺（M7：3）

彩版五二　　M7出土玉坠饰、珠、钺

1. 陶豆（M7：5）

2. 陶双鼻壶（M7：6）

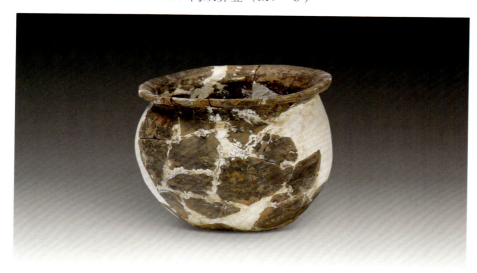

3. 陶罐（M7：9）

彩版五三　　M7出土陶豆、双鼻壶、罐

高城墩99M8

彩版五四　M8（自东向西摄）

彩版五五　M8出土玉璧（M8：1）

1. 玉璧（M8：1）孔部

2. 玉璧（M8：1）孔部

3. 玉璧（M8：1）切割痕迹

4. 玉璧（M8：1）切割痕迹

5. 玉琮碎片（M8：2-1~2-5）

6. 玉琮碎片（M8：2-4）

彩版五六　M8出土玉璧（M8：1）、琮（M8：2）

彩版五七　M8出土玉璧（M8：9）

1. 玉璧（M8：9）孔部 2. 玉璧（M8：9）孔部

3. 玉璧（M8：9）切割痕迹 4. 玉珠（M8：3-2） 5. 玉管（M8：3-8）

6. 玉珠（M8：3-3） 7. 玉珠（M8：3-4） 8. 玉珠（M8：3-5） 9. 玉隧孔珠（M8：3-6）

彩版五八　M8出土玉璧、珠、管

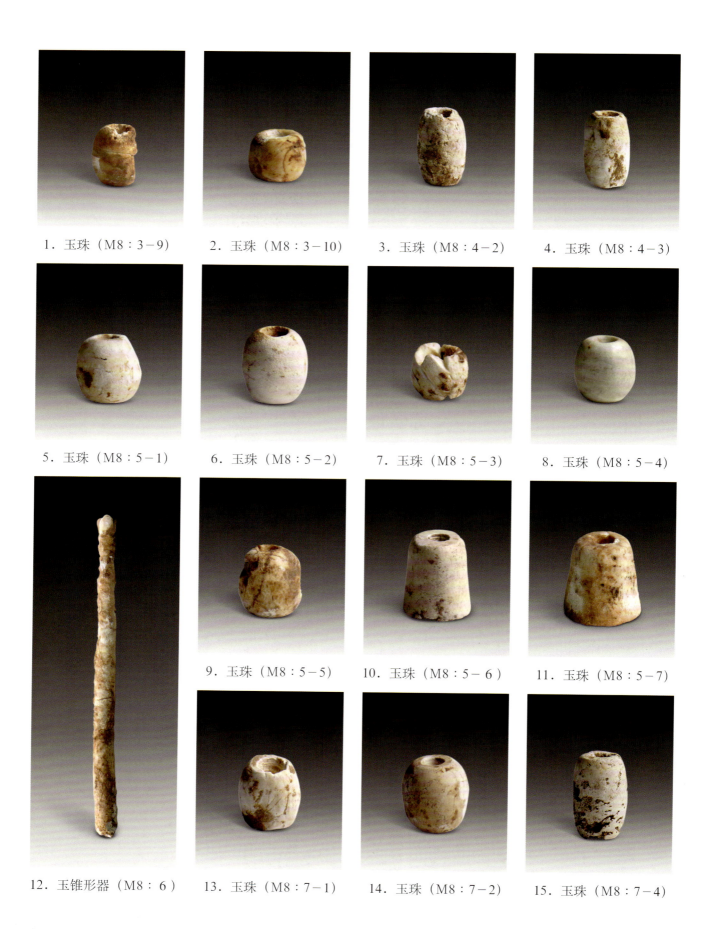

1. 玉珠（M8：3-9）   2. 玉珠（M8：3-10）   3. 玉珠（M8：4-2）   4. 玉珠（M8：4-3）

5. 玉珠（M8：5-1）   6. 玉珠（M8：5-2）   7. 玉珠（M8：5-3）   8. 玉珠（M8：5-4）

9. 玉珠（M8：5-5）   10. 玉珠（M8：5-6）   11. 玉珠（M8：5-7）

12. 玉锥形器（M8：6）   13. 玉珠（M8：7-1）   14. 玉珠（M8：7-2）   15. 玉珠（M8：7-4）

彩版五九　M8出土玉珠、锥形器

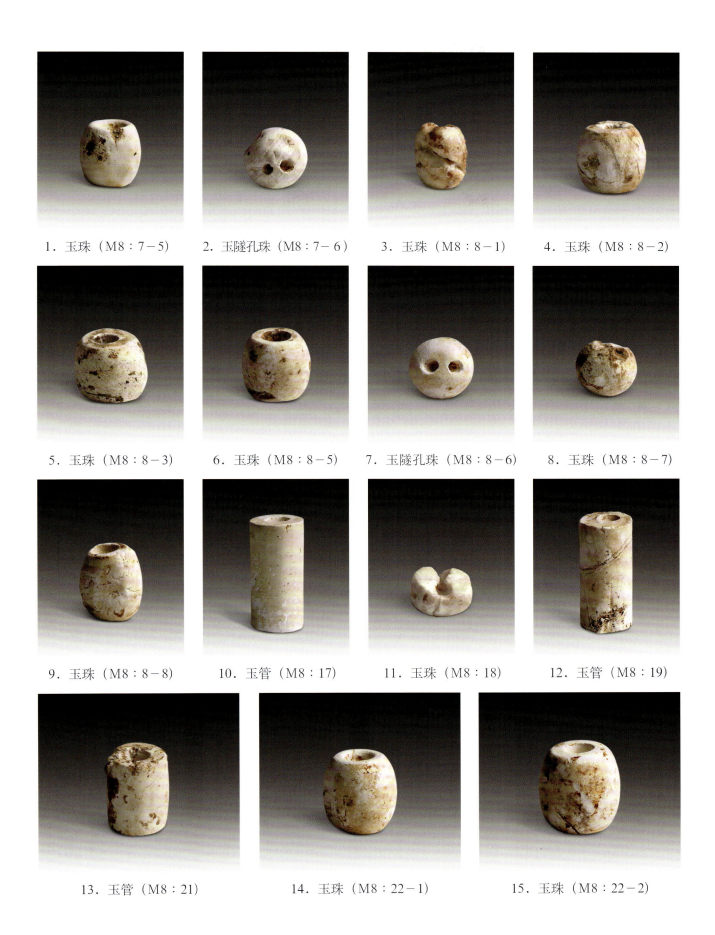

1. 玉珠（M8：7-5） 　　2. 玉隧孔珠（M8：7-6） 　　3. 玉珠（M8：8-1） 　　4. 玉珠（M8：8-2）

5. 玉珠（M8：8-3） 　　6. 玉珠（M8：8-5） 　　7. 玉隧孔珠（M8：8-6） 　　8. 玉珠（M8：8-7）

9. 玉珠（M8：8-8） 　　10. 玉管（M8：17） 　　11. 玉珠（M8：18） 　　12. 玉管（M8：19）

13. 玉管（M8：21） 　　14. 玉珠（M8：22-1） 　　15. 玉珠（M8：22-2）

彩版六〇　M8出土玉珠、管

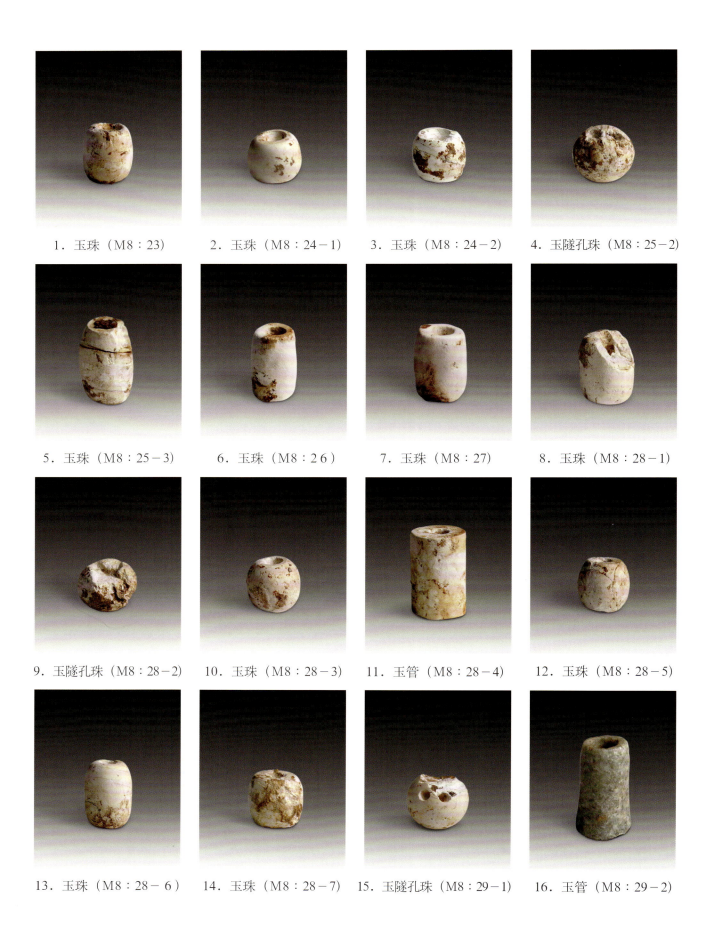

1. 玉珠（M8：23）　　2. 玉珠（M8：24-1）　　3. 玉珠（M8：24-2）　　4. 玉隧孔珠（M8：25-2）

5. 玉珠（M8：25-3）　　6. 玉珠（M8：26）　　7. 玉珠（M8：27）　　8. 玉珠（M8：28-1）

9. 玉隧孔珠（M8：28-2）　　10. 玉珠（M8：28-3）　　11. 玉管（M8：28-4）　　12. 玉珠（M8：28-5）

13. 玉珠（M8：28-6）　　14. 玉珠（M8：28-7）　　15. 玉隧孔珠（M8：29-1）　　16. 玉管（M8：29-2）

彩版六一　M8出土玉珠、管

1. 石钺（M8：4－1）

2. 石钺（M8：4－1）

3. 石钺（M8：4－1）孔部

4. 石锛（M8：20）

彩版六二　M8出土石钺（M8：4－1）

1. 石钺（M8:4-1）和漆柄出土情况（自东向西摄）

2. 陶鬶（M8:13）

彩版六三　M8出土石钺（M8:4-1）、陶鬶（M8:13）

1. 陶鼎盖（M8：15）

2. 陶豆（M8：10）

3. 陶豆（M8：11）

彩版六四　M8出土陶鼎盖（M8：15）、豆（M8：10、11）

高城墩99M9

彩版六五　M9（自北向南摄）

1. 石钺（M9：1）

2. 石钺（M9：1）顶部的磨痕

3. 石钺（M9：1）孔部

彩版六六　M9出土石钺（M9：1）

彩版六七　M10（自北向南摄）

1. 玉璧（M10：7）

2. 玉璧（M10：7）

3. 玉璧（M10：7）孔部

彩版六八　M10出土玉璧（M10：7）

1. 玉镯（M10：2）

2. 玉珠（M10：1－3）

3. 玉珠（M10：1－5）

4. 玉锥形器（M10：10－1）

5. 玉珠（M10：1－8）

6. 玉隧孔珠（M10：5－2）

彩版六九　M10出土玉镯、锥形器、珠

1. 玉管（M10：3-1）

2. 玉管（M10：3-2）

3. 玉珠（M10：11-3）

4. 玉珠（M10：12-2）

5. 玉珠（M10：12-5）

6. 玉珠（M10：12-6）

7. 玉隧孔珠（M10：12-7）

8. 玉珠（M10：12-8）

彩版七〇　M10出土玉管、珠

1. 石钺（M10：6－1）

2. 石钺（M10：6－1）

3. 石锛（M10：5－1）

4. 石钺（M10：6－1）孔部

彩版七一　M10出土石钺（M10：6－1）、锛（M10：5－1）

1. M11（自东向西摄）

2. 玉琮（M11：7）、石钺（M11：8-1）出土情况

彩版七二　M11以及玉琮、石钺出土情况

彩版七三　M11出土玉琮（M11：3）

2. 玉琮（M11：3）顶部切割痕迹

1. 玉琮（M11：3）

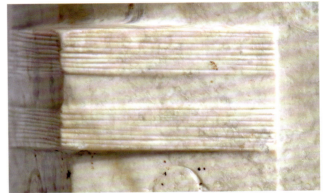

3. 玉琮（M11：3）局部

4. 玉琮（M11：3）局部

5. 玉琮（M11：3）局部

彩版七四　M11出土玉琮（M11：3）

彩版七五　M11出土玉琮（M11：7）

1. 玉琮（M11：7）底部切割痕迹

2. 玉琮（M11：7）顶部切割痕迹

3. 玉琮（M11：7）顶部切割痕迹

4. 玉琮（M11：7）孔部管钻痕迹

5. 玉琮（M11：7）射部切割痕迹

6. 玉琮（M11：7）局部

彩版七六　M11出土玉琮（M11：7）

1. 玉璧（M11：2）

2. 玉锥形器（M11：10-1）

3. 玉锥形器（M11：22）

彩版七七　M11出土玉璧（M11：2）、锥形器（M11：10-1、22）

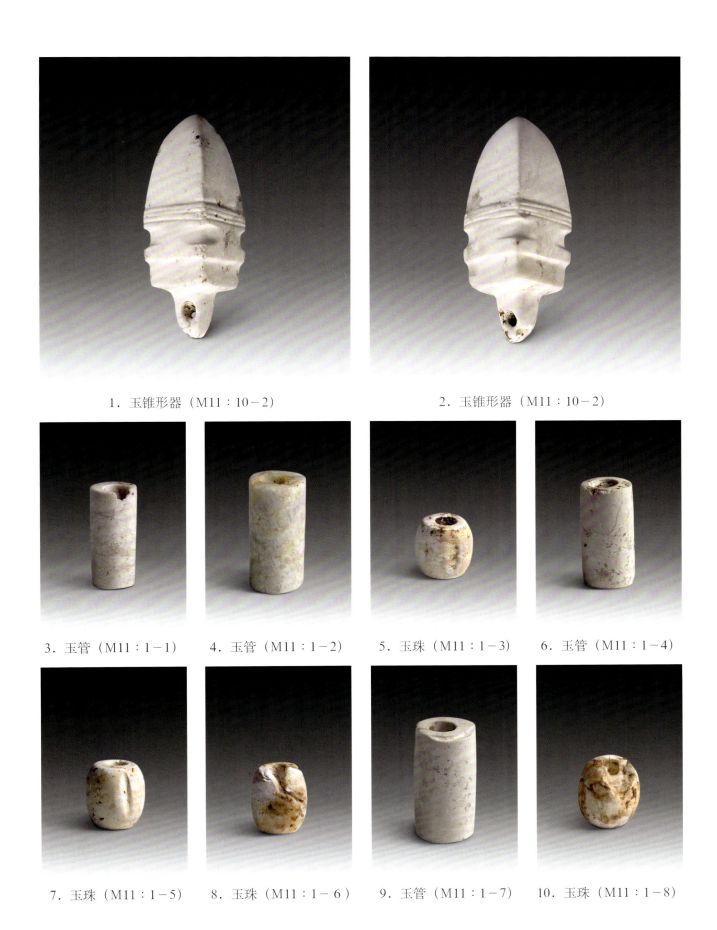

1. 玉锥形器（M11:10-2）　　2. 玉锥形器（M11:10-2）

3. 玉管（M11:1-1）　4. 玉管（M11:1-2）　5. 玉珠（M11:1-3）　6. 玉管（M11:1-4）

7. 玉珠（M11:1-5）　8. 玉珠（M11:1-6）　9. 玉管（M11:1-7）　10. 玉珠（M11:1-8）

彩版七八　M11出土玉锥形器、管、珠

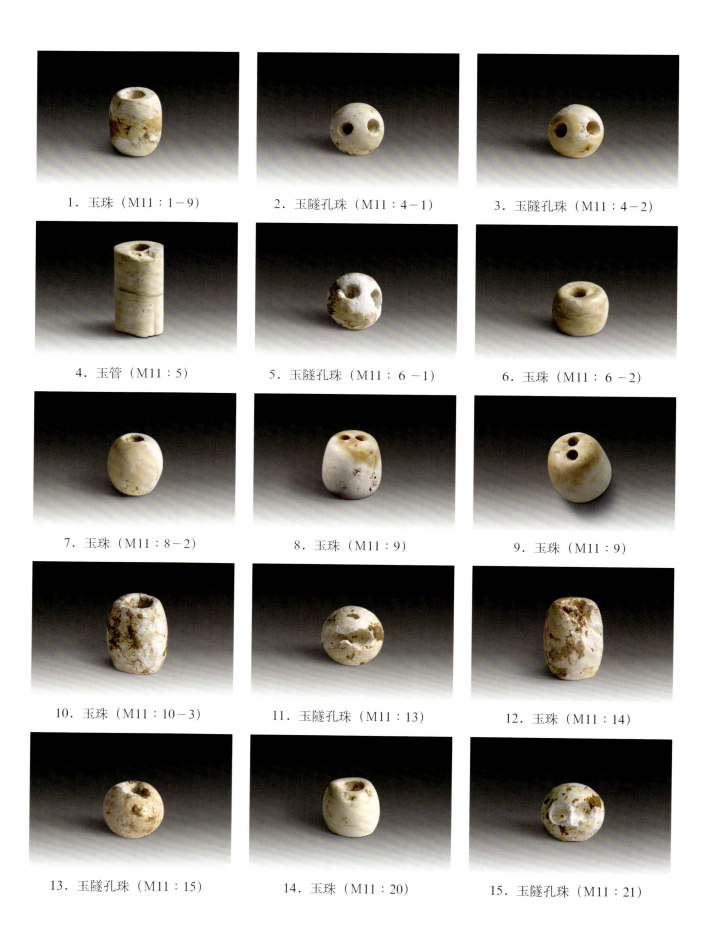

1. 玉珠（M11：1-9）   2. 玉隧孔珠（M11：4-1）   3. 玉隧孔珠（M11：4-2）

4. 玉管（M11：5）   5. 玉隧孔珠（M11：6-1）   6. 玉珠（M11：6-2）

7. 玉珠（M11：8-2）   8. 玉珠（M11：9）   9. 玉珠（M11：9）

10. 玉珠（M11：10-3）   11. 玉隧孔珠（M11：13）   12. 玉珠（M11：14）

13. 玉隧孔珠（M11：15）   14. 玉珠（M11：20）   15. 玉隧孔珠（M11：21）

彩版七九　M11出土玉珠、管

1. 石钺（M11：8－1）

2. 石钺（M11：8－1）孔部

彩版八〇　M11出土石钺（M11：8－1）

1. 陶豆（M11：11）

2. 陶罐（M11：17）

彩版八一　M11出土陶豆（M11：11）、罐（M11：17）

1．M12开口（自南向北摄）　　　　　2．M12发掘中（自南向北摄）

3．M12（自北向南摄，工作者为刁文伟）

彩版八二　　M12

1. 玉环（M12∶15）

2. 玉环（M12∶15）局部

3. 玉管（M12∶7－2）

4. 玉管（M12∶3）

5. 玉管（M12∶3）孔部

6. 玉管（M12∶3）切割痕迹

7. 玉管（M12∶3）切割痕迹

彩版八三　M12出土玉环（M12∶15）、管（M12∶3）

1. 玉珠（M12：4）

2. 玉珠（M12：7－1）

3. 玉珠（M12：8）

4. 玉珠（M12：16）

5. 陶豆（M12：5）

彩版八四　M12出土玉珠、陶豆（M12：5）

1. 石钺（M12：2）

3. 石钺（M12：2）孔部

2. 石钺（M12：2）

彩版八五　M12出土石钺（M12：2）

彩版八六　M13（自南向北摄）

1. M13发掘情况（自东南向西北摄）

2. M13顶板痕迹（自南向北摄）

1. 玉琮（M13：12）

2. 玉琮（M13：12）局部

3. 玉琮（M13：12）孔部管钻痕迹

彩版八八　M13出土玉琮（M13：12）

1. 玉琮（M13：13）

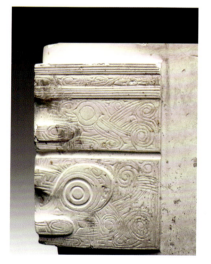

2. 玉琮（M13：13）局部

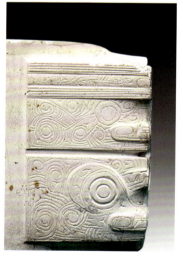

3. 玉琮（M13：13）局部

4. 玉琮（M13：13）顶部

彩版八九　M13出土玉琮（M13：13）

彩版九〇　M13出土玉琮（M13：13）

彩版九一　M13出土玉琮（M13：13）

彩版九二　　M13出土玉璧（M13∶14）

1. 玉钺（M13：2）

2. 玉钺（M13：2）孔部

3. 玉钺（M13：2）切割痕迹

4. 玉钺（M13：2）

5. 玉珠（M13：1－1）

6. 玉珠（M13：1－2）

彩版九三　M13出土玉钺（M13：2）、珠（M13：1－1、1－2）

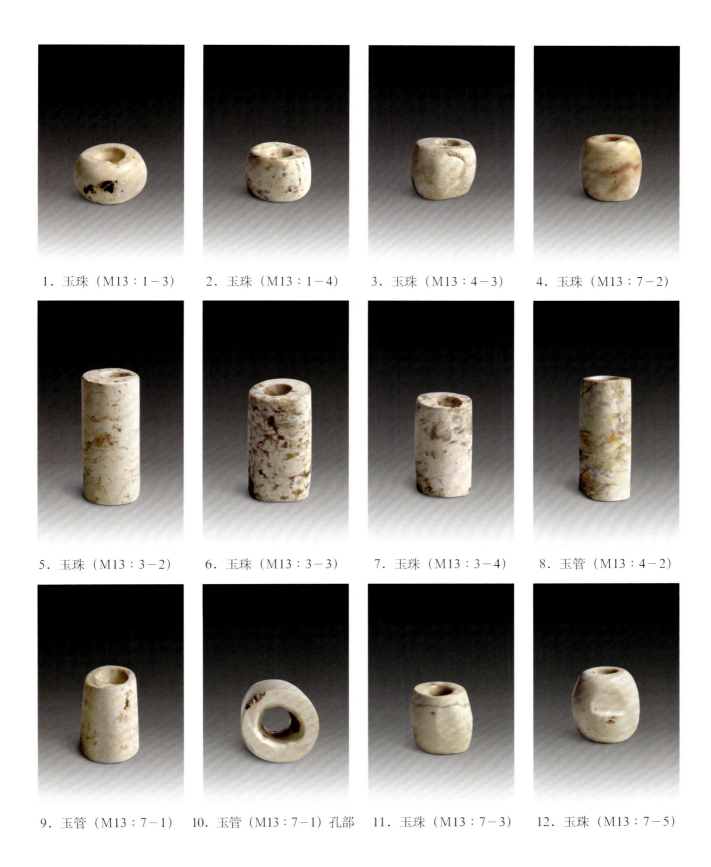

1. 玉珠（M13：1－3）　　2. 玉珠（M13：1－4）　　3. 玉珠（M13：4－3）　　4. 玉珠（M13：7－2）

5. 玉珠（M13：3－2）　　6. 玉珠（M13：3－3）　　7. 玉珠（M13：3－4）　　8. 玉管（M13：4－2）

9. 玉管（M13：7－1）　　10. 玉管（M13：7－1）孔部　　11. 玉珠（M13：7－3）　　12. 玉珠（M13：7－5）

彩版九四　M13出土玉珠、管

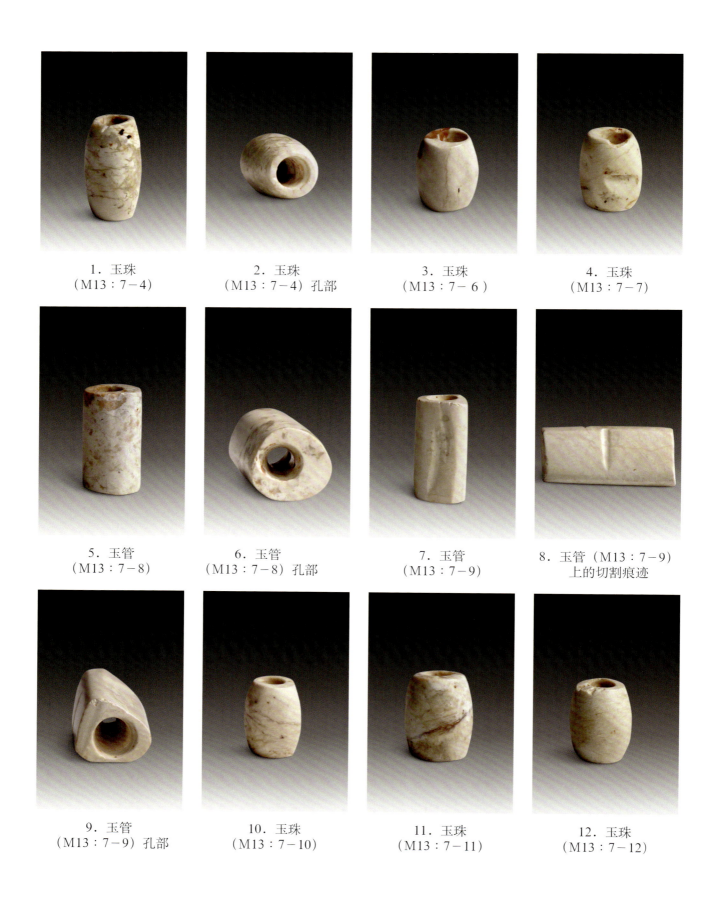

1. 玉珠
（M13：7－4）

2. 玉珠
（M13：7－4）孔部

3. 玉珠
（M13：7－6）

4. 玉珠
（M13：7－7）

5. 玉管
（M13：7－8）

6. 玉管
（M13：7－8）孔部

7. 玉管
（M13：7－9）

8. 玉管（M13：7－9）
上的切割痕迹

9. 玉管
（M13：7－9）孔部

10. 玉珠
（M13：7－10）

11. 玉珠
（M13：7－11）

12. 玉珠
（M13：7－12）

彩版九五　M13出土玉珠、管

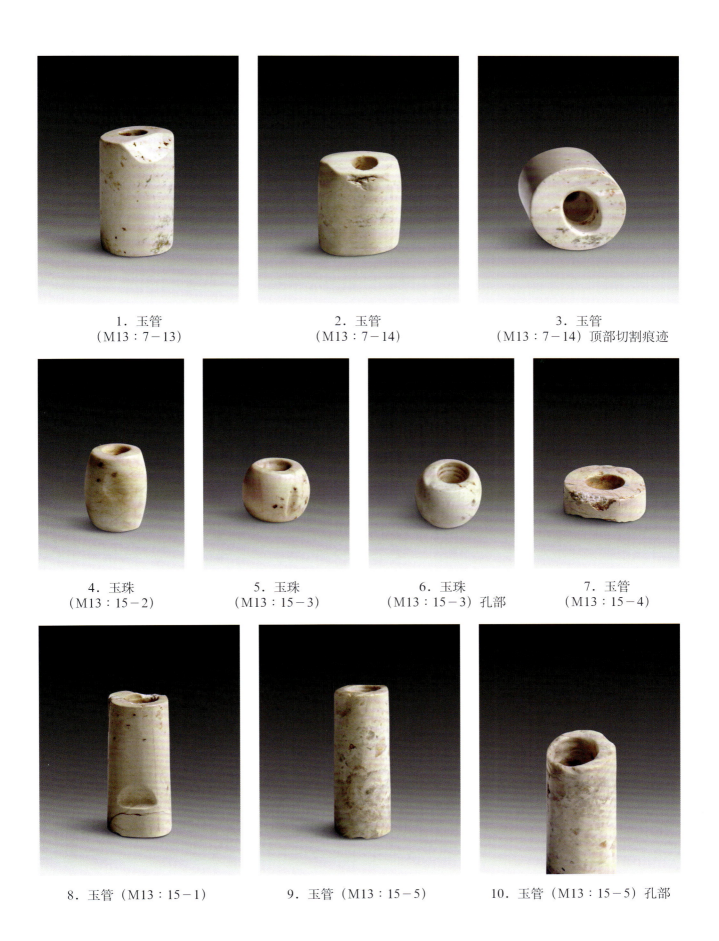

1. 玉管
（M13：7－13）

2. 玉管
（M13：7－14）

3. 玉管
（M13：7－14）顶部切割痕迹

4. 玉珠
（M13：15－2）

5. 玉珠
（M13：15－3）

6. 玉珠
（M13：15－3）孔部

7. 玉管
（M13：15－4）

8. 玉管（M13：15－1）

9. 玉管（M13：15－5）

10. 玉管（M13：15－5）孔部

彩版九六　M13出土玉管、珠

1. 石锛（M13：4-1）

2. 石钺（M13：3-1）

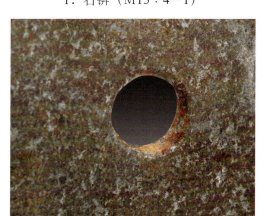

3. 石钺（M13：5）孔部

4. 石钺（M13：5）

彩版九七　M13出土石锛（M13：4-1）、钺（M13：3-1、5）

3. 石钺（M13：6）孔部

1. 石钺（M13：6）

4. 石钺（M13：11）孔部

2. 石钺（M13：11）

彩版九八　M13出土石钺（M13：6、11）

1．M14（自西向东摄）

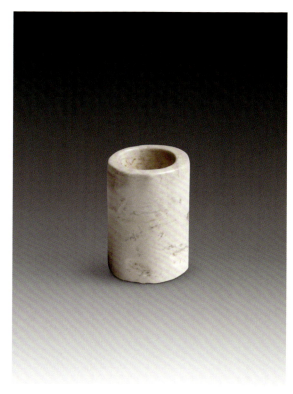

2．玉管（M14：2）

3．玉管（M14：2）孔部

4．玉管（M14：2）孔部

彩版九九　M14以及出土玉管（M14：2）

1. 石钺（M14：1）

2. 石钺（M14：1）

3. 石钺（M14：1）孔部

彩版一〇〇　M14出土石钺（M14：1）

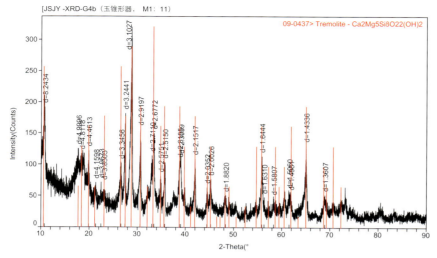

1．JSJYI-G4（玉锥形器M1：11）的X射线衍射图

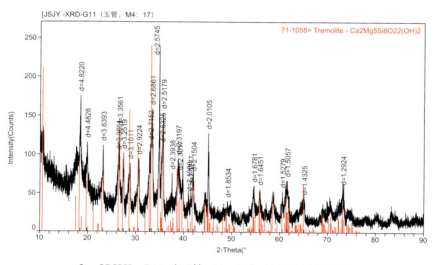

2．JSJYI-G11（玉管M4：17）的X射线衍射图

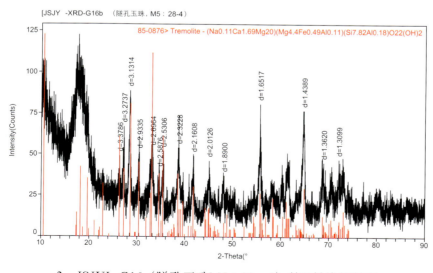

3．JSJYI-G16（隧孔玉珠M5：28－4）的X射线衍射图

彩版一〇一　部分玉器的X射线衍射图

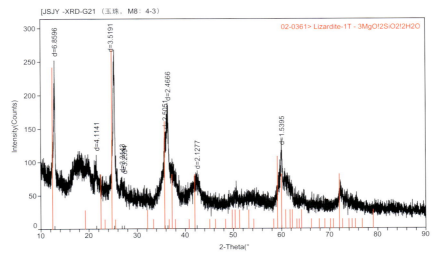

1．JSJYI-G21（玉珠M8：4-3）的X射线衍射图

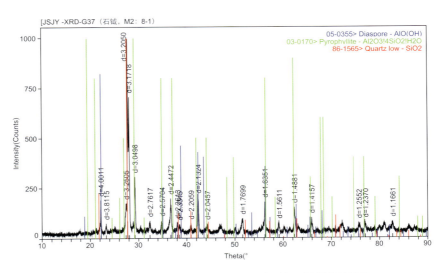

2．JSJYI-G37（石钺M2：8-1）的X射线衍射图

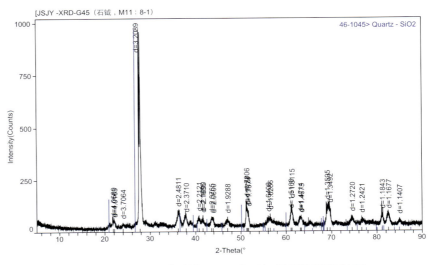

3．JSJYI-G45（石钺M11：8-1）的X射线衍射图

彩版一〇二　部分玉器的X射线衍射图

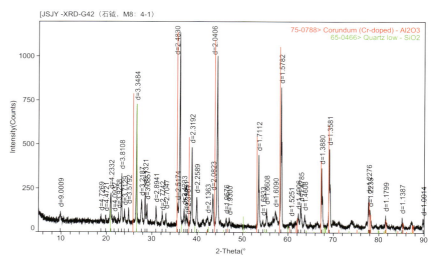

1．JSJYI-G44（石钺M8∶4-1）的X射线衍射图

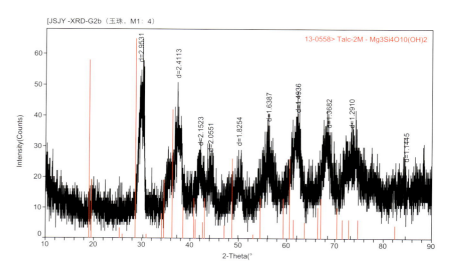

2．JSJYI-G2（玉珠M1∶4）白色点的X射线衍射图

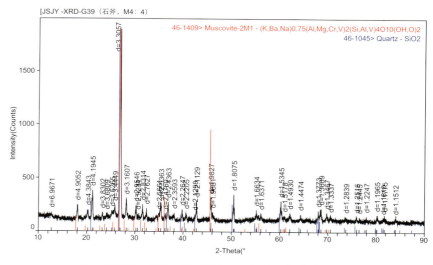

3．JSJYI-G39（石斧M4∶4）的X射线衍射图

彩版一〇三　部分玉器的X射线衍射图